CINCQ
DIALOGUES
Faits à l'imitation des Anciens.

CINCQ
DIALOGUES

Faits à l'imitation des Anciens,

Par ORATIUS TUBERO.

I. DE LA PHILOSOPHIE SCEPTIQUE
II. LE BANQUET SCEPTIQUE.
III. DE LA VIE PRIVÉE.
IV. DES RARES ET ÉMINENTES QUALITÉS DES ASNES DE CE TEMPS.
V. DE LA DIVINITÉ.

Contemnere & contemni

Tome I.

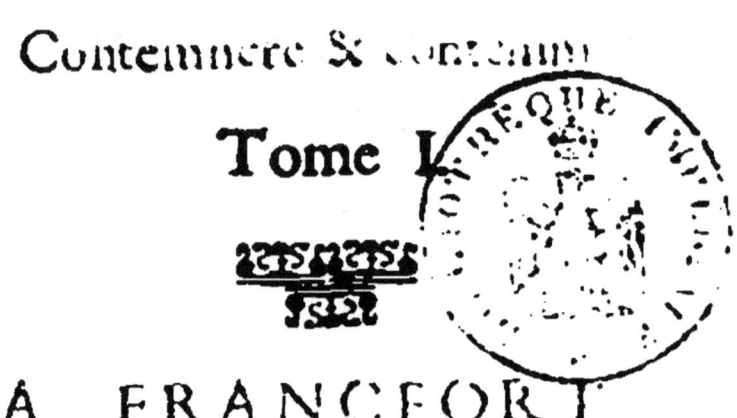

A FRANCFORT,

Par JEAN SAVIUS

M. DCCXVI.

LETTRE DE L'AVTHEVR.

Puisque nostre amitié, cher Aristenetus, est de celles qui ne souffrent point de refus, je vous envoye quelques-uns des Dialogues, que vous avez desja veus, & que vous m'avés de nouveau demandés. Mais quant à l'impression que vous dittes qu'ils meritent, j'attribue aisément ce sentiment à la mesme inclination qui vous a souvent fait estimer mon portrait, à cause du bien que vous voulés à son original. Aussi comme je serois bien simple, si je prenois là dessus quelque vanité d'estre fort agréable, je n'aurois pas moins d'impertinence, si je presumois icy d'estre un bien grand personnage. J'advoue les advantages que vous donnés à l'impression, dont la pureté, la grace, & le lustre, recommandent autant un ouvrage que la mauvaise lettre & les ratures de mon escrit vous en pourront rendre la lecture desagreable; mais trouvés bon, que pour vous satisfaire, je ne me desoblige pas moi mesme, & que pour complaire à vostre humeur je ne trahisse point mon propre genie: la liberté de mon style mesprisant toute contrainse,

LETTRE

trainte, & la licence de mes pensées purement naturelles sont aujourd'hui des marchandises de contrebande, & qui ne doivent estre exposées au public. Themistocle disoit à un qui n'estoit Athenien, Amice verba tua civitatem desiderant, & je vous puis dire avec plus de raison, Amice verba mea seculum desiderant.

L'obscurité de l'advenir me fait ignorer s'il sera jamais tems auquel ces choses puissent plaire ; mais je sçai que pour le present elles seroient de fort mauvais debit. Vous dites que par la protection de quelque grand auquel je dedierois mon ouvrage, il seroit aisément à l'abry de toute injure. Bon Dieu ! que je suis éloigné de ce dessein, & que je mesprise ces puissances dont vous parlés, tant s'en faut que je les voulusse si laschement honorer, il n'y a rien qui me fasse plus estimer Chrysippus que ce que l'escrivain de sa vie semble reprendre en luy, *quod cum tam multa scripserit, nulli unquam regi quicquam adscripserit.* Si nos discours Philosophiques ont besoin d'asyle & de sauvegarde, qu'ils la trouvent dans la force de la verité, & dans l'authorité de la raison. Ce seroit chose indigne & honteuse à nous d'en rechercher ailleurs. Que si leur sacré respect ne nous peut suffisamment assurer, observons, cher amy,

Diogen. Laert. in ejus vita.

DE L'AUTHEUR.

amy, le silence, ou du moins le secret de nos particulieres conferences. Satis magnum alter alteri Theatrum sumus. Mocquons nous des suffrages d'une sotte multitude, & dans le juste mespris d'un siecle ignorant, & pervers, joüissons des vrais & solides contentemens de nos entretiens privés. C'est à cette fin que j'ai dressé ces Dialogues façonnés à l'antique, plus propres à demeurer dans l'obscurité d'un cabinet amy, qu'à souffrir l'esclat & le plein jour d'une publique lumiere. Aussi ne me suis-je proposé autre but que ma propre satisfaction, lorsque j'ay fait eslection de ce genre d'escrire par Dialogue, si mesprisé, voire si deslaissé aujourd'hui ; m'estant pleu d'ailleurs tant au sens qu'en la diction, & en la conception, qu'en la narration, à m'esloigner & départir des modernes pour suivre & imiter les Anciens, entre lesquels Zeno Eloates, ou un Alexamenus ont bien eu la gloire de l'invention du Dialogue : mais Platon, & si je ne me trompe, Ciceron & Lucien, celle de l'avoir porté à la perfection, ce dernier l'appellant fils de la Philosophie, comme celui qui avoit tout crédit dans le Licée, & toute authorité dans l'Academie. Laissant donc à part la politesse affectée, & si vous voulez l'eloquence si contestée de ce temps,

Epicur. apud Senec. ep. 7.

Diogen. Laert. in Plut.

Luc. in bis accus.

ã iiij je

je me suis donné à l'antique pleine liberté de parler comme de penser. Ut qui animis scriberem non auribus. Aussi que mon esprit impatient de toute servitude, n'est pas pour se gehenner dans la contrainte d'une periode mesurée: Oratio Mæcenatis æque soluta est quam ipse discinctus. Je ne serai jamais neuf ans comme Cinna à former une Smyrne, ny ne travaillerai des quinze années, comme Isocrate, à composer un Panegyrique. Les Ours & les Elephans ne font pas leurs petits plus parfaits, ni moins grossiers, pour estre long-temps à les enfanter & polir; Apelles prenoit de bonne grace cet avantage sur Protogenes de n'avoir pas si long-temps le pinceau en main comme luy. Pour moy à quelque ouvrage que je me porte, je tasche d'imiter la nature, & ces grands ouvriers qui font tout en se jouant Θεῦ τὶ παίγνια μεμηχανιμένον ὁ ἄνθρωπο. L'homme même n'a esté fait des mains de Dieu que comme en joüant, quoique ce soit son chef-d'œuvre, dit Platon au sixiéme de ses Loix, nous exhortant si gentiment aux passe-temps & recreations, aussi verrez vous peu de personnes qui s'attachent si soigneusement à l'elocution pour ne dire aux mots, & aux sillabes, qui ayent quant & quant la generosité des pensées & des sentimens.

Quint. inst. 10. cap. 4.

Lucian. in Macrobiis.

DE L'AUTHEUR.

timens. Cujuscumque orationem videris sollicitam & politam, scito animum quoque non minus esse pusillis occupatum. Comme il est d'ailleurs impossible qu'un discours contraint & fardé puisse imprimer en nos esprits des résolutions libres & Philosophiques, Ista non faciunt animum, quia non habent. Mais ce miserable travail est encore suivi d'une autre disgrace, c'est qu'on ne lit que fort rarement sans peine, ce qui en a donné à estre escrit, Adeo remanent vestigia quæque causarum in rebus ipsis. De sorte que le mal volontaire que se font ces laborieux escrivains, passe par necessité, & comme par contagion, jusques dans l'esprit de leurs Lecteurs. Ce sont des raisons par lesquelles je flatte ma naïve & soudaine façon de m'expliquer, & peut-estre mon impuissance de mieux faire, me faisant croire qu'il est à peu prés de nos discours & de nos escrits comme de ces songes que descrit le Poëte :

Sunt geminæ somni portæ : quarum altera fertur

Cornea, qua veris facilis datur exitus umbris :

Altera candenti perfecta nitens Elephanto :

Sed falsa ad cœlum mittunt insomnia manes.

á iiij

LETTRE

Vous voyez que cette porte d'yvoire, toute belle & magnifique qu'elle est, ne donne passage qu'au mensonge, là où l'autre de corne vile, obscure & grossiere, sert de trajett à la verité. Le langage aussi le plus recherché, ou mesme l'eloquence la plus artificieuse, ne sont pas à mon advis, les meilleurs truchemens de nos conceptions; un parler masle, & sans affectation, est souvent plus significatif & plus fidele interprete de nostre interieur. Quant à la matiere & aux choses que vous verrez icy traictées, à peine un autre moins mon amy que vous se pourroit-il arrester à choses ou si legeres, ou si extravagantes: vous n'y verrez quasi que des fables, ou des paradoxes. Mais pour les premieres, souvenez-vous de ce que dit Cebes dans Platon, qu'une des occupations de Socrate fut de mettre en vers les fables d'Esope, & qu'apres Lucius Patrensis, Lucien & Apulée, l'esprit serieux de Machiavel n'a pas desdaigné la mythologie de l'asne. Peut-estre aussi ne pouvons nous prendre un subject plus convenable, si toute nostre vie n'est, à le bien prendre, qu'une fable, nostre cognoissance qu'une asnerie, nos certitudes que des contes: bref, tout ce monde qu'une farce & perpetuelle comedie. S'il vous semble d'ailleurs que je sois trop enclin aux

sentimens

DE L'AUTHEUR.

sentimens inoüis, & paradoxiques, que
Ciceron appelle, Socratica mirabilia
Stoïcorum. Comme je recognois ingenument y avoir tres-grande propension, bien
que ce soit hors de toute assertion & confi-
dence Stoïcienne, je vous prie de faire un
peu de reflexion, non seulement sur les erreurs, sottises, & impertinences des opinions du vulgaire, (ce mot comprend à
nostre esgard le cavallier, l'homme de ro-
be, & le paysan également.) Mais encore
sur l'autorité tyrannique du temps, & des
coutumes qui les ont establies, & sur l'o-
piniastreté invincible avec laquelle elles
sont si aveuglement soustenues, m'asseurant que vous serez contraint de m'ad-
vouer, qu'un honneste homme, amateur
de la verité, ne sçauroit trop prendre
leur contrepied & trop s'en escarter; sur
quoi j'implore la force & bonté de votre
esprit, Magno enim animo de rebus
magnis judicandum est. Je serois plus en
peine de vous justifier en termes de religion
quelques moralités purement physiques,
si je ne m'estois desja fait entendre à vous,
que je n'ai rien escrit qu'en Philosophe ancien & payen, in puris naturalibus, & si
vous ne cognoissiez assez la submission de
mon esprit aux choses divines, lesquelles
je laisse par respect traitter à ceux qui ont

4. A-
cad.
9. n.

droit

LETTRE

droit de toucher l'arche, & s'approcher du sanctuaire, vous aurez, s'il vous plaist, en lisant le stile en la main, & vous souviendrés qu'en semblables occasions le plus beau traict que la main d'un amy fasse, c'est celuy duquel souvent elle efface; ne croyez pas que je trouve estrange vos corrections, je m'estonnerois bien plus de ne vous en voir point faire, & de n'avoir point failly estant homme, Nullum sine venia placuit ingenium. Ie vous aurai en outre cette obligation, que je commenceray à faire estat du reste, quand vous aurés censuré une partie, & ce que vous aurés condamné en un lieu tiendra lieu de recommendation pour le surplus, Ita enim magis credam cætera tibi placere, si quædam displicuisse cognovero. Pour le moins suis-je seur que vous me trouverez hors les termes serviles de ceux qui ne taillent leurs plumes que par commandement ou par interest, & pour en profiter; incapables par ce seul dessein de ne rien faire qui puisse durer, & indignes d'une plus grande recompense que celle qu'ils se sont proposée. Ma main est si genereuse ou si libertine, qu'elle ne peut suivre que le seul caprice de mes fantaisies, & cela avec une licence si independente & si affranchie, qu'elle fait gloire de n'avoir autre visée, qu'une naifve

recherche

DE L'AUTHEUR.

recherche des verités ou vray-semblances naturelles, ny plus important object que ma propre satisfaction, qui se trouve en cet innocent entretien. Il me reste un mot à vous dire sur ce que vous demandés de moy une continuation, dites-vous, de mes ouvrages, qui seroit peut-estre celle de mes pechés : c'est que je n'envieray jamais la gloire à Chrysippus, ny à Epicure, d'avoir composé quantité de volumes, non plus qu'à ce Didimus Alexandrin, son surnom de χαλκέντερ⊙, ces trois mil cinq cens livres par luy faits selon Hesychius, ou mesme quatre mille au rapport de Seneque, ayant fait dire de luy qu'il avoit les entrailles d'airain. Que si je me gouvernois par exemples, celuy de Thales, & de la plus part des sages de la Grece, de Pithagore, de Socrate, de Carneades, de Pirrhon, d'Archesilaus, & de tant d'autres qui n'ont jamais rien escrit, seroit & plus à mon goust, & de plus grande authorité envers moy. Mais s'il est loisible d'ailleurs de suivre en cela son inclination, & rouler quelquesfois son tonneau à l'exemple de Diogene, je ne crois pas qu'en ce cas là il soit beaucoup considerable d'avoir fait de bien grandes œuvres, si elles n'estoient encores bien bonnes, ce qui n'arrive que fort rarement. Car il est souvent au contraire des grands livres
comme

LETTRE

comme de ces grands corps, où plus il y a de matiere, moins y paroist-il de forme & d'esprit. C'est pourquoy les plus petits animaux sont volontiers les plus sensés, dit Aristote : In minore animantium genere magis videri intelligentiæ rationem quam in majore. La vertu se plaisant au ramas & en l'union : ainsi les plus petits lions du sommet d'Atlas, sont bien plus animés & courageux que les grands de la campagne, & vous voyez universellement, que Nusquam magis quam in minimis tota est natura, comme Pline a tres-subtilement remarqué sur le subject des moindres insectes. Ce ne sera donc pas la grandeur, ny la multitude de nos écrits qui nous pourra faire estimer, mais bien le prix & la valeur, s'il s'y en trouve une petite piece d'or valant mieux que cent de grosse monnoye, & croyez qu'il est de ces enfans de l'esprit, comme des autres que le grand nombre rend bien souvent necessiteux. Le moindre estant plus propre à perpetuer la gloire de nostre nom. La Lyonne de l'Apologue n'engendre qu'une fois, le lievre monstre sa fecondité à toute heure. Combien croyez-vous qu'il se trouve d'auteurs de bien gros volumes qui les eussent rendus tres-petits, si le loisir ou leur industrie le leur eussent permis? combien voyons nous

marginalia:
9. de l'hist. D. c. 7.
Iean Leo d'Afrique.
n. hist. c. 2.
Locmanus.

DE L'AUTHEUR.

nous d'Enchiridions preferables aux plus pesans tomes de nos Libraires : se pouvant dire de tels manuels comme des petites abeilles,

> Ingentes animos angusto in pectore   4.Georg
> versant.

s'il m'étoit donc arrivé d'avoir pensé raisonnablement, & parlé convenablement en ce peu de papier que je vous envoye, n'estimez pas que je creusse avoir moins merité, que si j'en avois employé cent fois autant. Un petit cachet bien gravé ne laisse pas de nous donner la figure d'un Lyon, ou d'un Alexandre : mais tant s'en faut que je sois prevenu de cette chatoüilleuse vanité, que je me dispose d'en faire par vostre avis comme des feüilles de la Sibille :

> Ut turbata volent rapidis ludibria   6. Æ-
> ventis.   neid.

Si ce n'est que vous trouviez plus à propos que j'imite icy le Philosophe Metrocles, jettant le tout au feu, & disant avec luy τὰ δ' ἐς ὀτέρων νεοτέρων ἐππάματα, *Diogen.* Hæc sunt somniorum juvenilium imaginationes. Asseurés-vous que je n'ay *Laert. in Metroc.* point de Philautie qui me puisse arrester le bras au premier ordre que vos secondes & plus sages pensées m'en donneront,

> Decerne quod religio, quod patitur
> fides,

Et

LETT. DE L'AUTHEUR.

Et gratulari me fac judicio tuo. *Mais quoy qu'il en soit conservez-moy inviolablement vostre amitié, & vous souvenez du dire ancièn,*

Mores amici noveris, non oderis.

TABLE

TABLE.

Des Dialogues du Tome premier.

Dialogue traictant de la Philosophie Sceptique, entre Eudoxus & Ephestion. Page 1

Dialogue intitulé *Le Banquet Sceptique*, entre Marcellus & Orasius, Diodotus, Divitiacus, Xenomanes & Eraste. Page 85

Dialogue sur le sujet de la Vie privée, entre Philoponus & Hesichius. Page 175

Dialogue sur les rares & éminentes qualitez des Asnes de ce temps, entre Philonius & Paleologue. P. 241

Dialogue sur le subjet de la Divinité, entre Orasius & Orontes. P. 327

TABLE

Des Dialogues du Tome second.

Dialogue De l'Ignorance loüable, entre Télamon, Orasius, Melpoclitus, & Granicus. Page 1

DIALOGUE

Dialogue *sur l'Opiniastreté, entre Ephestion & Cassander.* Page 175

Dialogue *traictant de la Politique Sceptiquement, entre Telamon & Orontes.* Page 239

Dialogue *Sur le Mariage, entre Eleus, Cassander & Philocles.* P. 261

Fin de la Table du Premier & Second Tome.

DIALOGUE
Traitant de la
PHILOSOPHIE SCEPTIQUE
entre
EUDOXUS & EPHESTION.

Singula improvidam mortalitatem involvunt : solum ut inter ista certum sit, nihil esse certi, nec miserius quicquam homine aut superbius. Plinius 2. Nat. Hist. c. 7.

EUDOXUS. Ce n'est pas sans sujet, Ephestion, qu'on dit qu'il y a de l'intemperance, même aux lettres, & que sans cette mediocrité dorée, elles nous entestent pluftost qu'elles ne nous profitent, affoiblissant nostre esprit, & corrompant ce que nous avons de naturel, au lieu de le fortifier, polir & cultiver. Agricola fut merveilleusement redevable à la prudente conduite de sa mere, qui fut cause qu'il en usa avec moderation, *retinuit que quod est difficillimum, ex sapientia modum.* Car l'excez estant vi- *Tacit. in vita Agric.*

cieux par tout, je crois que le meilleur soit icy de n'estre Philosophe, que de bonne sorte. Et veritablement vous avés tellement formé vostre discours & assujeti vostre jugement à cette belle suspension d'esprit de la Sceptique, que pour ne rien determiner de certain, és choses même les plus sensibles, il semble que vous ayés perdu tout sentiment, & par consequent toute raison ; puisque rien ne peut parvenir jusques à elle que par le ministere & intervention des sens, d'où vient que nous nommons les fols Insensez, & que *Sapientia nomen à sensu ad mentem traductum est*. Ne faudra-t'il point à la longue vous escarter violamment des precipices, comme un Pyrrho par vous autres comparé au soleil, ou vous faire toucher, & sentir le feu, pour tirer de vous l'adveu de sa chaleur & adustion ? *Vel enim pœna, vel sensu indigent, qui ita sensibus repugnant* ; dit fort bien nostre Peripatetisme ; lequel avec grande raison interdit aux siens toute sorte de conference avec vous, puisque vous n'admetés aucun principe solide, & que ne supposant rien de certain, on ne peut user d'aucune demonstration en vostre endroit, ce qui fit promener Diogene

in vita Agric.

Sext. Philosophus passim.

Diogene de fort bonne grace devant Zenon; pour toute responſe à ſes argumens, qui ſembloient oſter le mouvement du monde, entre leſquels il y en avoit un par luy eſtimé ſi fort & invincible, qu'il luy avoit impoſé le nom d'Achille, à ce que rapporte Ariſtote au ſixieſme de ſa Phyſique, qui me ſemble en avoir donné un bien plus propre & convenable à cette extravagance de contrevenir ainſi opiniatrement au rapport de nos ſens quand il l'appelle ἀπορίαν τῆς διανοίας, *cogitationis hebetudinem ſeu infirmitatem*; car il ne ſe peut faire qu'un homme d'entendement ſain, puiſſe avoir de ſi desreglées fantaiſies ou pluſtoſt de ſi prodigieuſes resveries, qui ſemblent accuſer Dieu & la nature de defectuoſité ou d'injuſtice en noſtre endroit. *Qui enim omnem ſenſibus denegant fidem, in deos vel contumelioſiſſimi exiſtunt, quaſi rebus intelligendis & diſpenſandis fallaces ac mendaces internuntios præfecerint.*

c. 9. vide D. Laert in Zenon. Eleat. Vita.

8 Phyſ. c. 3.

EPHESTION. Nous voila tout d'un coup fort mal traictés, Eudoxus, & je voy bien qu'il n'y a plus de ſeureté pour nous, qu'aux Anticyres, ou parmy les Muſulmans, chez leſquels la folie eſt reſpectée, & ceux qu'elle fait

fait courir les ruës tenus pour mignons du ciel, au moins avons nous cet advantage, qu'aussi bien que les grands Princes, nous ne serons jamais sans nos fols, pour nous faire rire. Senecque se consoloit ainsi en sa folie : *Si quando fatuo delectari volo, non est mihi longe quærendus, me rideo.* Or bien que tous ces termes injurieux dont vous avés usé m'emeuvent plutost la ratte pour en rire, que la bile pour en avoir du ressentiment, me faisant souvenir de la naifveté de Lucian, lequel *in Iove tragœdo*, represente le bon Jupiter excitant son Athlete Thimocles qui succomboit en raisons, à dire milles injures à Damis, jusques à en vouloir venir aux mains ; & certainement c'est un grand argument de foiblesse quand on est contraint d'avoir recours à ces armes feminines, que les hommes de vertu ont tousjours jusques là mesprisées, qu'on dit qu'Hercule prenoit grand plaisir aux injures que quelques Rhodiens lui disoient en leurs sacrifices. Je veux bien pourtant vous faire voir que les vostres sont du tout sans sujet, & fondement, vous esclaircissant ce qui est de la doctrine des Sceptiques touchant les choses sensibles, fort

Ep. 151

SCEPTIQUE. 5

fort differentes de ce que vous leur avés voulu imputer : car ils font tous ingenument profession d'aquiescer au rapport de leurs sens, pourveu que ce soit hors de toute opiniastreté ἀδοξα-ϛῶ, avec leur inseparable suspension, & comme ils disent fort bien κατὰ τὸν νῦν φαινόμενον, *secundum id quod tunc apparet iis enim à quibus patimur, & à quibus ita coacti ad sensum adducimur, cedimus & acquiescimus*, dit hautement & en plusieurs lieux leur grand Legislateur Sextus. Car ce que vous allegués de Pyrro, comme si ses disciples eussent esté contraints de l'eloigner des dangers à toute rencontre, c'est un fait calomnieux, au rapport mesme de Diogene, qui nous a donné sa vie par écrit; à la verité la deception si ordinaire & manifeste des sens, qui varient selon les âges, les temps & les lieux, qui nous font voir le soleil non plus grand que la gueule d'un four, qui font trouver le miel amer aux icteriques, & leurs rendent pasles toutes sortes d'objects : comme ceux qui ont l'Hyposphagma ou siggillation voyent tout rouge & sanguin : qui font qu'une mesme voix est tout autre en une cam-

A 3 pagne,

pagne, qu'en un lieu eſtroit ou ſineux: que nous penſons avoir deux boulles ſous les doigts bien qu'il n'y en ait manifeſtement qu'une, *tactus duo dicit in digitorum variatione viſus autem unum.* Obſerve luy meſme Ariſtote, que toutes les odeurs nous ſemblent une, quand nous en avons l'odorat prevenu, & ainſi de milles autres exemples, qu'on peut apporter de la tromperie, & fauſſeté de chacun d'iceux : ces rencontres, dis-je, ſi ordinaires, les font cheminer la bride en main, les empechent de rien affirmer avec aſſertion dogmatique, & pedanteſque, & les tenans, dans la ἀρρεψία, *nulla motio*, & la ἀφασία, *nulla dictio*, leur font avoir toujours en bouche ces beaux mots de la Sceptique, & ces belles voyes de ſon Epoche, τάχα, *fortaſſe*, ἔξεϛι, *licet* ; ἐνδέχεται, *fieri poteſt*, ὐδὲν μᾶλλον, *nihil magis*; ὐδὲν ὁρίζω, *nihil definio*; ὐ καταλαμβάνω, *non comprehendo*; σκεπτόμενος διατελῶ, *conſiderans perſevero*; πάντα ἐστὶν ἀκατάληπτα, *omnia ſunt incomprehenſibilia*; πάντι λόγῳ λόγος ἴσος ἀντίκειται, *omni orationi oratio æqualis opponitur*. Et quoy? pouvés vous trouver ſi eſtrange en eux cette douteuſe retenuë, puiſque vous voyés

4. *Metaphyſ.* c. 6.

voyés le pere commun de tous les Philosophes Socrate, du chef duquel, comme du haut de l'Appennin, dit Ciceron, ont ruisselé toutes les sectes de la Philosophie, lequel ne propose jamais dans Platon ses plus resoluës conclusions qu'avec une marque d'interrogation, & comme s'enquerant pluftot qu'enseignant la verité des choses qu'il traicte, jusques là qu'il n'ose pas asseurer d'estre homme, plustot que quelque autre animal estrange. *In Phæd* *Ego enim*, inquit, *nescio an sim homo, an aliqua alia fera Typhone magis multiplex ac varia*, avec cette ingenuë confession, *hoc unum scio quod nihil scio*. Anaxarcus l'ayant depuis enchery sur luy, disant *Se ne id quidem scire quod nihil sciret*.

Je ne veux point icy establir, comme quelques uns ont fait, Homere pour fondateur de la Sceptique, ny enroller au nombre des sectateurs d'icelle Euripide, Archilochus, Zenon, & tant d'autres de ces Anciens qui semblent avoir convenu de ses principes (car nous n'en sommes pas du tout despourveus, comme vous avés voulu dire) & discouru de toutes choses avec l'incertitude vacillante dont elle fait profession: *Diog. Laert. in vita Pyrrh.* *Sext. l. 4. c. 4.*

profession : mais aussi ne pouvons nous pas douter que ces sept sages dont la Grece nous a voulu donner les sentences pour regles infaillibles de nostre vie, n'ayent esté de nostre mesme sentiment & d'un jugement tout Pyrrhonien. Car que peut signifier leur ἄρισον μέτρον, *modus optimus*, sinon qu'il faut estre retenu & ne rien decerner trop confidemment, μηδὲν ἄγαν, *nihil nimis*, ne passer jamais aux extremités des pedants dogmatistes; μελέτη τὸ πᾶν, *meditatio totum*, se reserverent tousjours aux pensées & meditations secondes qui seront peut-estre les meilleures. *Dies diei, nox nocti indicat scientiam.* οἱ πλεῖςοι κακοὶ, *plures mali*, ne se laisser jamais emporter au torrent de la multitude, ni au jugement des fols, dont le nombre est tousjours le plus grand, voire infini : mais Thales me semble sur tous admirable quand il dit ἐγγύα πάρεςι ἄτη, *sponde, prasto noxa est*, qui est à dire, à mon advis, si vous vous promettez tant de vous mesmes & que vous deferiés tant à vostre sens, & jugement, qu'ils vous fassent affirmer & conclurre quelque chose avec certitude magistrale & pedantesque, ne doutés point que vous n'en
soyés

SCEPTIQUE.

foyés bien-toſt au repentir, & que vous n'aiés la honte & les desplaiſir de vous retracter, & dedire peu après honteuſement de ce que vous aurés temerairement aſſuré, & precipitamment arrêté.

EUDOXUS. J'advouë, Epheſtion, qu'on ne peut eſtre trop retenu en ce point, & que toutes choſes ayant deux anſes, comme toute medaille deux viſages, il faut uſer de très-grande reſervation d'eſprit avant que de rien prononcer; mais de vouloir eſtendre cela juſques aux choſes les plus communes, voire les plus ſenſibles, c'eſt non-ſeulement ſortir du grand chemin, contre le precepte de Pythagore, mais veritablement ainſi qu'on dit ſe mocquer de Dieu & des hommes, comme quand Phavorinus, l'un des voſtres, ſouſtenoit, *ne id quidem comprehendi poſſe ſolem eſſe.* Par voſtre foy meritoit-il que Galien prit la peine de luy reſpondre, comme il a fait, & n'eſtoit-il pas plus hermaphrodite d'eſprit que de corps, tel que le nous repreſente Philoſtrate parmi les Sophiſtes : car finalement il y a de certaines verités reconnuës & advouées de tous, & comme dit l'Italien : *La carna della Lodola piace ad ogn'uno.* Or de ſe ban-

D. Laert. in Pyth.

der obstinement contre ce consentement universel de tous les hommes, lequel, *Veluti quædam tacite loquentis natura vox est.* C'est un caprice monstrueux & insupportable que nous pouvons bien comparer à cette fabuleuse Giganthomachie, puisque par des instances captieuses & sophistiques entassant Pelion sur Ossa, & Ossa sur Olympe, vous voulés renverser les principes & fondemens de la nature, insistant contre l'acclamation generale de toute l'humanité, & contre cette voix du peuple, qui n'a pas esté sans sujet nommée la propre voix de Dieu, parce que l'*universale non s'inganna*, y ayant

Ep. 17.
l. 7.
Cap. 11.
comme dit Pline : *In numero ipso quoddam magnum collatumque consilium.* Lequel Aristote compare au troisiesme de ses Politiques à un celebre festin, auquel chacun a contribué sa part de prudence, & de jugement : *Singuli enim*

Pline
Panegir
decipere & decipi possunt, nemo omnes, neminem omnes fefellerunt. C'est pourquoy Appelles exposoit en pleine ruë ses ouvrages, derriere lesquels il escoutoit les censures du peuple, selon lesquels il corrigeoit les defauts qu'on y avoit remarqués, *vulgum diligentiorem judicem quam se præferens*, comme dit

SCEPTIQUE.

dit l'autre Pline en son Histoire natu- *L. 35. c.* relle : & certainement en une si gran- 10. de assemblée il y a tousjours plus de sains que de malades, & si une goutte d'eau est sujete à corruption, les grands fleuves, toute la mer, l'element entier ne s'alterent ny corrompent jamais.

EPHESTION. Je ne me puis tenir de rire vous voyant si courageusement desployer les maistresses voiles de vôtre eloquence en faveur de la multitude, à l'abry de laquelle vous vous mettés comme ceux qui avoient recours aux statues, & aux autels. *Quiritium fidem implorando*, me souvenant de ce que dit un proverbe à ce propos, *la và male quando si chiama gente à soccorso*: mais je voy bien que vous estes beste de compagnie, qui voulés suivre le troupeau *omnas bobas, por do va una van tottas*, & que vous n'estes pas pour fendre la presse & entrer dans le theatre comme Diogene alors que la multitude en sortira. Socrate à vostre compte estoit bien abusé nommant les opinions vulgaires des lamies, ou loups garoux, dont on fait peur aux petits enfans, & celuy qui disoit: *quid viro bono cum saliva vulgi*. Qu'ay-je je fait de mal, demandoit aussi Phocion & Antisthenes, que cette multitude m'applaudit? Senecque n'estoit non plus de vostre advis quand il escrivoit: *non faciam quod victi solent, ut provocent ad populum*, ou lors qu'il veut que les sentimens des sages soient aussi differens de ceux de la multitude, que le mouvement des planetes, qui sont en si petit nombre, est contraire à celuy des innombrables estoiles. Aussi peu s'y accordoit cette Prestresse, dont parle vostre Aristote au second de ses rethoriques: *qua filium non sinebat cum populo agere; si enim justa dicas*, Luy disoit elle, *homines te odio habebunt, si injusta Dii*. Que Democrite avoit la pensée differente des vostres quand il écrivoit: *unus mihi pro populo, & populus pro uno*. Et cet autre qui disoit plus hardiment encore: *satis est unus, satis est nullus*. Car quant à vostre precepte de Pithagore, de ne sortir point le grand chemin que vous devez avoir pris dans Diogene Laertius, Philon Juif, & Malchus mesme ou Porphyre, avec Iamblicus, qui nous ont donné sa vie, le rapportent tout autrement, τὰς τε λεωφόρους μὴ βαδίζειν, *publica via non incedendum*. Vous souvenés vous point

Ep. 118.

Cap. 23

point de ce que raconte Herodote sur le sujet de la guerre Persicque, à laquelle les Atheniens s'engagerent par les persuasions de Aristagoras qui n'avoit eu aucun pouvoir sur Cleomenes ? *facilius visum est Aristagora Milesio multos decipere quam unum : qui si Cleomenem solum fallere non potuit, id tamen in triginta millibus Atheniensium effecit.* Mais supposons avec vous qu'il faille compter & non peser les suffrages, & que nous soyons obligés d'acquiescer à la pluralité des voix : quelle arrogance, & quelle impertinence sera-ce à celuy qui se voudra attribuer cet advantage, puis qu'on ne le peut faire avec fondement raisonnable, qu'après les avoir toutes parcouruës & recueillies ? que si nos anciens ont estimé cela si ridicule veu la multitude de tant & si diverses nations, comment le nommerons nous aujourd'huy que par la descouverte de nouveaux mondes, nous avons veu une si nouvelle face de la nature, & s'il faut ainsi dire, une humanité si different de la nostre ? Nous restant encore les apparences tant vray-semblables, qu'il n'y a que la moindre partie de ce globe terrestre qui nous soit connuë, pour ne rien dire

dire de ceux qui ont estabii l'infinité des mondes. C'est une merveilleuse vanité & insolence à l'homme qui sait à peine ce qui se passe chez luy, de s'estimer avoir une cognoissance universelle de tout ce qui est dessous le ciel; & cela pour ne jetter jamais sa veüe sur toute la face de la nature, & ne donner jamais à son esprit les revolutions entieres & qui soient concentriques à l'univers, *Orbes mentis habens concentricos universo.* D'où vient la belle remarque de Pline au septiéme de son histoire sur semblable consideration: *Naturæ rerum vis atque majestas in omnibus momentis fide caret, si quis modo partes ejus, ac non totam complectatur animo.* Et certainement nous sommes tous ἐπὶ μικρὸν βλέποντες, *ad pauca respicientes*, pour user des termes de vostre Aristote. Nous examinons la France, une autre partie de l'Europe, quelque chose de plus esloigné, nous figurans que tout le reste va de mesme, sans jamais faire reflexion sur l'estenduë immense de ce vaste univers, *nunc Thracum equestrium, nunc Mysarum terram aspiciendo.* Ainsi que disent les poëtes:

—— Cum Jupiter æthere summo
Despiciens

Verul. lib. 6. de aum. scienciar.

1. meteor. c. 4.

Virgil. Æneid. 10.

Despiciens mare velivolum, terrasque jacentes :
Littoraque & lato: populos, sic vertice cœli
Constitit... ny faire ouverture aux yeux de nostre esprit de ce beau livre du monde, dont la lecture sert de leçon à la vraye, pure, essentielle Philosophie. Là nous verrions qu'il n'y a rien de si constant, certain & arresté en un lieu, dont l'opposite ne soit encore plus opiniastrement tenu ailleurs, & dans la contemplation de cette obstinée varieté, ne nous estonnerions plus si un Philosophe interrogé de quelle matiere l'homme lui sembloit estre composé, répondit d'un amas de disputes & contestations. Car qu'y a-t'il que l'esprit humain ne mette en controverse & ne rende problematicque: c'est un glaive tranchant de toutes parts, une girouette à toutes postures, un Mercure qui fait visage de tous costés,

Quo teneam vultus mutantem Protea nodo. — Horat. Epist. 1. lib. 1.

Chacun a son sens & sa fantaisie à part; car, comme l'on dit, autant de testes autant d'opinions, & cependant c'est chose fort vray-semblable que tout

tout despend de ses fantaisies & opinions: d'où vient que Heraclite nommoit την ὁ ιησιν ιερὰν νόσον, *opinionem sacrum morbum*, & comme ont voulu les Stoiciens, c'est d'elle que nous sommes touchés, & non des choses mesmes. Ce qui fit aussi imaginer à Protagoras que l'homme se pouvoit appeller la mesure de toutes choses, & repeter si souvent à ce grand Empereur Philosophe Marc Antonin cette maxime ὅ τι παντὰ ὑπόληψις, *quod omnia opinionibus constant*. Encores s'il y avoit quelque arrest & fermeté en icelles, mais comme elles dependent des preventions & anticipations d'esprit,

Phædr.
l. 5.

Sua cuique cum sit animi cogitatio,
Colorque prior;

Que celles-là sont changeantes & variables à proportion des differentes idées que nous concevons à tous momens, bon Dieux! quels Prothées, & quels cameleons leur peuvent estre comparés en mutabilité? Hector discoure tout differemment dans Homere avant & apres ses blessures, comme a mesme remarqué Aristote au quatriesme de sa Metaphysicque, & chacun de nous peut rendre asseuré tesmoignage

r. 5.

moignage que nous penſons bien autrement des choſes en un temps qu'en un autre, jeune que vieux, affamés que raſſaſiés, de nuict que de jour, faſchés que joyeux, varians ainſi à toute heure par milles autres circonſtances qui nous tiennent en une perpetuelle inconſtance & inſtabilité, ce n'eſt donc pas ſans ſujet que le meſme Ariſtote, noſtre Sextus, & tous les plus grands Philoſophes ont ſi ſouvent repeté ces deux vers de la divine Poëſie.

Τοῖος γὰρ νόος ἐςὶν ἐπιχθονίων ἀνθρώπων
Οἷον ἐπ' ἦμαρ ἄγησι πατὴρ ἀνδρῶντε
θεῶντε.

Talis enim eſt mens mortalium hominum,
Qualem, in dies indit pater hominum atque Deorum.

Et que Senecque ſur le meſme ſens a fait cette remarque tres-digne de luy, *Pauci illam quam conceperant mentem domum perferre potuerunt.* Or toutes *Ep. 109.* ces choſes n'ayant eſté conſiderées ſi profondement, ni ſi methodiquement deduites par aucuns autres, comme elles le ſont par les Sceptiques, je vous conjure de voir avec attention ce rare & precieux chapitre des dix moyens de l'Epoche, ainsi que les explique nostre dit Sextus, & puis-je m'asseurer qu'il sera meilleur traiter avec vous.

EUDOXUS. Qu'est-il besoin de penetrer si avant toutes ces matieres? puis qu'elles ne sont traitées ni discouruës par vous autres, que pour établir cette maxime fondamentale de toute vôtre doctrine, qu'il n'y a rien de certain, dont je vous puis faire voir l'impertinence par elle mesme, contenant & impliquant en soy une contradiction tres-manifeste. Car s'il n'y a rien de certain, vostre proposition mesme ne sera pas certaine, & si elle ne l'est pas, son contraire se trouvera veritable ; c'est à sçavoir qu'il y a quelque chose de vray & de certain, ainsi voilà la base & le soustien de toutes vos machines renversée par un dilemme qui ne reçoit point de replique.

EPHESTION. Il ne reste plus qu'à chanter le *ἐπινίκιον* de vostre victoire, car s'il est permis de rire avec Lucian, *Quis non crederet te circa Salaminem navali prælio Persas superasse*, Senec. & veritablement, *acuta sunt ista quæ* Ep. 82. *dicis, sed ut nihil acutius arista, ita nec futilius.*

futilius. Vostre argument ne recevra point de responce quand vous serés sourd, ou que j'auray perdu la parole, cessant ces obstacles, vous la pourrés avoir double : la premiere que quand nous disons qu'il n'y a rien de vray ny de certain, cette voix n'est pas simplement ny absolument affirmative, mais contient tacitement une exception de soy mesme, comme quand nous nommions tantost avec Homere Jupiter pere des hommes & des Dieux, cela se doit entendre luy excepté, autrement puis qu'il est du nombre & le plus grand d'iceux, ce seroit le faire pere & fils tout ensemble. Socrate s'expliquoit cy-dessus en ce sens : *hoc unum scio quod nihil scio, hoc unum certi nihil esse certi* : La seconde est, que comme le feu ayant consommé tout l'aliment combustible, se consomme encore soy-mesme, & les purgatifs de la medecine en chassant du corps les mauvaises humeurs, sortent encore eux-mesmes par leur propre faculté, & se poussent quant & quant au dehors, selon le dire d'Herophile, qui pour ce sujet : *Elleborum fortissimi ducis similitudini aquabat, concitatis enim intus omnibus ipsum in primis exire.* Ainsi nostre axiome disant,

Sex. Ph. pass.

Plin. l. 25. c. 5.

sant, qu'il n'y a rien de certain, se comprend & enveloppe soy-mesme, *seipsum enim περιγράφει, ac circumscribit* : en telle sorte qu'il ne prononce rien contre autruy qui ne s'estende sur luy-mesme, suivant la devise du glaive de cet Empereur : *In cunctos in meque simul.* Tenant en cela de l'excellence de la lumiere, laquelle s'esclaire elle mesme, & se fait connoistre avec les autres objets par elle mesme. Nous usons encore icy de la comparaison de celuy qui s'estant servi d'une eschelle pour parvenir au sommet desiré, la renverse puis apres, ne luy estant plus d'usage : car ainsi nous estans servis de la demonstration qui establit l'incertitude de toutes choses, nous la renversons elle mesme, rien ne pouvant subsister de certain devant nous. Que s'il semble quelquesfois qu'emportés par les façons du parler ordinaire, nous prononcions quelque chose affirmativement, cela pourtant n'est pris parmi nous que douteusement, & ce que nous disons en tel cas estre, ne signifie rien plus si non qu'il nous est advis pour lors qu'il soit ainsi.

EUDOXUS. J'advoüe que les comparaisons sont fort propres & merveilleusement

SCEPTIQUE.

leufement bien fecondantes vos intentions, mais fi ne font elles pas à l'efpreuve de noftre Dialecticque, qui ne demeure jamais fans repartie. Toutesfois pour ce que vous faites un fi puiffant bouclier des dix moyens de voftre efcole, je veux bien que nous en parlions, ne m'étant pas chofe nouvelle, apres en avoir pris connoiffance, & en ce chapitre de Sextus par vous fi hautement loüé, & en divers autres efcrits. Or desja quant au nombre de dix, il faut que vous advoüyés qu'il a efté fi mal affigné, que beaucoup de voftre famille mefine n'en ont eftably que cinq, autres fept, quelquesuns les ont reduits à trois, & ces trois là encore à un feul qui eft celuy de la relation. Mais pour venir au fonds, & à la matiere d'iceux, je n'y voy que quelques inftances & obfervations particulieres, recherchées de fort loin, & qui ne font nullement baftantes pour eftablir les regles & loix generales de l'indifference & incertitude que vous pretendés eftablir en toutes chofes.

EPHESTION. Pour le premier point, je m'eftonne de voftre reproche, veu le grand eftat que vous faites de vos dix categories, où vous vous vantez

tez que toutes choses sont placées & ordonnées *veluti vacca in stabulo*, pour user de la comparaison d'Ammonius. Car vous ne pouvez ignorer en combien de façons elles ont esté diminuées & augmentées. Platon n'en mettoit qu'une, Xenophon deux, Valla est pour le nombre de trois, les Stoiciens passent à quatre, Plotin à cinq, Architas & Aristote sont venus à dix; mais pour trouver logis à ce que vous appellez *Entia rationis*, il en a fallu une onziesme, qui est peu, en comparaison des vingt qu'ont ttrouvé les Pythagoriciens. Au surplus quand nous reduisons nos dix moiens à trois, & ces trois à ce general πάντα πρoτὶ, *omnia sunt ad aliquid*, ne voiez vous pas que c'est comme quand vous dites qu'il y a deux predicamens principaux, la substance, & l'accident, & que puis aprés vous venez à subdiviser ce dernier en neuf, quantité & qualité, & ce qui suit compose vostre nombre de dix categories. Mais venons à ce qui est plus important.

Nostre Sextus s'est contenté de quelques observations singulieres, ou en petit nombre, qui est trop peu de chose, dites vous, pour en tirer de si grandes

des conſequences. J'avois bien raiſon de vous prier de lire ce divin eſcrit avec pauſe & attention ; j'ajoûterois volontiers ſans prejugé & anticipation d'eſprit, ſi vous eſtiés capable de le faire. Vous y remarqueriés ayſement, qu'il n'a eu autre intention que de nous ébaucher cette matiere ſi abondante, & nous ouvrir ce chemin, qu'il ſçavoit s'eſtendre à l'infiny. Ce qui eſt plus que ſuffiſant à un eſprit clair-voyant & de bonne trempe, pour le porter à cette excellente ſuſpenſion d'eſprit qui eſt le but de l'œuvre de l'autheur, & le point de la felicité tout enſemble. Or pour vous monſtrer combien il eſt aiſé d'adjouſter à ces commencemens, & d'augmenter cet admirable ouvrage, attachons nous à quelques-unes de ſes parties, & par exemple, arreſtons nous ſur le dixieſme & dernier moyen, qui conſidere les mœurs, couſtumes, & opinions diverſes des hommes. Il eſt difficile de rien trouver de plus exprés ſur ce ſujet, que ce bel endroit de la ſeconde Muſe d'Herodote, où vous pouvés voir fort au long combien les Egyptiens ſont en cela differends du reſte des hommes. Ils s'amuſent (dit-il) entre'autres choſes,

ses, à filer & ourdir des toiles au logis, pendant que les femmes trafiquent & negotient au dehors. Les hommes pissent accroupis, les femmes debout; (ceux de Mexico & autres usent encore de cette mesme posture.) Les hommes portent le fardeau sur la teste, les femmes sur les espaules. Leurs prestres sont tous razés, ceux qui sont en deuil portent une longue perruque, ils mangent pesle mesle avec les autres animaux, se mutilent les parties viriles par la circoncision, escrivent de la partie droite à la gauche, & ainsi en mille autres choses qu'il va poursuivant, ont leurs façons de faire si contraires à celles des autres nations (se persuadans neantmoins avoir seuls la raison & la rectitude morale de leur costé) qu'aucun homme ou femme d'Egypte ne voudroit avoir baisé un Grec, ni mangé de ce qui auroit esté tranché par son couteau, ou s'estre servi d'aucune sienne utancile. Ce qui me fait souvenir des Canadines, & autres Americaines, qu'on dit ne se vouloir laisser approcher des hommes barbus & velus de nostre Europe, disant qu'ils sont couverts de poil comme des bestes. Que si on ne trouve point de cause

se plus vray-semblable de cette diversité, sinon que l'Egypte a sa terre, son eau & son ciel du tout differens des nostres, qui est la mesme qu'allegue Hippocrate en cet excellent traité *de aere, locis & aquis*, parlant des mœurs & coustumes particulierement observées dans la Scithie, & apres luy Galien en cet autre beau discours, *quod animi mores sequuntur temperamentum corporis*, où il observe semblablement les differentes conditions des Asiatiques & Europeens : comme au contraire la ressemblance des païs cause volontiers celle des mœurs & des esprits, *Mores fere communes sunt Medis atque Armeniis*, dit judicieusement Strabon, *quia & regio adsimilis est* ; que devrons nous penser de tant de peuples qui sont tout autrement esloignés que ceux-cy, qu'on peut dire estre quasi à nostre porte ? qu'estimerions nous de ceux qui vivent soubs l'un & l'autre pole, & qui voyent tourner sur leurs testes de si differentes figures, & constellations. Combien les influences de ce pretendu Crucifix Austral seront elles dissemblables de celles de nostre Cynosure ? Et combien ceux qui sont posez sous la ligne auront-ils le temperamment, &

11 Geog.

Tome I.   B   par

par consequent la ratiocination diverse de ceux qui ont le jour & la nuit chacun de six mois entiers, & consecutifs? Cependant les Egyptiens ne sont pas seuls qui croyent avoir les meilleures coustumes. Tout le monde combat pour les siennes. Les Grecs deffendoyent au peril de leurs vies leurs temples & leurs autels : Xerxes, par l'advis des Mages de la Perse, les faisoit tous brusler, ne recognoissant rien que le ciel capable d'enclore une divinité. *Quod parietibus includerent Deos, quibus omnia deberent esse patentia ac libera quorumque hic mundus omnis templum esset & domus*, comme parle Ciceron.

Herod. l. 4. Les Scythes assassinerent Anacharsis & leur Roy Scythes, qui vouloit apporter du changement à leurs façons de faire. Les plus grands Legislateurs ont couru pareilles fortunes, si leur dexterité ou leur bonne fortune ne les en ont preservés. *Vivimus enim ad exempla, nec ratione componimur,*
Senec. ep. 124. *sed consuetudine abducimur.* C'est un torrent duquel nous sommes tous emportés. Le mesme Herodote, en la Thalie suivante, en fournit un notable exemple. Darius, dit-il, offrit à quelques Grecs toute recompense, s'ils vouloyent

vouloyent manger & enſevelir dans leurs ventres leurs parens decedez comme faiſoyent les Indiens appellez Calaties. Ce qu'eſtant abſolument, & avec deteſtation par eux refuſé, il propoſa à ces Indiens qui eſtoient preſens le meſme party, ſi à la façon des Grecs ils vouloient brûler les corps de leurs peres trepaſſez ; mais il trouva en eux encore plus de reſiſtance, & d'abomination. Par où l'on voit, adjouſte-t'il, qu'avec grande raiſon Pindare a nommé νόμον πάντων βασιλέα, *morem omnium regem*. Les anciens Irlandois, Maſſagetes, Derbices, & autres, faiſoient gloire de manger ainſi leurs parens decedez, & les hiſtoires modernes des Indes, tant Orientales qu'Occidentales, nous marquent infinies provinces, où cette meſme couſtume eſt encore en uſage : ces nations ſe perſuadant que c'eſt comme faire revivre & animer de nouveau ceux auſquels ils ſont redevables de leurs vies, les convertiſſant ainſi & les transformant par la nourriture en leur propre nature & ſubſtance. De ſorte que les noſtres qui leurs preſchoient nos inhumations, & enterremens, recevoient avec indignation cette recompenſe d'eux : O pau-

Strabo 4 & 11 Geog.

Louis Bert. & autres.

vres gens, comment laissez vous manger cette chair precieuse aux sales vers de la terre? & quel monument plus digne luy pouvés vous donner, que celuy de vos propres entrailles? Et à la verité c'est la consideration qu'avoit autre-fois Artemise, beuvant les cendres de son mary. Nous avons veu en France depuis peu les Topinambous, lesquels apres y avoir receu toutes sortes de bon traictement & de caresses, à la premiere veuë de leur pays & au premier chatouilleux souvenir de leur ancienne façon de vivre, déchirerent leurs habits François, pour retourner à leur nudité, & pour revoir leurs cabanes sauvages en toute liberté, abandonnerent sur l'arene les femmes qu'on leur avoit fait icy épouser, renonçant volontiers à toutes les delicatesses dont on leur avoit voulu donner le goust, pour retourner à leur ancienne & naturelle rusticité. On n'a peu encore faire quitter aux Sauvages d'Irlande la vieille mode d'attacher la charrüe à la queuë du cheval qui laboure, & en ce dernier siecle un gouverneur des Samogitiens leur ayant fait quitter leurs socs de bois pour d'autres de fer, comme plus propres & de meilleur usage à fendre

Sigismond. d'Herbestain.

fendre la terre, se vit contraint afin d'eviter la sedition, pour ce que la recolte de cette année là fut assez mauvaise, de les remettre à leurs premiers outils. Ce qui me fait encore souvenir de ces peuples dont parle Marc Polo sujets au grand Cam de Tartarie, lequel ayant voulu abolir la plaisante coustume qu'ils avoient de faire coucher leurs femmes & leurs filles avec leurs hostes, fut au bout de trois ans contraint de la remettre susimportuné par les Ambassadeurs qu'ils luy envoyerent exprès, remonstrans que depuis cette innovation leurs terres ne rapportoient plus, leur ciel sembloit estre d'airain, & bref qu'ils estoient tombés en mille sortes d'adversités. On voit donc par tout une tres-grande opiniastreté pour la coûtume, qu'on peut nommer un cinquiesme Element, voire une autre nature, qui fait que les enfans nouveaux nais ne font que dormir, comme y estans accoutumés dès le ventre de la mere (dit Aristote 5. *de gen. anim. c.* 1.) & que depuis nous croyons tousjours faire avec raison & *Herod.* justice ce que nous faisons par usage & *l.* 1. imitation. C'est pourquoy Solon se contenta d'obliger pour dix ans seulement

lement les Atheniens à l'observation de ses loix, sçachant bien que dans ce temps, la coustume les auroit assez autorisées. Mais retournons à la grande diversité de ces mœurs & coustumes differentes. Nous avons veu les Egyptiennes faire toutes les fonctions viriles. Strabon atteste le mesme des Gauloises de son temps ; & Diodore Sicilien des femmes des Scythes appellez *Sacae*, & de celles des Lybiens nommez γυναικρατούμεναι ; & les relations anciennes & modernes nous font voir des provinces entieres d'Amazones, où les femmes seules vont à la guerre. *Apud Artabros fœminæ bella gerunt, viri autem domum custodiunt, ac muliebria quædam obeunt officia*, dit Antonius Diogenes dans Photius, les Espagnols ayans bien changé depuis de façon de faire. Les Roys de Narsingua en Asie, & celuy de Benamataxa en Afrique, menent des escadrons de cinq ou six milles femmes combattantes : Celuy de Coulam en a quelque cinq cens archeretesses pour sa garde ordinaire, & celuy de la Chine en a bien jusques à trente mille, si nous en croyons Mendes Pinto. *Solitum Britannis fœminarum ductu bellare*, dit Tacite,

re, & en beaucoup d'endroits elles ont exercé les Magistratures, & fait partie du Senat, pour ne rien dire des Republicques de Platon où elles sont admises en toutes les charges & Magistratures de paix, & de guerre, indifferemment avec les hommes. Les femmes des Brachmanes des Indes ne faisoient pas moins profession de philosopher que leurs marys, & à Tesset, ville de Numidie, encore aujourd'huy il n'y a qu'elles qui s'adonnent aux lettres & estudient. En la province où est Quito, l'une des principales villes du Perou, les femmes vacquent au labourage, pendant que leurs marys cousent, & filent pour le mesnage. On escrit de mesme de celles de Cochinchine, & d'un Païs d'entre les Royaumes de Tibet & Sezanagar, suivant la lettre jesuitique du pere Antoine Andrade. Ce sont elles, en assez de lieux de l'Amerique comme anciennement en Espagne, au rapport du mesme Strabon, & en l'Isle de Corse selon Diodore Sicilien, qui preparent le festin si-tost qu'elles ont enfanté, & vont convier leurs voisins & amys à venir voir le nouveau nay, que le mary tient & fomente dans le lit, rece-

De rep. VI. de Leg.

Strabo. 17 G. eg.

Jean Leon. l. 6.

L'Inschot. l. 3.

l. 5.

vant

vant les visites & parabiens comme icy nos accouchées. Que dirons nous de leurs bonnes graces ? On estime ici les blanches, ailleurs les noires, où le diable est representé blanc, & les Idoles des dieux peintes toutes noires. Les Tapyriennes se coupoient les cheveux, laissant porter la longue perruque à leurs marys ; ce qui est directement opposé à nostre usage. Celles qui ont les plus longues tetasses, la plus grande bouche, les plus pendentes oreilles, les plus grosses jambes, & le nés le plus camuz sont les plus belles en beaucoup d'endroits. A la Chine les plus petits yeux sont les plus estimés : chez les Caribes & Siginiens le plus grand, haut, ou large front : chez les Macrocephales, la plus longue tête, la plus chauve & pelée : chez les Myconiens, Agrypées, & Japonois, le visage le plus fardé & plastré, le menton, le nez & les jouës les plus trouées, & cicatricées. En la pluspart des Indes Occidentales. Comme Herodote remarquoit de son temps, & aprés luy nostre Sextus, que les Stygmates, tenuës pour serviles ailleurs, estoient aux Thraciens, Sarmates, & Egyptiens, des marques de genereuse extraction.

Ramus & aliis passim.

Strabo 11 Geog.

Sext. 3. Pyrrh. Hypo. 24.

Les

SCEPTIQUE. 33

Les grandes ongles ne se portent que par les nobles au royaume de Mangi, ou de la Chine, & de Cochinchine, ce que praticquent aussi les Negres de la coste Malabre : les femmes Tartares & Moscovites se les peignent de noir, aux Maldives de rouge, ailleurs de verd. En assez de lieux d'Amerique, & au Japon on s'estudie à se noircir les dents, estant là une grande laideur de les avoir blanches, aussi bien que les cheveux blonds. Les femmes de cette isle se ceignent pendant leur grossesse fort estroitement, estant le reste du temps fort au large dans leurs habits. En quoy elles croyent se procurer un plus heureux accouchement. Les Egyptiennes n'estimeroient pas avoir de quoy meriter les affections des hommes, si elles n'estoient soigneuses de tenir une partie des cuisses & toutes leurs parties honteuses teintes de couleur jaune. Ne croyons nous pas que les plus jeunes soient les plus estimées par tout ? la Jeunesse paroissant en elles une Deité visible qui les fait adorer ; si est ce qu'aux Indes Occidentales où ils les trocquent & changent ordinairement, les plus vieilles y sont en plus grand

Linschot.

Belon l. 2.

Oviedo Som. c. 82.

B 5   prix,

prix, & celui croit avoir bien trompé son compagnon qui a eu la plus âgée pour sa part. Martial nous depeint son Baſſus de cette meſme complexion.

L. 3.
Ep. 8.

Arrigis ad vetulas, faſtidis Baſſe puellas,
Nec formoſa tibi ſed moritura placet.
Hic rogo non furor eſt? Non eſt hæc
mentula demens?
Cum poſſis Hecubam non potes Andro-
machen.

Peut-eſtre qu'outre leurs autres conſiderations, ils ſont touchez de la meſme inclination qui ſe trouve en quelque ſorte d'animaux, comme aux Beliers, qui s'addreſſent touſiours aux plus vieilles brebis, meſpriſant les jeunes : *Arieti naturale agnas faſtidire, ſenectam ovium conſectari* : dit Pline apres Ariſtote. Et comme en une autre eſpece d'amour Suetone remarque de l'Empereur Galba, qu'il étoit *libidinis in maris pronior, & eos non niſi præduros exoletoſque*. Nous prenons noſtre plaiſir avec ce ſexe, nous le ſouſmettant, ce que ſignifie ſouvent ce mot, *humiliavit eam* ; il y a des Provinces entieres en Orient où le contraire s'obſerve de telle ſorte, qu'une honneſte femme ne ſe laiſſeroit jamais mettre deſſous.

Plin. l.
18. ch.
47. Ar.
de Hiſt.
an. c. 14
Art 22.

desſous. Aux Maldives chacun garde *Pirara.*
ſon avantage, ne travaillans jamais à
la generation qu'acroupis, & accrochez l'un devant l'autre. Nos femmes
ne ſe parent que quand elles ſortent
de la maiſon, où elles portent leurs
moindres habits; les Turques & Perſiennes ſont tres-mal veſtuës au dehors, pource qu'elles n'y doivent plaire à perſonne, & mettent leurs plus
precieux accouſtrements dans l'enclos
du logis, où elles ne peuvent aggréer
qu'à leurs maris ſeulement: les loix
de la civilité & bienſeance veulent parmi nous que les jeunes hommes demandent les filles en mariage, en Moſ- *Sigiſm.*
covie c'eſt choſe honteuſe & deshoneſ- *d' Her-*
te, la couſtume portant que la recher- *leſtain.*
che ſe faſſe du coſté des parens de la
fille. La virginité dont beaucoup font
tant de cas, eſt mépriſée en aſſez de
lieux, comme en Jslande, où les parens
preſtent volontiers leurs filles aux *Bleſk.*
marchands pendant leur ſejour dans *decſr.*
l'Iſle, & elle eſt un grand deffaut en *Jsl.*
la pluſpart de l'Orient, où ils ne pen- *Odoar-*
ſent pas qu'une pucelle puiſſe jamais *do, Bar-*
aller en Paradis; c'eſt pourquoi ils ont *boſa,*
des Idoles propres à depuceller, ou *Meſes,*
bien leurs Preſtres & Bramins font cet *Pinto.*
B 6 office

office, si quelque jeune homme moyennant bonne recompense ne veut prendre cette peine, aussi qu'autrement elles ne trouveroient pas à se marier. Le Roy de Calicut ne donne pas moins de quatre ou cinq cens escus à celui qui couche pour cet effet la premiere nuit avec la Reine. Nous estimons aussi grandement le baiser de la bouche, les Arabes de Lybie croient cette partie aussi des-honneste & honteuse que celle du derriere, & la couvrent & cachent également, ne pouvant comprendre qu'il n'y ait autant de vergogne à mettre par là le manger, qu'à le rendre, aussi que par l'un & l'autre endroit il sort souvent de si mauvaises odeurs, & de puantes ventosités. Et qui leur diroit qui doute qu'ils ne trouvassent aussi estrange, avec combien d'affection & d'honneur nous baisons cette partie, que nous pourrions faire si on nous rapportoit qu'on rendit quelque part au cul le mesme hommage, si tant est qu'il ne soit point practiqué parmy nous mesmes ? cette pensée me fait souvenir de la saleté selon nos mœurs, de quelques autres Afriquains, qui ne s'essuient point aux repas les doits ailleurs qu'au poil

Loüis Barth.

J. Leon l. 1. Ca- damosto

poil de leurs parties honteuses, ce qu'ils estiment non seulement civil, mais raisonnable. La nature ne nous l'ayant donné, disent-ils, à autre fin que pour cet usage. La nudité qui nous fait rougir, est innocente aux païs les plus chauds, & n'est devenuë honteuse qu'aux regions froides, où chacun présume estre le mieux habillé. On s'opiniastre pour le manteau court comme pour la longue cymarre, pour le turban comme pour le chappeau ou la tocque. Les Negres dans leurs habits en forme de sacs, s'estiment les mieux vestus du monde. Les enrichissemens & brodures de colle de la nouvelle France, y sont plus estimées qu'en celle-ci les passemens de Milan. Mais ce qui monstre bien ici expressement la tirannie de la coustume, c'est que nous ne pouvons souffrir seulement en peinture les habits de nos grands peres, & qu'il est aysé à prevoir que les nostres ne seront pas moins ridicules à l'advenir. Le dueil se porte parmy nous avec le noir, au royaume du Pegu avec le jaune, à la Chine, au Japon & en Tartarie avec le blanc, où le noir est aussi une livrée de resjouissance : de mesme que le hibou, qui est ici tant detesté,

Ayton Armen. ch. 2.

est

est là en tres-grand honneur & veneration. Les Egyptiens, Babiloniens & Portugais portoient en plein marché leurs malades, nous les allons visiter avec grand soin dans les maisons, il y a des Indiens qui tombés en maladie se font aussitost porter au desert, dit Herodote en sa Thalie. Nous leur procurons le repos, faisant faire un grand silence où ils sont. En Canada & ailleurs, ils n'ont point de plus souveraine medecine que le charivary & musique enragée, dont ils estourdissent tous les maux. Qu'y a-t-il de plus estimé parmy nous que la charité envers les hommes pauvres & affligés, que nous appellons pour ce sujet humanité, & à laquelle nous estimons estre tous obligés ? La Morale des Chinois en discoure bien d'une autre façon ; leur pays estant plein d'hospitaux pour les bestes, que nous foulons ici aux pieds, sans qu'il y en ait un seul pour les hommes, avec cette raison, que s'ils souffrent, & sont en necessité, cela ne peut venir, qu'ou de leur negligence & poltronnerie, ayans le mesme entendement & les mesmes fonctions des autres, ou d'un juste jugement, & punition du ciel, auquel il faut acquiescer &

Herod. l. 1.
Str. 16. Geogr. & 3.

Champ. & M. Polop. lib. 1. c. 41.

Herrera hist. de la Chine.

& se resjoüir des miseres de telles personnes, au lieu de leur subvenir par compassion. Nous nous mocquons de ceux qui chevauchent à la genette, les Turcs, Moscovites, infinis autres se rient de nos longs estriers. Nous sommes assis en mangeant, les Turcs se couchent & prosternent pour cet effet; les Romains avoient leurs lits à l'un & à l'autre usage; les Japonois prennent leurs repas à genoux. En nos festins une table sert à plusieurs; chez les Chinois chacun a la sienne à part. Nous voulons nos viandes cuites & assaisonnées; les Tartares les mangent toutes cruës, les trouvant autrement sans goust & de mauvaise digestion. Nous aimons à boire fraiz, sur tout en esté, les Japonois boivent chaud tout le long de l'an, & les Romains ont eu de mesme leur termopotations. Nous avons nos heures de repas, & y meslons le boire & le manger, nous plaisans aux propos de table; les Indiens de Strabon non plus que les Bresiliens d'aujourd'huy, n'ont point d'heures certaines pour cela, s'abstiennent de boire quand ils mangent, & de manger quand ils boivent, remettans tous propos à un autre temps. Ce qui est

Mer. in tab. Jap

15 Geog

Linschot.

entrée

entrée de table aujourd'huy, a esté autrefois & sera dessert à quelque tems d'ici.

Martial. l. 13.
Claudere quæ cœnas lactuca solebat avorum
Dic mihi cur nostras incohat illa dapes?

Et les meures que nous prenons à jeun, sont ordonnées pour le dernier mets par cet Epicurien Catius,

Horat. Sat. 4. l. 2.
Ille salubres
Æstates peraget, qui nigris prandia moris
Finiet ante gravem quæ legerit arbore solem.

Toute la Bucolique est remplie de semblables exemples, n'y ayant partie de la medecine plus controversée que la diætetique en la prescription des aliments. Les ceremonies qui se practiquent sont plus differentes & en plus grand nombre qu'il n'y a de Provinces au monde. En beaucoup de lieux on n'oseroit regarder les grands au visage, en d'autres le costé gauche est le plus honnorable. Vn Chinois prend garde avant que de s'asseoir d'avoir le visage tourné vers le Septentrion, qu'il estime la plus notable partie du monde

Herrera.

SCEPTIQUE.   41

de, ayant tousjours pour ce sujet la porte de son logis au midy; afin qu'entrant il regarde justement le Nord. Un Turc ne se deschargera jamais le ventre qu'en regardant le Sud, portant ce respect à Medine la cité du Prophete. Nous nous levons & allons au devant de nos amis pour les recevoir, ceux du Japon se tiennent assis, donnant à grande incivilité de les recueillir debout. Nous prenons nostre manteau au sortir de la maison, eux en entrant, & le quittent quand ils vont dehors. Ils se deschauffent les souliers pour saluër avec honneur, au lieu que nous descouvrons nostre teste, les Turcs mettent seulement la main à la poitrine, les Abassins à mesme fin se baisent les espaules à la rencontre, mais le salut des Chinois est composé de mille circonstances importunes. Ne croyons nous pas que c'est aux moindres à saluer les premiers leurs superieurs ? le contraire s'observe pourtant parmi les dits Turcs, où le grand Seigneur mesme donne le premier salut, qui luy est apres rendu. Frapper le sueil de la porte du lieu où est le grand Cam, ou cracher dedans, sont choses quasi capitales, comme ailleurs pisser en public.

Fr. Alva.

Busbeq. Ep. 3.

Les

Les Mahometans ne peuvent souffrir qu'on marche sur le papier, capable, disent ils, de recevoir le nom de Dieu, de la loy, & de leur Prophete. Les *Pirard.* Maldivois prennent à grand outrage le branlement des jambes de ceux qui sont assis en leur presence, comme *Plin. l.* les anciens Romains deffendoient de *28. c. 6.* les tenir croisées en temps de conseil, de sacrifices, ou d'accouchemens. Chez les Tartares, mettre un couteau dans le feu, rompre un os contre un autre, battre un cheval avec son frein, jetter du lait à terre, rejetter ce qu'on a mis en la bouche, vous font également courir fortune de la vie : il n'y a rien de si frivole qui ne soit en quelque part tres-important : il n'y a folie, pourveu qu'elle soit bien suivie, qui ne passe pour sagesse : il n'y a vertu, qui ne soit prise pour un vice, ni vice qui ne tienne lieu de vertu ailleurs :

Scis in　　*Prosperum ac fœlix scelus*
Herc.　　　*Virtus vocatur,*
fur.

dit le tragique latin. Le larcin mesme a son Mercure & sa Divinité, qui le rendoit honnorable chez les Spartiates, Germains, Ciliciens, & Egyptiens,

tiens, tesmoin leur Roy Rhamp- *Her. l. 1.*
sinitus, qui donna sa fille en mariage
à cet excellent larron. Et Platon remarque au premier de sa Republique,
qu'Homere, pour bien recommander
Autolicus ayeul maternel d'Ulisse, dit *Od. ʃʃ. T*
qu'il estoit brave & insigne larron.
Aussi Nestor ayant fort bien receu Te-
lemache, luy demande froidement s'il
n'est point de ce beau mestier de vo-
leur,

ἢ μαψιδίως ἀλάλησθε *Sext. 3.*
Esti's ne incerta vagantes. *Pyrrh.*
οἷά τε ληϊστῆρες; *hypo. c.*
Prædones quo more solent? *24*

Ce qu'il n'eust jamais fait s'il l'eut estimé chose deshoneste, dont il ne se faut
pas beaucoup estonner, puis que les
plus grands Philosophes ont esté de
son advis: Epicure ayant soustenu que *Arr. E-*
ce n'estoit pas mal fait de dérober, *pi. l. 3.*
pourveu qu'on ne fut point descou- *c. 7.*
vert: & Diogene ayant mesme ap- *Laert.*
prouvé le sacrilege. Il est glorieux & *l. Diog.*
honnorable d'estre grand pyrate, pourveu qu'on soit Alexandre le Grand: *Sa-* *Sen. E-*
crilegia minuta puniuntur, magna in *pi. 88.*
triumphis feruntur: & nous voyons tous
les

les jours devant nos yeux ce que disoit Diogene : *Magnos fures parvos ducentes.* Mais encore plus selon les termes de Caton : *Fures privatorum furtorum in nervo atque in compedibus ætatem agere, fures publicos in auro, atque in purpura.* Il n'y a vice qui par sa grandeur ne degenere ainsi en vertu, *Extrema sceleris virtus occupat* : faire assassiner un homme, c'est estre un infame homicide, en faire egorger cent mille, c'est une action heroïque. Entreprendre sur les terres de son voisin, & se vouloir approprier son heritage, c'est une violance des plus injuste ; enlever un Estat entier, & se faire maistre d'un Royaume avec quelque force ou perfidie que ce soit, c'est la gloire d'un conquerant, & le mestier des demi Dieux de nos histoires, *sua retinere privata domus, de alienis certare regia laus est*, dit Tacite au cinquiesme de ses annales. Prendre tousjours le haut du pavé, regarder par dessus l'espaule, ne saluer qu'à demi, c'est estre insupportablement superbe ; ne se laisser aborder qu'à travers les piques & halebardes, cheminer sur la teste des hommes, se faire porter sur leurs épaules, leur faire baiser sa pantoufle, ce sont actions Pontificales

Agell. c. 11. l. vet.

SCEPTIQUE. 45

ficales & dignes d'une majesté royale : *Invenit aliquid infra genua quo libertatem detruderet*, dit Seneque parlant de Cesar, mentir secretement dans le commerce ordinaire des hommes, c'est trahir la societé par une action des plus honteuses & mechantes. Mentir sciemment dans le commerce ordinaire des hommes, c'est trahir la societé par une action des plus honteuses & meschantes; mentir aux affaires d'Estat, *In ipso capitolio fallere, ac fulminantem pejerare Iovem*, S'il y va des interets d'une couronne, c'est à un souverain entendre son mestier, & sçavoir regner; à un sien ministre, estre habille negociateur & excellent politique. Escrire des fables pour des veritez, donner des contes à la posterité pour des histoires, c'est le fait d'un imposteur, ou d'un autheur leger & de nulle consideration; escrire des caprices pour des revelations divines, & des resveries pour des loix venuës du Ciel, c'est à Minos, à Numa, à Mahomet, & à leurs semblables, estre grands Prophetes, & les propres fils de Jupiter. Il n'y a que les putains ordinaires & garces d'*Hortacio* qui soient parmi nous dans l'infamie; une Lais, une Rhodope, une Acca Laurentia

2. de Benef. c. 21

rentia, qui laisse assez de son gain pour instituer le peuple Romain son heritier, une Flora, une Faustine meritent des temples & des autels. La plus celebre des pyramides d'Egypte fust bastie en l'honneur de la fille d'un Roy, qui ne demandoit qu'une pierre de chacun qui se mesureroit avec elle, dont neanmoins elle fist construire ce prodigieux edifice, aprés avoir enrichi le Roy Cheops son pere à ce gentil passe-tems.

Herod. l. 2.

Ce n'est pas donc hors d'apparence & probabilité qu'Epicure & Aristippe soustenoient qu'il n'y avoit rien qui fust naturellement juste ou injuste; ce qu'ils avoient appris d'Archelaus, qui disoit, τὸ δίκαιον εἶναι καὶ τὸ αἰσχρὸν ὁ φύσει ἀλλὰ νόμῳ. *Justum & turpe non natura constare, sed lege.* Et Heraclite, que le bien & le mal estoient d'une mesme essence. Aussi n'y a-t'il point de partie en la Philosophie si debattuë que celle qui traite *de finibus bonorum & malorum*, (bien qu'il n'y en ait point de plus importante, *est enim non de terminis, sed de tota possessione contentio*,) & toute la morale dit vostre Aristote, est nommée Ethique ἀπὸ τῦ ἔθους, *à consuetudine*, les mœurs dependans absolument de la coustume qui justifie

Cicer. 4. Aca. qu.

2. Eth. Edu. ca. 2.

justifie & approuve en un lieu, ce qu'elle blâme & condamne en un autre. Ainsi l'oysiveté estimée tres-honeste chez les Thraciens du temps d'Hero- *In Terps.* dote, & de laquelle fait encore aujourd'huy profession la pluspart de la noblesse de l'Europe, estoit un crime *Idem in* puni de mort par la loy d'Amasis, la- *Terps.* quelle Solon fist passer des Egyptiens aux Atheniens: *adeo ut is qui sectaretur* *Laert.* *otium, omnibus accusare volentibus obno-* *Solon.* *xius esset.* Tacite parlant de quelque *hist.* peuple: *Profana illic omnia quæ apud nos* *de Ind.* *sacra, rursum concessa apud illos quæ nobis incesta.* Et est tres-vray le dire de Seneque: *Nulli vitio advocatus defuit,* *2. de Ira* nous cognoissons autant de nations *c. 13.* qui respectent l'yvrongnerie, qu'il y en a qui la detestent. Les Allemands, Polonois, Moscovites, & autres infinis n'ont point de plus grandes festes que celles de Comus & des Bachanales, *Her. c.* *Post largius vinum, de rebus maximè se-* *1. Stra-* *riis consultabant Persæ,* disent Herodo- *bo 4.* te & Strabon. Et nous avons trouvé les *Geog.* Americains faisans si grande gloire de s'enyvrer, que ceux de Mexico ne pou- *Ramus* vans plus boire, se faisoient seringuer *3. vol.* le vin par le fondement. Parmy nous mesmes il y en a qui font tel estat de

ces

ces raisons, qui se font à table le verre à la main, qu'ils ne pensent pas qu'on puisse estre animal raisonnable sans cet usage. La lubricité est non seulement honneste, mais meritoire en beaucoup d'endroits. Il y a des bordels publics à la Chine, en Armenie, & ailleurs, que la devotion a fondés aux deserts & sur les grands chemins pour estre d'usage gratuit aux passans. Les temples de Venus estoient anciennement destinés à une mesme fin, sinon que souvent les filles y gagnoient leur dot & leur mariage. Combien de nations qui s'accouplent publiquement à la Cynique, sans y trouver, selon le dire de Diogenes, plus grande vergongne qu'au boire & au manger. Ceux d'Irlande le pratiquoient anciennement ainsi, dit Strabon, avec leurs sœurs & leurs propres meres, ce qui n'est pas encore aujourd'huy sans exemple en beaucoup de lieux. Si nous examinons le reste de la morale, nous y trouverons par tout autant de varieté, ce qui monstre bien, qu'il n'y a rien de solide & d'arresté, & que, *nostra vitia sunt, quæ putamus rerum:* comme parle Seneque; cette vertu mesme que nous chimerisons dans les escoles, n'estant peut-estre qu'un titre

Beoso. Odorico & Mendes Pinto c. 99.

Lib. 4. Geog.

SCEPTIQUE. 45

titre vain, & un nom servant à l'ambition de ceux qui se disent Philosophes, & qui n'ont encore peu convenir de ce en quoy elle consiste. Brutus mourant semble avoir esté de ce sentiment, par ses dernieres paroles, qu'on dit estre les plus veritables :

Te colui virtus ut rem, ast tu nomen inane es.

Toutes les sciences contemplatives, ne sont qu'obstinées contestations entre les professeurs d'icelles : plus vous les penetrés, plus vous les trouverés ineptes & ridicules : *In multa sapientia, multa indignatio, & qui addit scientiam, addit & dolorem :* n'y en ayant point qui souscrivent plus franchement au titre d'Agrippa de leur vanité, que ceux qui en ont pris le plus de cognoissance : attachons nous plustost pour suivre nostre pointe à quelques notions qui semblent estre plus universelles, & à de certaines pensées qu'on croiroit estre de tout le genre humain, comme, que nous soyons tres-redevables à ceux qui nous ont mis au monde, nous donnant la vie, que les plus sains en joüissent le plus long-tems, que le bon sens y donne un grand advantage

Eccl. c. 1.

Tome I.   C   pour

pour la passer, que le séjour des villes y contribuë, le climat temperé, la demeure en un estat bien policé : bref que la nature fasse tout pour le mieux, que le cours du soleil soit merveilleusement viste, & s'il y a encore quelque chose de plus vray-semblable ; car si nous trouvons non seulement de l'incertitude, mais mesme de la fausseté apparente en ces choses considerées de prés, de quoy nous pourrons nous asseurer doresnavant, & pourquoy n'userons nous pas de la modestie retenuë & suspension Sceptique en toute autre sorte de propositions ?

Quant au premier point qui regarde l'obligation des enfans envers leurs parens, Aristote l'estime telle, que le fils n'y puisse jamais satisfaire, c'est pourquoy, dit-il, les loix permettent bien au pere de quitter son fils par l'abdication ; mais jamais le fils ne peut faire le semblable, d'autant que nous pouvons bien remettre à nostre debiteur ; mais il ne peut pas sans payement s'affranchir de la debte. Et Pythagore soustenoit, que nous devions nous estimer autant redevables à nos peres qu'un homme mort le seroit à celuy qui luy rendroit la vie. De là vient

8. Eth. ad Nicomach.

Sigism. de Her. & Guag Sar. Her. Jamb. c. 8.

vient que les Romains vendoient juſ- *Sext.*
ques à trois fois leurs enfans; les Moſ- *Pyr. hyp*
covites à preſent juſques à quatre; les *c. 24.*
Chinois & infinies autres nations tant *Com.*
que bon leur ſemble: Solon permettoit *gal. l.*
de les tuer; les Gaulois de meſme au *6. Trig.*
rapport de Ceſar; les Chinois, & Japonois le pratiquent encore tous les jours, & les loix meſmes de la religion, qui ſont ſi puiſſantes par tout, ne permettent pas à la Chine que l'aiſné d'une maiſon ſe faſſe Moine, eſtant diſent-elles, obligé d'avoir ſoin de la vieilleſſe de ſes pere & mere. Sur quoy il me ſouvient de la reſponce du lion de l'Apologue, auquel l'homme pour preuve de ſa preeminence produiſoit un tableau, où il eſtoit par luy ſubjugué & enchaiſné, & quoy, dit-il, n'eſt-ce pas un homme qui l'a fait? quand je me meſleray du pinceau, je le ſçauray bien mettre en ma place. Qui ont auſſi eſté ces Legiſlateurs, ſinon des peres, juges & parties en leur propre fait? Examinons leurs ordonnances avec leur fils, ou pour le moins avec la raiſon, & nous verrons bientoſt la chance tournée. Car premierement, il ne peut y avoir d'obligation, qu'entre un obligeant, & celuy qui eſt

obligé

obligé par la doctrine des relatifs, dont l'un ne peut subsister sans l'autre; or est-il qu'au tems que le pere travaille à la generation de son fils futur, ce dernier n'est pas encore en estre, & par consequent cette action ne le peut pas obliger; puisque, comme disent les escoles, *non entis nulla sunt qualitates*, & que de l'acte à la puissance de l'estre ou non estre, il n'y a nulle proportion: de plus ce qui fait l'obligation est principalement l'intention de l'obligeant, *Eo enim animo quidque debetur, quo datur.* Phœdrus ne sçait point de gré à la belette qui purge la maison de souris, puis qu'elle ne le fait que pour son propre interest, & pour sa nourriture; aussi ne dirons nous pas que celui qui voulant tuer son adversaire, luy persa hasardeusement la postume mortelle, & luy sauva la vie, se le rendit par là son obligé, *Nempe Phæreo Jasoni gladio vomicam hostis aperuit, quam sanare medici non poterant.* Souvent au contraire, la bonne intention de celui qui nous fait du mal nous rend en mesme temps ses redevables. Voyons donc quelle est l'intention du pere, quand il se porte à la generation: Bons Dieux! qui est celuy qui pense ailleurs qu'à sa volupté,

Cicero. 3. de Nat. deorum

té, *à sfogar la voglia*, & à contenter cet appetit naturel ? ou s'il a quelque autre imagination, n'est-ce pas d'asseurer sa famille, de perpetuer son nom, & de mettre ses interests à couvert : *Omnia certe potius, quam eum cui dabat, spectavit pater.* Comment peut-il donc avoir obligé, n'en ayant pas eu seulement le dessein : mais il y a encore une consideration en cecy, c'est que le seul bien reçeu nous peut obliger, les choses mauvaises font le contraire, les indifferentes n'en ont pas le pouvoir : or il est question de cette vie mortelle, dont le pere rend son fils participant : & que luy donne-t'il en cela qui ne luy soit commun avec les moindres vers de la terre ? examinons les conditions de cette vie, peut-estre qu'au lieu de l'estimer un bien, vous ferés conscience de l'avantager tant que de la mettre au rang des choses indifferentes, peut-estre que, *Laudabis magis mortuum quam viventem, & fœliciorem utroque judicabis qui necdum natus est.* Et peut-estre ne ferez vous pas difficulté de conclurre, que vray-semblablement, *Vitam nemo acciperet, si daretur scientibus.* Je passe bien plus outre, c'est à sçavoir que considerant

Senec. 3 de benef. c. 34.

Eccl. 6. 3.

noſtre

nostre ame immortelle & nous tenans dans les termes des Religions ; il faut avoüer qu'il n'y a point d'animaux qui ne soient beaucoup plus redevables à leurs parens de l'estre qu'ils ont receus d'eux, que n'est pas l'homme. Car nous tenons tous que la semence des brutes produit avec le corps l'ame sensitive, qui fait vivre leur generation, laquelle par ce moyen reçoit de ses parens *ex traduce*, comme dit l'ecole, la vie toute entiere, & une vie à ne considerer qu'elle temporellement, comme l'on dit, sans comparaison plus accomplie que celle des hommes. Là où les hommes ne contribuant à la production de leurs enfans que la matiere simplement, puisque nous croyons que la forme vient du Ciel, il s'ensuit qu'ils leur donnent beaucoup moins que les premiers, voire mesme, que si l'axiome est veritable, *forma dat esse rei*, ce n'est pas d'eux proprement que leur posterité tient la vie. Que s'il n'y a ny obligé ny obligeant avec intention, ny chose qui puisse obliger, sur quel fondement se trouvera establie cette grande redevance des enfans envers leurs peres, laquelle ceux-cy ont inventée pour tenir sous pretexte
de

de piété les enfans en subjection, sans avoir esgard que sur cette fausse maxime la pluspart d'entre eux ne se soucient plus d'obliger solidement & veritablement leurs descendans, ny de leur donner le bon estre & la bonne vie en leur procurant par une loüable nourriture la santé du corps & de l'esprit, pour ce qu'ils croyent que de leur seule naissance il les tiennent de tout point obligez & redevables, ce qui les rend souvent si uniques & denaturés envers eux, que Solon fut contraint de declarer par une de ses loix, les enfans ausquels les peres n'auroient fait apprendre aucun mestier, n'estre tenus de les alimenter, tombés en necessité ; ce qu'autrement ils estoient obligés de faire.

Nostre seconde question regarde cette santé du corps qu'on croit du tout necessaire pour la longue vie. Or deja les Aphorismes des maistres de l'art, nous apprennent qu'il se faut prendre garde de ses dispositions vigoureuses & athletiques αἱ ἐπ' ἄκρον εὐεξίαι σφαλεραί dit Hipp. *Habitus qui ad summum bonitatis attingunt, periculosi*, par ce que la nature estant en un perpetuel mouvement, & ne pouvant monter

Hipp. Aph. 3. sect. 2.

plus haut & faire mieux, est contrainte de descendre au pis, ce qui cause souvent les grandes & mortelles maladies : c'est pourquoy ils veulent qu'on ruine soy-mesme cette trop grande disposition : *His de causis bonum habitum statim solvere expedit.*

. Pour eviter ces grands & ordinaires inconveniens qui montrent journellement que les plus sains ne sont pas ceux qui vivent plus longuement ; adjoustés à cela qu'une si bonne constitution & parfaite santé est celle qui nous porte aux plus grands hazards de la vie : sur ce fondement nous nous mettons au mestier de la guerre, nous entreprenons les plus longs & dangereux voyages, & bref, rien ne nous semblant impossible, nous nous exposons à toute heure aux morts violentes & contre nature, pour ne rien dire de tant d'excés & debauches qu'elle nous fait faire, & qui en tuent bien plus que ne fait le glaive ; au contraire nous voyons ceux qui sont d'un naturel un peu plus infirme, se garder soigneusement de rien entreprendre au dessus de leurs forces, veiller à la conservation de ce peu qu'ils ont de santé, & par ce moyen arriver souvent à une fort longue

longue & decrepite vieillesse : c'est ce qui a fait soutenir à Platon au cinquiesme de ses loix, que les plus beaux corps, non plus que les plus dispos, les plus robustes & les plus sains, n'estoient pas les plus estimables, mais bien ceux qui possedoient la mediocrité de toutes ces choses. C'est aussi ce qui a donné lieu au proverbe, qu'un vaisseau faylé dure souvent plus qu'un neuf & entier, ce qui nous fait voir qu'un demi flambeau à l'abry des vents & orages, est bien de plus longue durée qu'un plus grand & entier exposé à leur agitation ; ainsi donc il semble qu'une complexion moins saine, & s'il faut ainsi dire, aucunement maladive, soit la plus propre à nous prolonger les jours de cette vie.

Venons à la troisiesme maxime, & voyons si le bon sens pris pour le bon jugement, & la bonne ratiocination, nous peut-estre d'un si grand advantage en la vie, comme il semble d'abord & à la premiere apparence. Car je passe bien plus avant que n'a fait ce grand Pontife Cotta, qui monstre que la raison de l'homme, dont il est si glorieux, & qui luy fait prendre un si grand ascendent sur le reste des animaux, ne peut

peut estre un present du ciel, comme il se le fait croire, estant plus à sa deception, & à sa ruine, qu'à son instruction & à son advantage : *Non enim ut patrimonium relinquitur, sic ratio homini est beneficio Deorum data ; quid enim potius hominibus dedissent, si iis nocere voluissent ?* Mais je ne veux icy considerer cette raison, que du costé qu'elle paroist toute belle & celeste; car qu'y a-t'il ce semble de plus souhaitable, & divin, que de penser sainement des choses, estre esclaircy des abus qui s'y trouvent, & penetrer autant que faire se peut l'essence de ce dont les autres ne voyent que les ombres & les simulachres ? si est-ce que cette eminence & pureté d'esprit, qui est la lumiere & splendeur seiche d'Heraclite, nous nuit, & nous prejudicie bien plustost dans le cours de la vie civile, & parmi la societé des hommes, qu'elle ne nous y sert & profite, estant certain, que comme le nombre des fols est par tout infini, & celuy des hommes raisonnables plus rare que des monstres, comme si la raison estoit contre le cours ordinaire de la nature, telles societés & polices ne sont autre chose qu'un amas & multitude d'esprits

Cicero 3. de Natura Deor.

prits populaires, impertinens, & malfaits. Le Gentilhomme, l'Artisan, le Prince, le Magistrat, le Laboureur, ne sont à cet esgard qu'une mesme chose. *Togis isti, non judiciis distant.* Or ayant à vivre & converser parmy eux, mille rencontres vous obligeront, ou de participer à leurs sottises en y acquiesçant, qui est la plus grande calamité qui puisse arriver à un esprit de cette trempe, ou de vous roidir contre leurs sentimens, & vous opposer à leurs façons de faire, d'autant plus affectionnées, & opiniastrées par eux, qu'elles sont injustes & desraisonnables : auquel cas vous voilà dans cette envie & hayne publique, dont Socrate & ses semblables ne sont sortis que par le glaive, le feu, & la ciguë : car la mediocrité que les sages ont voulu prescrire en ceci, donnant l'exterieur au peuple avec reservation du dedans, est chose plustost imaginaire que possible & pratiquable dans le train & commerce ordinaire de la vie, m'asseurant qu'il n'y a homme de sentiment autre que le vulgaire, lequel n'advouë que son esclaircissement & sa cognoissance luy ont tousjours esté plustost ruineux & prejudiciables, qu'advantageux

geux & profitables. Voilà donc ce bon sens ou ce bon esprit, dont on se veut tant prevaloir, qui n'est plus d'usage que dans le desert & la solitude, puisque dans le cours & trafic de la vie civile, il passe pour marchandise de contrebande, ou pour monnoye deffenduë, & qui n'est de mise, plutost capable de vous nuire & mettre en peine, que de vous servir en vos affaires & au besoin.

Or bien que les villes ne soient que des assemblées d'hommes tels que nous le venons de dire, si est-ce qu'il y a peu de Tymons qui les fuyent ; la felicité humaine semblant estre enclose & renfermée dans les polices & communautés : d'où vient la sentence de ce sage Hebreu : *Labor stultorum affliget eos qui nesciunt in urbem pergere*, & qui fait que nous ne pouvons regarder sans respect & veneration les reliques de ces grandes cités de Troye, de Rome, ou de Babylone. Voulés vous voir neantmoins combien cette opinion a peu de fondement ? sortés de chez vous, & contemplez une bonne partie des nations de la terre, tant du vieil que du nouveau monde, qui vit sans aucune demeure arrestée, & qui n'estime point de

Eccl. c. 10.

de gens plus malheureux que nos bourgeois & citadins. Tant d'Arabes scenites, tant de Scythes & de Troglodites Momades, tant de Sarmates Hamaxobies, tant d'Ameriquains vers l'un & l'autre pole, qui pour chose aucune ne se voudroit voir emprisoné dans le pourpris de la plus belle ville du monde. Le Roy de l'Arabie deserte fait serment quand il est couronné de ne faire jamais sa demeure arrestée dans les villes, mais d'estre tousjours à la campagne sous ses pavillons. Un Tartare en sa plus grande colere & animosité contre son enfant, n'a point de plus rude imprecation à luy faire, sinon qu'il puisse tousjours demeurer en un lieu, & croupir infecté entre les murailles d'une ville, ainsi que nous faisons : c'est ce qui avoit donné la fievre à Seneque, dont il ne se vit delivré, *Nisi ut primum gravitatem urbis excessu & illum nidorem culinarum fumantium, quæ in ora quicquid pestiferi vaporis obruerit cum pulvere effundant.* Et pour ne point exaggerer un si grand nombre de miseres que nous y esprouvons tous les jours : car quant à la nuit

Sigismond, Darone & Gaguin.

*Possis ignavus haberi
Et subiti casus improvidus, ad cœnam si
Intestatus*

Juven. Sat. 3.

Intestatus eas, adeo tot fata, quot illa Nocte patent vigiles, te præterunte, fenestra.

consideros seulement quelle rude condition c'est à un esprit genereux & bien nay, de se voir reduit à cette intolerable necessité d'estre, *vel prædam vel prædonem*, le marteau ou l'enclume, le patient ou le bourreau. *Quos-* [Petron. Arb.] *cumque enim homines in urbe videritis, scitote in duas partes esse divisos: nam aut captantur aut captant: videbitis tamquam in pestilentia campos, in quibus nihil aliud est, nisi cadavera quæ lacerantur, aut corvi qui lacerant.* Il n'y a point de ville qui n'ait cela de commun avec Crotone, & dont on ne puisse raisonnablement prononcer, *tantumdem istic vitiorum, quantum hominum*. Toutes ces grandes communautés de peuples, ces nombreuses congregations de familles, sont autant de tanieres d'animaux sauvages, & de repaires de bestes farouches, qu'une commune malediction semble avoir reünies & ramassées comme en une forest, *Ferarum* [Sen. 2. de Ira.] *iste conventus est, nisi quod illa inter se placida sunt, morsuque similium abstinent, hi mutua laceratione satiantur.* Car à la verité, les loups, les tygres, ni les lions

SCEPTIQUE. 63

lions, n'usent jamais de leur ferocité envers ceux de leur espece, l'homme estant seul qui persecute son semblable, jusques à tel point qu'il y a plus à craindre pour luy dans la meilleure ville & la mieux policée de l'Europe, qu'au milieu des bois les plus sombres & les plus infames de l'Hircanie. Tant fust juridique la reponse de Pytagore dans Jamblicus, que la chose du monde qu'il estimoit la plus veritable, c'estoit la malice extrême de l'homme, ce que devoit avoir fort bien demonstré ce grand Peripateticien Dicearchus en son livre de *Interitu hominum*, où par une longue enumeration des calamités que les hommes se procurent les uns aux autres, il faisoit voir evidemment que ni les guerres, ni les famines, ni les deluges, ni les empireumes, ni les hostilités de toutes les bestes venimeuses, ou carnivores jointes ensemble, ne causent point une telle destruction du genre humain, que la seule malignité de l'homme envers son semblable, qu'il n'exerce nulle part avec tant de commodité, ni d'animosité, qu'au milieu de ces grandes societés & bourgeoisies des villes.

Quant à la temperature des regions
&

& climats; si nous considerons la chose en soy, nous trouverons que tout païs est tres-vital, & tres-bien temperé ἁπλῶς, *simpliciter*, comme disent les Escoles, & eu esgard aux animaux, hommes & bestes, qui y naissent, & l'habitent, ausquels la nature provide a donné la complexion convenante & appropriée à cet air & lieu qu'elle leur a destinée; l'intemperie n'estant qu'accidentelle κατά τὶ καὶ κατὰ συμβεβηκὸς, *secundum quid & per accidens*, selon les diverses constitutions des individus, n'y ayant point de doute que les Poles ne soient tres-intemperés & mal sains à ceux qui sont nais sous la ligne, & ainsi à proportion des autres païs. Diodore examinant judicieusement la grande diversité du païs de Scythie & de celuy de l'Ethiopie Troglodytique, adjoute fort bien que tant s'en faut que les extremitez du chaud & du froid rendent ce païs fascheux à leurs habitans, qu'il n'y en a aucun qui ne voulut mourir pour la conservation de sa patrie, qu'il trouve tres-douce ὕτως αὐτοφυὲς τὸ φίλτρον πᾶσα συνήτης χώρα, *sic omnis adsueta tellus naturalem sui habet amorem*. J'avois estimé autrefois l'habitation plus proche du soleil la plus

Lib. 3.

plus convenable & naturelle à l'homme, puisque nous voyons qu'il y vit nud, comme les autres animaux, sans avoir besoin de tant d'habits & autres choses externes, qui semblent ailleurs requises & necessaires à la vie; mais ayant appris par les navigations modernes, que vers le detroit de Magellan, nonobstant les grands froids causés tant par le cinquante cinquiesme degré de latitude australe, que par la particuliere position du lieu, les hommes ne laissent pas d'y vivre en la mesme nudité, qu'au septante cinquiesme, vers nostre Pole, les femmes dans la plus grande rigueur de l'hyver, sortent nuës de leurs maisons, pour aller aux bains & estuves, la coustume le portant ainsi; qu'au païs de Drogio l'un des plus froids du monde on ne sçait ce que c'est que d'habits, & que mesme tous les jours parmy nous les plus mal vetues souffrent moins aux plus grandes rigueurs de l'hyver, que les mieux fourez, d'où vient qu'on dit que Dieu distribue le froid, selon le drap & la panne; il m'a semblé que ce chef des Gymnosophistes Mandanis avoit eu raison de reprocher aux Philosophes de la Grece, qu'ils avoient *preferé*

Navig. de Candisch.

Voyag. des Zeni.

Strab. 15 Geog.

preferé en ce point la coustume & la loy à la nature, & j'ay pris grande suspicion que tous nos vestemens ne soient des depravations de nature, & des inventions purement humaines, qui nous ont fait quitter la nudité avec le gland, les antres, & l'eau de fontaine. Quoy que cette commune mere nous ait pourveu d'une peau non moins capable de resister à toutes les inclemences du ciel & des saisons, que celle des plus robustes de ses autres enfans; ce qui est rendu visible par la solidité & espaisseur de celles que nous gardons corroyées dans les cabinets. D'autant que la tendreur & delicatesse que nous y sentons, ne procede que de nous mesmes, qui cherchans d'autres couvertures amolissons & corrompons celle-ci, la rendant de nul usage; tesmoin la plante de nostre pied, dont le chatoüillement fait assez cognoistre la subtile tenuité. Car les Egyptiens qui marchent le pied nud sur la bruslante terre de leur païs y contractent un cal & une dureté, non moins puissante à resister aux coups du marteau que la *Radze-* corne de nos chevaux, au rapport d'un *vil.* Prince Polonois, qui dit en avoir fait la preuve, sur laquelle il semble que
Platon,

Platon, qui avoit auſſi veu l'Egypte, ſe ſoit voulu fonder, quand il enjoint ſi eſtroitement aux Magneſiens habitans de ſa ſeconde republique: *In primis capitis pedumque virtutem alienis tegumentis non corrumpere, nec pileorum calceorumque à generatione datorum naturam perdere.* C'eſt donc la ſeule debauche & corruption de nos mœurs, qui nous faiſans degenerer, nous ont rendus ſi mols & effeminez, dont je ne puis oublier un exemple ſignalé en la perſonne d'Alvaro Nunnes, lequel ayant eſté long-temps parmi les Indiens occidentaux, allant nud & dormant ſur la dure comme eux, ne pouvoit plus, s'eſtant retrouvé avec les ſiens, dormir ailleurs que ſur la terre, ni porter les habits qui lui furent donnés par Nunno Guſman Gouverneur de la Nouvelle Galice. Le Pere Chriſtophle Borri diſant de meſme de ſoy, que s'eſtant en peu de temps accouſtumé à cheminer nuds pieds, ſur les pierres & les eſpines de la Cochinchine, il eut bien de la peine aprés à reprendre l'uſage des ſouliers dans Macao. Mais ce pervertiſſement n'empeſche pas qu'à parler naturellement, tous climats ne ſoient egalement temperés,

2 de leg.

Ramus 3. vol.

eu esgard aux animaux indigenes & originaires de chaque lieu ; & partant qu'on ne puisse vivre avec pareille felicité sous toutes les zones du monde.

Que disons nous de la demeure en un estat bien reglé & policé, lequel Hippodamus le premier qui ait jamais escript de la politique, compare dans les fragmens Pythagoriques à la corne d'Amalthée, d'où il veut que la felicité humaine depende tellement : *Ut qui beatus futurus & fœliciter victurus sit, is in bene constituta republica & vivere necesse habeat & mori.* De là sont venus les honneurs divins & immortels rendus à ces grands Legislateurs, comme à ceux qui avoient plus que tous les autres merité du genre humain. Et neanmoins si nous voulons examiner les Estats les plus celebres, tant pour l'excellence de leurs loix & ordonnances, que pour l'exacte observation d'icelles, nous trouverons peut-estre, que ç'ont esté les lieux où les hommes ont vescu le plus chetivement & miserablement. Sparte, la plus glorieuse republique de la Grece sous la discipline de Licurgus, nous en peut servir de notable exemple, dont l'histoire nous apprend, que les citoyens estoient si malheureux en

SCEPTIQUE. 69

en leurs maisons, qu'ils ne demandoient que la guerre pour en sortir, & trouver dans la fatigue des armes du soulagement à leurs maux. Celle de Rome du temps de sa pureté, & avant ses desreglemens ne traitoit pas plus doucement ses subjets, qu'elle tiroit, pendant la paix, de la dictature & du consulat, aux bœufs & à la charruë, leur enjoignant jusques dedans le lit conjugal, & dans le repos de la nuit, de travailler pour la republique, & luy faire eslever des enfans, au dela de ce que leurs forces & facultés pouvoient permettre, n'y ayant peut-estre calamité comparable à celle d'un pauvre pere, qui se voit succomber sous le faix d'une trop nombreuse famille. Pendant la guerre, il n'y eut jamais homme d'armes plus rudement, voire inhumainement traitté que le Romain, ce qui porta un certain Chevalier, du temps d'Auguste, à couper *Sueton.* les poulces a deux de ses fils pour les *in oct.* exempter de ce mestier. Il faisoit office de soldat, de pionnier, de goujat, & de cheval de bagage tout ensemble, d'où venoit à mon advis ce grand desir que les histoires remarquent, qu'il a tousjours eu de recevoir le signal du combat,

combat, afin que le fruit d'une victoire donnat quelque relasche à ses travaux, ou qu'une mort courageuse les terminat pour tousjours. Car je rapporte aisement à cette derniere consideration, la grande & determinée resolution de ses legions entieres, dont parle Caton : *quæ in eum sæpe locum profecta sunt alacri animo & erecto, unde se numquam redituras arbitrarentur.* Que si nous voulons considerer cet estat dans ses desordres & confusion, qui succederent à cette exacte discipline, nous y verrons les particuliers dans l'affluence des biens, & dans le comble des delices & contentemens. Mais pourquoy chercher des exemples au dehors, de ce que nous pouvons si bien demonstrer par nous mesmes ; y eut-il jamais un gouvernement au point du dereglement & des desordres de la France, & jamais Estat où les subjets, s'ils ont tant soit peu de fortune, puissent prendre plus à leur aise, & en plus grande liberté les plaisirs & douceurs de la vie ? Par où nous voyons assez evidemment que l'observation inviolable des loix & polices, est plustost contraire que favorable au bonheur & à la felicité de ceux qui leur sont soumis.

Cicero de Sen.

Que

SCEPTIQUE. 71

Que la nature fasse tout pour le mieux & rien en vain, ce n'est pas seulement un dire commun & une voix populaire, c'est un des plus celebres axiomes de vos Philosophes: *Naturæ opus, opus est intelligentiæ non errantis.* De là elle est nommée incomprehensible, inimitable, demoniaque, ou divine, avec infinis autres tels attribus, y en ayant qui n'ont point reconnu d'autre divinité que la sienne. Si est-ce que nous pouvons à toute heure remarquer tant d'imperfections en la pluspart de ses ouvrages, qu'il ne faut pas avoir beaucoup du genie de Momus pour y trouver grandement à redire, & advoüer suivant la doctrine d'Empedocle, que le sort, le hazard, & la fortune y ont la meilleure part, ou selon la solution qu'Aristote a esté contraint de donner à l'un de ses problemes, que: *Natura pravè omnia facit, & plura quidem prava quam proba, proba enim pauciora præstare non omnia potest.* Mais il est aisé d'assigner les causes de ce grand respect & admiration, dont nous sommes prevenus en sa faveur: la premiere procedant de ce que de tant de choses vaines, defectueuses, & impertinentes qu'elle intente

Arist. de Cœl. c. 5. 4. de part. anim. c. 13. & passim. Themistius & Aver.

&

& machine tous les jours, il n'en reste pas le moindre vestige, n'y ayant que ce qui reüssit de parfait, qui se puisse conserver, & perpetuer. Ainsi sont peris, βοχετῆ καὶ ἀνδ'ρόπωρα, dit le mesme Philosophe : *Et multorum capita sine cervicibus pullularunt*; avant que les animaux accomplis soient arrivés à la perfection où ils se trouvent. Encore ne laissons nous pas de voir à tous momens une infinité de prodiges, & de monstres, qui sont autant d'impuissances, d'erreurs, & de manquemens de cette nature. Car de dire qu'elle les fait pour donner lustre à ses autres œuvres, ou pour l'ornement & recommandation de l'Univers, c'est une puerilité & niaiserie si grande, qu'elle ne merite pas de replique, n'y ayant personne qui sous ce pretexte voulut souffrir, ou excuser les defaux du plus vil de nos artisans. La seconde raison de nostre grand respect & veneration vient peut-estre de la qualité & condition de nostre esprit, comme estant une substance egale en soy, uniforme, & determinée : car ne concevant rien qu'à sa mode, & selon sa portée, il presuppose volontiers une plus grande egalité & uniformité aux choses

Arist. 2. Phis. c. 8. & 3. de Ani. c. 7.

SCEPTIQUE.

choses de la nature qu'il n'y en a. C'est ce qui luy fait inventer ces figures spheriques & parfaites des elemens, leurs nombres certains & determinés, & mille autres chimeriques pensées touchant la fabrique & construction de ce monde, quoy qu'il n'y ait peut-estre nul rapport, de ces idées à celles de l'ame de l'Univers, & nulle consonance ou harmonie, entre les esprits du grand & du petit monde. C'est pourquoy il s'est tousjours trouvé des personnes clairvoyantes qui se sont mocquées de toutes ces fixions, & qui mettant à l'examen du jugement & de la raison les ouvrages de la nature, y ont remarqué autant ou plus de defauts que de perfections. Alphonse Roy de Castille & celebre Mathematicien, ne se contentoit pas de reprendre les choses singulieres, comme entr'autres, la conformation du corps humain; mais blasmoit mesme l'ordre general de l'Univers, tant s'en faut qu'il creut que la nature fit toutes choses pour le mieux.

Je ne veux point encore debattre la vitesse du cours du soleil, qui semble si grandement dans ce merveilleux tour du monde, qu'il acheve en 24 heures,

D. La ert. in bilo. lao. Cit. 4. A:4.

Tome I. D

heures, parce qu'apres les Pithagoriciens, les plus celebres esprits de ce siecle ont si vray-semblablement demontré son immobilité, comme estant le centre du monde, qu'il reste peu de gens de sçavoir, s'ils ne sont dans la prevention & opiniastreté pedantesque, qui ne reçoivent, & aggréent ce nouveau sisteme de Philosophie. Pour le present je veux tomber d'accord du chemin que nous venons de dire qu'il faisoit journellement : mais voyons si c'est d'une si prompte demarche que nous le nous figurons : car si nous considerons son corps avec demi degré de diametre, au moins nous trouverons, qu'il ne fait en longueur de chemin, que sept cens vingt fois sa grandeur, par cet espace de vingt-quatre heures, qui n'est pas seulement aller en pas de tortuë, comme en parle nostre Sextus, mais c'est estre beaucoup plus lent que la moindre fourmi de la terre, qui en feroit bien autant à proportion de son corps, en la quatriesme partie de ce tems-là. Sa promtitude n'est donc qu'eu esgard à nous, & à nostre cheminer, comme le petit pas d'un elephant sembleroit une violente course à un ciron, s'il le mesuroit

Plut. in num. q.
Plut. & de facie in orbe Lunæ.

roit à son aulne ; ainsi que nous faisons ce grand luminaire, le comparant à un geant, & nous figurant ses enjambées comme celles d'un colosse Rhodien. Mais tant s'en faut que ses agitations, & mouvemens rapides luy conviennent, qu'estant le cœur & la plus noble partie de ce grand animal du monde, il y a aussi grande apparence de luy attribuer plustost qu'à la terre, le plus honnorable lieu, qui est vray-semblablement le centre & le milieu, & par consequent de l'estimer immobile. N'est-il pas vray que par une propension naturelle chaque chose semble avoir son mouvement vers ce dont elle a besoin, & qui luy est necessaire, & non au contraire ? Ainsi l'animal se remuë pour prendre son aliment, qui n'a nulle inclination à le venir trouver. Pourquoy dirons nous donc que ce bel astre du tout independant de la masse terrestre (si nous ne le nourrissons avec les Poëtes, & les Stoiciens de ces vapeurs & exhalaisons qui le retiennent entre les Tropiques *ne longius discedat à cibo*,) soit celuy qui s'achemine & se tourne vers elle, puis que c'est la terre qui a besoin de sa lumiere & chaleur, & qui recherche les dou-

Cic. 3ᵇ de nat. Deor.

ceurs de ses influences fecondes. Que si la nature, comme l'opinion contraire suppose, opere tousjours par les voyes les plus convenables & les plus courtes, quelle apparence y a-t'il qu'elle fit giroüetter cette vaste & immense grandeur des cieux au tour de ce petit globe de la terre, qui n'est consideréee que comme un point Mathematique ; puisque par une petite revolution d'iceluy, elle peut si facilement arriver à sa fin ; comme qui feroit mouvoir la cheminée, voire la maison entiere au lieu de tourner la perdrix qui est à cuire ? Ce qui peut suffire à mon advis pour rendre vray-semblable, que ou le Soleil est immobile, ou s'il se meut, on ne doit pas dire que ce soit avec si grande & si precipitée vitesse.

Voilà sommairement pour vous montrer par ces maximes, que nous avons choisies pour les plus certaines & invincibles, combien toutes ces choses sont diversement considerées & imaginées selon les differents esprits des hommes, & combien il est dangereux de rien establir de certain où tout se trouve si disputable & problematique.

EUDOXUS.

SCEPTIQUE.

EUDOXUS. Vous avés eu raison de dire dés le commencement que cette matiere s'estendoit jusques à l'infini, ce que vous avés rendu d'autant plus veritable, que n'ayant fait profession d'entrée d'examiner qu'un seul des dix moyens de vostre Epoche, vous n'avés laissé ce me semble, de donner une forte atteinte à tous les autres, ayant fait de ce dixiesme, à peu prés ce que vous disiés de celuy de la relation, qui les comprenoit tous en soy ; dont je ne doute point que vous ne donniez la cause au grand rapport & connexion qui se trouve des uns aux autres, ce que je veux bien croire, moyennant que vous m'obligiés pour le present de ne vous pas tailler de nouvelle besoigne, en vous forgeant encore des monstres, pour avoir la gloire ensuite de les vaincre & debeller. Aussi bien ne vois-je pas qu'on puisse attendre autre fruit de tous ces discours, sinon une incertitude perplexe, & comme un bouleversement d'esprit, qui ne sçait plus desquels il est, ny à quoy s'arrester, & tenir ferme, semblable à celuy qui a trop beu, lequel chancelle à droitte & à gauche, n'ayant plus de desmarche assurée. Qui est à mon jugement

gement la plus deplorable condition à laquelle nous puissions estre reduits, ne se pouvant faire que nous n'y recevions des inquietudes & agitations perpetuelles, attendu que nostre esprit est naturellement porté à la recherche de la verité, qui n'est pas seulement son aliment, comme dit Platon; mais mesme sa perfection & sa fin derniere. Car comme le bien est l'objet de la volonté, le vrai est celuy de l'entendement humain. C'est pourquoy, comme dit Marcus Antonius, Epictete, & tant d'autres, après ce divin Platon, πᾶσα ψυχὴ ἄκουσα στέρεται ἀληθείας, *Omnis animus non sua sponte privatur veritate*. Or cet object doit estre certain & arresté, autrement il seroit vain & illusoire, & par consequent ne seroit pas naturel, comme nous venons de dire. Si donc nous supposons qu'il n'y a rien de vray & de certain, n'est-ce pas en mesme temps oster à nostre esprit la fin & le but de toutes ses operations, & par consequent son repos, son bien, & sa felicité; le livrant & abandonnant aux doutes, aux irresolutions, & aux incertitudes, comme à des furies infernales, qui l'agiteront & tourmenteront

ront jour & nuit, sans qu'il se puisse donner aucun repos.

EPHESTION. Croyés vous qu'il fut beaucoup mieux au fonds du puits de Democrite, à y chercher cette verité certaine, jusques icy incognuë, ou bien dans l'antre de Prothée, où sous mille formes diverses elle luy eschaperoit lors qu'il penseroit la tenir ferme & arrestée : il luy seroit plus advantageux de n'avoir point du tout de visée & de but, que de luy en planter un si esloigné de sa portée. La verité est nommée des Grecs ἀλήθεια quasi ἀλήθεια, erratio seu *vagatio divina*, comme dependant plustost, s'il y en a, d'une extravagance divine, que du discours de nostre humanité. Si ce n'est que nous prenions le vray-semblable ou apparent appellé ἀληθές quasi μὴ λῆθον, *non latens*, pour une verité essentielle, auquel cas, je vous permets sans envie, o gentils Ixions ! d'embrasser la nuë pour Iunon, & les roseaux pour la Nymphe, *Sext. adv. Math.*

Corpore pro Nimpha calamos, tenuisse palustres. *Ovid. de Syr.*

Cependant, nous ne demeurerons pas en si mauvais termes, ny si dignes de com-

compassion, que vous nous avez voulu figurer, au milieu de tant d'inquietudes & de tant de perplexités; puis qu'au contraire, il n'y a point de secte de Philosophie qui presente une fin plus souhaitable, ny qui conduise à un port tant à l'abry des orages & agitations, que celle ci, bien qu'on y arrive imperceptiblement, & comme sans y penser. Ce que je ne vous puis mieux expliquer que par mon propre ressentiment : c'est à sçavoir, que m'estant premierement porté à examiner les apparences du vray & du faux aux choses sensibles & intelligibles, *Est e-* *nim scepsis ἀντιθέσιων φαινομένων τε καὶ νοουμένων, opponens sensibilia intelligibilibus.* Je me trouvay incontinent au milieu d'une egalité de raisons, la balance du discours demeurant en equilibre, à cause que tout pesant egalement, elle ne sçavoit de quel costé incliner. C'est ce que nostre famille appelle ἰσοσθῆ διαφωνίαν, laquelle n'eust pas plutost jetté racine dans mon esprit, qu'elle y produisit cette excellente ἐποχὴ ou suspension à ne rien prononcer temerairement, & ce fut lors que me croyant encore fort esloigné, je me trouvay comme insensiblement au bout de la carriere,

Sext. *passim.*

carriere, car l'ombre ne suit point si inseparablement le corps, que l'epoche est aussitost atteinte de ses deux divines compagnes l'ἀταραξία, en ce qui regarde les opinions (qui est un estat, ou assiette d'esprit hors de tout trouble & agitation) & la μετριοπάθεια aux passions, qu'elle modere & regit selon les loix & prescriptions de la droite raison. M'estant en cela trouvé aussi fortuné que ce peintre, appellé Nealce, ou Protogene; lequel n'esperant plus pouvoir assez naïvement representer l'ecume du chien ou du cheval, & jettant de despit contre son ouvrage l'esponge qui venoit de nettoyer ses pinceaux, *fecit in pictura fortuna naturam*, y exprimant casuëlement ce qu'il n'avoit peu faire artistement, & avec dessein. Aussi n'esperant plus cette felicité desirée, que je constituois à pouvoir discerner le vray du faux, & juger sainement des choses, les trouvant toutes Problematiques, je me resolus seulement de tenir mon esprit en suspens, sans y rien determiner, & je trouvay lors sans y penser, qu'en cette suspension d'esprit consistoit le celebre ἐποχὴ de Democrite; je veux dire le plus haut degré de la beatitude humaine.

Plin. l. 35. ch. 10.

D 5 Tout

Tout ce que je puis dire icy, pour vous contenter, c'est qu'à la verité vostre Lycée Peripatetique, est bien plus convenable à ceux qui sont desireux des richesses, & de tous ces biens qu'on appelle exterieurs, & qu'il maintient faire partie du souverain bien. Comme aussi les Portiques de Zenon sont beaucoup plus appropriés à un naturel ambitieux, & mesprisant tout le reste du monde, puis qu'il n'y a que le sage des Stoiques, qui soit beau, riche, content, libre, advisé, bref *uno minor Iove*, voire mesme quand l'humeur les prend, ne se contentans pas d'estre seuls vrayement Roys, & Empereurs, *Socij sunt Deorum, non supplices; & est aliquid quo sapiens antecedat Deum; ille natura beneficio non timet, suo sapiens*. De mesme les jardins d'Epicure (si tant est qu'on ne luy ait rien calomnieusement imposé) sont ce semble le plus beau sejour que puissent choisir les hommes qui ne respirent que la volupté. Mais pour ceux qui cherchent le vray repos & le solide contentement, je suis trompé s'ils se rencontrent ailleurs qu'en cette reglée moderation de mœurs, & parfaitte tranquilité d'esprit que donne nostre seule Sceptique. EUDO-

Senec. Ep. 54.

SCEPTIQUE.

EUDOXUS. Voſtre chant de Syrene ne peut rien ſur mon oreille, bouchée de l'autorité de ce grand genie de la nature, ce grand Demon de toute verité, ce grand Dictateur des ſages, & bref ce grand & ſupreme Pontife des Philoſophes Ariſtote, aux preceptes duquel je fais gloire de ſouſcrire ſi beſoin eſt aveuglément.

EPHESTION. Il ne ſe trouvera jamais de piedeſtail digne ny capable de ſouſtenir une ſi haute, ſi ſuperbe & ſi magnifique ſtatuë. Adieu aveugle deſeſperé, je ne m'eſtonne pas ſi vous ne craignés point la nuit qui me chaſſe.

Mille hominum Species, & verum diſ-
   color viſus,
Velle ſuum cuique eſt, nec voto vivitur
   uno.

Perſius ſat. 5.

DIALOGUE
Intitulé
LE BANQUET
SCEPTIQUE
entre
MARCELLUS & ORASIUS, DIODOTUS, DIVITIACUS, XENOMANES & ERASTE.

Nos in diem vivimus, quodcumque noſtros animos probabilitate percuſſit id (ἀδοξάςως) dicimus; itaque ſoli ſumus liberi. Cic. 5. qu. Tuſcul.

MARCELLUS. Puisque mes deſtinées, cher Oratius, me privent avec tant de rigueur des douceurs de vos conferences, je ne croys pas que vous puiſſiez refuſer à noſtre amitié le recit qu'elle vous demande de quelques uns de vos entretiens, veu qu'outre la gratification que j'en recevray, le souvenir ne vous en peut eſtre que tres-agreable. Car je suis bien,

pour

pour ce regard, du sentiment d'Epicure, qui constituoit une des plus grandes voluptés, en la memoire des choses qui nous ont esté plaisantes par le passé. Et puisque vous m'avés voulu obliger de vostre visite en ce desert, & qu'aprés une assez longue promenade, pendant laquelle vous m'avés si bien representé l'état & constitution presente des affaires de la Seigneurie, nous voicy arrivés en un lieu de si belle assiete pour le repos, j'y prendray place tout exprez le premier, pour obtenir de vous ma juste demande, *Romanus sedendo vincit.* Cette sotte comedie du monde, cette farce de Princes, de Roys & d'Empereurs, nous a tantost suffisamment esmeus d'indignation ou de risée : j'attends de vous un plus raisonnable, & plus gratieux entretien. Mais parce qu'on m'a fort parlé des repas que vous prites chez Xenomanes, où se trouverent nos plus intimes amis, disposés vous d'en contenter mon appetit, & ne m'enviés une participation imaginaire de ce festin, dont il y a si long-temps qu'on m'a fait venir l'eau en la bouche.

ORASIUS. Je ne m'estonne pas, Marcellus, qu'un homme si affamé que

que vous estes, se soit si promptement assis, estimant trouver le disner tout prest, comme je recognois d'ailleurs que la force de mon eloquence n'a pas esté grande en tout ce que je vous ay conté jusques ici, puisque vous aviés si grand besoin de repos, car si je vous eusse bien tenu par les oreilles, les jambes ne se fussent pas tant fatiguées,

Comes facundus in via pro vehiculo est. Laberius ap. Gal. l. 17. ch. 14.

Or tant s'en faut que je m'en formalise, que j'ay pris un tres-grand plaisir à reconnoître le mesme genie en vous, que vous avés tousjours eu, méprisant ces nouvelles d'estats, & ces chançons politiques dont la rareté, en ce lieu écarté où vous êtes, eût peu trouver de l'estime vers un esprit moins elevé que le vostre. D'ailleurs le changement de propos que vous voulés faire est trop advantageux & raisonnable pour n'y pas acquiescer. Mais comme je recognois avec vous que le souvenir des choses plaisantes nous cause un tres-grand contentement, selon l'avis, non seulement de ce Philosophe voluptueux, mais du Maistre même de l'escole; aussi ne vous puis-je dissimuler

Arist. 7 Phys. c. 3.

dissimuler qu'eu esgard à mon peu de memoire, j'aprehende fort d'entreprendre tant au delà de mes forces, comme il faudra que je fasse, si je me charge de vous representer tout ce qui se dit & passa en ce gentil convive, le plus delicieux & le plus charmant à mon gré, dont j'aye esté jamais participant. Je voudrois estre, pour vous satisfaire, ou Simonides ou un Agamemnon en memoire, vous asseurant que si quelque Dieu me mettoit presentement au choix de lui demander avec asseurance de l'obtenir, ce que plus je souhaiterois, comme fit autrefois à Mercure le renomé Pitagoras, lors qu'il n'étoit encore que Althalides, je ne lui ferois point d'autre requeste que la sienne, qui fut d'avoir memoire & se bien souvenir de toutes choses. Et à la verité je n'aurois pas besoin d'un discours moins puissant, ou inesperé que celui-là, puis qu'ainsi que je m'imagine tous les lieux artificieux de Metrodurus, ni tout l'art de Carneades ou de Lulle, ne suffiroient pas pour dignement & fidelement vous rapporter les doctes discours d'Erastus, les charmantes narrations de Xenomanes, les fortes raisons de Diodotus,

Diog. Laert. in Pyth.

dotus, & les puissantes persuasions de Divitiacus. Et neantmoins le juste dessein de vous complaire, me fera mettre toute autre consideration à part, asseuré que je suis, que vous sçaurés assez recognoistre Patrocle revestu des armes d'Achille, & les dignes pensées de ces braves hommes, portées par ma foible parole. Encore ne seroit-ce pas peu fait à moy, si je les pouvois en quelque façon toutes representer : Mais je me doute bien que comme cette agreable riviere, qui passant à nos pieds fait une si belle perspective de toute cette contrée, ne jette rien à ses bords que de fort vil & leger, submergeant & abymant les choses de poids & de solidité, le mesme arrivera au cours par trop fluide de ma chetive memoire, qui ne me rendra que les moindres conceptions de nos amis, precipitant comme dans un profond oubli leurs meilleures & plus importantes cogitations.

MARCELLUS. Quand vous auriez esté touché de cette notable pestilence que nous a descrite Thucydide, laquelle effaçoit toute sorte de cognoissance du passé en ceux qui en estoient attaints, ou que vous seriés tombé bé en une aussi grande disgrace que le pauvre Orateur Corvinus, qui oublia son propre nom, vous ne pourriés pas vous plaindre plus hautement des defaux de vostre souvenance. Mais si les Muses ont esté bien nommées les filles de memoire, une personne si bien vouluë d'elles comme est Orasius, ne peut estre si mal traictée de leur mere. Aussi vois-je bien que tout ce discours n'est que pour me faire trouver les viandes de vostre festin meilleures, usant du compliment ordinaire de ceux qui traitent leurs amis, en s'excusant d'abord de la mauvaise chere qui leur est preparée. Sçachez d'ailleurs que je suis en tel appetit, & si affamé de ce disner, que quand pour tous mets il n'y auroit que le pain, & le cresson à la Persane, selon Xenophon, je ne laisserois de le trouver tres-savoureux, avec cette sauce dont Anacharsis assaisonnoit toutes ses viandes, asseurant, *Jucundissimum sibi panem esse Pulpamentum.*

Pline l. 7. c. 24.

ORASIUS. Je commenceray à vous dire, qu'un des plus beaux jours de ce dernier Printemps, qui rendoit, ce sembloit, l'email de la terre plus eclattant que jamais, & comme parle le gentil Lucian, τὰ ἄνθη ἀνθηρότερα,

Dial. de Demo.

les fleurs bien plus riantes & fleuries que de couſtume, nous eſtions ſorti, Diodotus, Divitiacus & moy du bruit confus, & des agitations importunes de Poneropolis, pour joüir de la liberté & beauté de ſes dehors, & desja nous commencions à reconnoiſtre avec grand plaiſir le changement que nous faiſions d'un air croupiſſant & infecté, avec un autre plus pur & plus vital, lors qu'une voix non moins agreable que connuë de tous, laquelle nous ſaluoit de loin, nous obligea à nous retourner, & attendre. C'eſtoit noſtre intime Xenomanes, lequel d'un viſage plein d'ingenuité, ſe pleignit à nous, comme d'une notable infortune, de ne nous avoir peu trouver en nos logements; mais le contentement, dit-il, de vous avoir attrapés dés le commencement de la promenade, m'empeſchera de me plaindre davantage de la fortune, ſi vous me promettés qu'au retour du Peripatetiſme, vous prendrés le repos & le diſner chez moy, de quoy je vous eſtois allé requerir. Car je ne me croyois point encore bien reſtabli en ma demeure depuis mon dernier voyage, pour n'y avoir peu faire avec vous le ſacrifice au Genie domeſti-

domestique, auquel je vous convie à la mode des anciens.

A ce que je vois dit lors Diodotus, nous avons besoin de faire plus d'exercice que nous ne pensions, puis qu'il nous faut assister à un sacrifice qui est de ceux ausquels la religion defend de rien laisser de superflu & demeurant, si j'ay bien retenu les sens de ces proverbes, *Lari sacrificare, & proterviam facere.*

Hé quoy, adjouta Divitiacus en riant, il semble que vous promettiés sans plus grande ceremonie. Pour moi je ne me donne pas à si bon marché, car je suis en cela aussi glorieux pour le moins que l'est Athenodorus, qui proteste dans Seneque, *Ne ad cœnam quidem se iturum ad eum qui sibi nil hoc debiturus sit.* Et je trouve que Diogene avoit fort bonne raison de ne vouloir retourner soupper chez celui qui ne l'avoit point remercié le soir precedent, d'avoir pris un semblable repas chez luy. Que Xenomanes se donne un peu plus de peine pour en obtenir cette gratification de moy, s'il ne veut manquer d'un tel sacrificateur que je suis, qui pourrois tenir lieu de souverain Pontife en semblable rencontre,

De La-ert. in ejus vita.

&

& qui meriterois, veu ma suffisance en tels misteres, d'y estre convié un an devant, comme faisoient les Sybarites.

Si j'en suis creu, dis-je alors, nous corrigerons l'humeur glorieuse de Divitiacus, en luy faisant le mesme traictement que reçeut Achilles des autres Capitaines Grecs en l'Isle de Tenede, & je m'asseure qu'il ne montera pas moins en cholere, que fit ce heros, de voir les autres banqueter sans luy, & que fit Diane pour avoir esté oubliée au festin Doneus; s'il n'est plus à propos pour mieux le mortifier, de comparer le desplaisir qu'il en auroit, à celuy que tesmoigne en semblable occasion ce pedant Stoïcien Etremocles, dans le convive des Lapithes, dressé de cette main artiste de Lucian.

Je ne veux pas, repartit Xenomanes, jetter la pomme de discorde en si bonne compagnie, comme elle fut aux nopces de Peleus pour un pareil subjet, j'ayme mieux promettre à Divitiacus, qu'en recompense de l'obligation que je luy auray de s'être accommodé à ma simple priere, j'iray chez luy plus d'une fois sans attendre la sienne, à la mode des Myconiens que je veux en cela opposer à ces Sybarites. Pen-

Pendant ces propos, Marcellus, nous avancions tousiours nostre Peripatetisme d'un pas, selon nostre coustume, qui leur estoit accommodé, & tel à mon advis, que le pouvoient avoir avec leurs familiers, Platon dans son Academie, Aristote dans son Lycée, Epicure dans ses Jardins, Zenon sous les Portiques, Antisthenes dans son Cynosarges, Ciceron dans ses allées de Frescati, ou de Poussolle, & Socrate mesme là bas dans sa νεκρακαδημία, si nous en voulons croire les veritables histoires de Lucian. De sorte qu'outre le profit que nos corps recevoient par ce louable exercice, nos esprits devenoient encore, ce nous sembloit, plus purs dans un air plus subtil, plus libres dans cette liberté de campagne, & plus hardis & elevés, n'ayans que le ciel au dessus de nous. Là j'ay souvenance que quelqu'un de nous demandoit, pourquoy les promenades en un petit espace & de peu de longueur, estoient plus lassantes & laborieuses que celles qui estoient etendues comme la nostre, comme si cette repetition si frequente d'un mesme principe, estoit importune & travaillante. D'où venoit que si nous eussions

Lib. 2.

SCEPTIQUE. 95

fions ignoré le chemin que nous faisions, il nous eut semblé bien plus long qu'il n'estoit ; si cela ne procedoit point de ce que, comme les choses que nous cognoissons sont finies & terminées, aussi celles qui nous sont incognuës reüssissent, à l'esgard de nostre imagination, infinies & indeterminées, si bien qu'un chemin ignoré donnant de la peine à nostre esprit, comme s'il ne devoit point cesser, pourroit encore travailler le corps par consentement, & participation. S'il estoit bien possible que nostre teste depuis que nous estions partis, eust fait beaucoup plus de chemin que nos pieds, comme ayant commencé en mesme temps à descrire un plus grand cercle qu'eux sur la rotondité de la terre, lequel moins finiroit en un mesme instant. Mais parmi tout cela & beaucoup d'autres discours, tels que la rencontre, & le genie d'un chascun de nous le portoit, n'estimés pas qu'il y eust plus grande contestation que celle qui pouvoit estre requise pour entretenir nostre conversation. Car je trouve que l'Orateur Cœlius tout injuste qu'il estoit en ses sentimens, se fâcha cette fois

à

à propos contre ce flatteur, qui les alloit tous secondans sans aucune opposition quand il s'escria, *Dic aliquid contra, ut duo simus.* Or il y a bien à dire entre ces loüables contentions qui se font plus par forme d'enqueste & recherche de la verité, à la façon de Socrate, que pour rien establir de certain, & ces opiniastretés insupportables, de ceux que nous voyons si bons amis, de leurs fantaisies & si constans en cette amitié, qu'ils ne les abandonnent jamais, *Quique velut Sacramento rogati, vel etiam superstitione constricti, nefas ducunt à suscepta semel persuasione discedere.* Que je me ris journellement, Marcellus, avec grande satisfaction d'esprit, de ces pedans pointilleux & critiques, *opiniosissimi homines*, comme les appelle Ciceron, lesquels pour faire parade des forces Athletiques, & comme ils pensent de leur esprit, à ne se relascher jamais, ne s'apperçoivent pas qu'ils ne possedent que celles que leur fievre chaude & billieuse leur fournit. Quant à nous, vous cognoissez la moderation de nôtre secte, & les douceurs que nous fournit nôtre Acatalepsie en toutes sortes de compagnies: tant s'en faut que parmy nous il peut

Senec. de Ira. c. 8.

Quintil. 12. Inst. c. 32.

4 Acad. qu.

SCEPTIQUE. 97

r avoir de ces animosités, *Nos qui se-* *Cicer. в*
quimur probabilia, nec ultra id, quam *Tuscul.*
quod verisimillime occurrerit, progredi
possumus, & refellere sine pertinacia, &
refelli sine iracundia parati sumus. Nous
estans donc entretenus avec l'innocence & l'equanimité dont nous faisons
profession pendant cette promenade,
sans nous estre apperceus que desja,
pour parler avec les Poëtes, Phœbus
sembloit decocher ses fleches du milieu de son arc, Xenomanes lequel
insensiblement avoit conduit nos pas
du costé que le grand Chrysoroas, sortant du milieu de la ville, rend ses issues si agreables, prit lors l'occasion
de nous dire, que quand bien il n'auroit reçû la parole de nous de l'honneur
que nous luy devions faire de manger
chez luy, la commodité de sa maison,
la plus proche de toutes, y eust obligé
Divitiacus mesme avec toutes ses ceremonies, à l'heure qu'il estoit.

Vous avez raison, repartit Divitiacus,
car je vous asseure que je suis d'humeur
en cela, comme bien souvent ailleurs,
du tout contraire à celle de Diogene,
qui disoit que la faim le rendoit doux *Diogen.*
& traitable comme un petit chien de *Laërt.*
Malte : mais que ayant le ventre plein, *in ejus*
vita.

Tome I.   E   il

il devenoit fascheux comme un dogue Molossien, n'y ayant rien qui me rende de plus difficile maniere que la faim, l'inanité de mon estomach echauffant lors mes entrailles, & irritant ma bile, de sorte que j'ay fort à faire de me moderer : au surplus, puis que vous prenez à honneur, & obligation de nous recevoir à vostre table, je suis trompé si vous ne m'estes aujourd'huy plus redevable qu'à personne, car il m'arrive souvent d'y demeurer le dernier.

Hastons nous, dit Diodotus en sous-riant, pour prevenir le temps d'une si dangereuse humeur, car il me fascheroit fort de voir se mettre en cholere contre moy, un amy duquel j'estime tant les bonnes graces : pour preuve de quoy je luy donneray advis de faire provision de cette herbe Boetique, dont les Scythes se servent pour ne sentir la faim, la tenant en leur bouche, & si la soif luy estoit autant importune, il se pourra servir en la mesme façon de la pierre Achates, qui oste toute sorte d'alteration, ce que j'estime plus aisé que ses compositions medicinales appellées ἄλιμα καὶ ἄδιψα qui ont les mesmes facultés.

C'est fort bien rencontré à vous, repliqua

Plin. l. 15. c. 8.

De lib. anim. c. 10.

Plut. bãquet des 7. Sages.

SCEPTIQUE. 99

repliqua Divitiacus, je vous advise que quand cette espece de boulimie me possede, tant s'en faut qu'une simple feüille d'herbe me peut satisfaire, qu'alors j'avalerois sans y marchander le baetyle de Saturne, avec la portion que Promethée avoit preparée à son fils Jupiter, c'est à dire, en bon François, les charrettes toutes ferrées. Comme nous rions encore de la passion famelique & vrayement canine de Divitiacus, nous nous trouvames au devant du logis de Xenomanes, lequel s'advançant le premier au dedans, ne feignez point de me suivre], nous dit-il d'une gaye façon, vous trouverés ceans les Dieux immortels, aussi bien qu'He- *Ari. de* raclite dans la petite case du boulanger *part.* que si des gens de vostre sorte preferent *ani. c.* la frugalité reposée des tables Philoso- *ult.* phiques, aux abondances sumptueuses de celles de Syracuse, & des plus grands Princes, je vous puis dire hardiment & à cœur ouvert, que vous estes les tres-bien venus.

Icy Marcellus, sans vous rien specifier des conditions du lieu, ny de la bonne chere, car vous estes de longue main initié aux mysteres de nos Phidities, je vous remarqueray seulement

E 2   une

une particularité, qui reüssit tant au gré d'un chascun, qu'elle fut depuis observée en forme de loy sumptuaire en toutes nos assemblées, c'est que l'ordre de Xenomanes avoit esté si bon, que comme en arrivant nous vimes en un instant la table couverte de ce qui devoit estre nostre nourriture, aussi aprés ce premier apport, il ne comparut plus personne qui peut tenir en quelque eschec la liberté de nos sentimens, & certes ce n'est pas un petit degoust ny une legere servitude, d'estre lors gehenné par la presence de ses propres valets, c'est à dire, d'autant pour la pluspart d'ennemis domestiques, & je sçay fort bon gré à Diogene, de n'avoir voulu poursuivre son Manes fugitif aussi bien qu'à Zenon, de s'estre redimé de cette sujection, n'ayant jamais eu de serviteur. Les Romains y avoient voulu ce semble apporter quelque temperamment, se servants de jeunes garçons qu'ils appelloient, *pueros*, d'où vient que ce mot signifia depuis toutes sortes de serviteurs, de quelque âge qu'ils fussent. Mais qui peut oster un mal tout à fait, ne se doit pas contenter de le pallier, c'est à mon advis à quoy il faut rapporter les contes

Diog. Laert. in ejus vita.

Senec. consf. ad Nel.

ces que nous fait Philoſtrate du feſtin de ſes Brachmanes Indiens, où les taſſes *L. 3. de vit. A-* pleines de liqueur ſe venoient faire *pol. c. 8.* prendre elles meſmes, les plats chargés ſe preſentans devant eux à l'envy, & les trepiers meſmes de Vulcain, & autres uſtanciles Automathes ayans chacun leur propre & volontaire mouvement, quoyque les relations de Marc Polo Venitien, nous peuſſent convier *L. 1. c.* à nous attacher au ſens litteral, diſans *55. & l.* que les Bramins de ſon temps, qui ſont *2. c. 2.*] ſans doute les ſucceſſeurs de ces anciens Brachmanes, avoient fait les meſmes miracles en ſa preſence, & de celle du Roy du pays, auquel un vaze plein de vin s'alla preſenter, cheminant ſans eſtre porté de perſonne depuis le credancier, & s'en retournant de meſme. Quant à nous la diſpoſition de toutes choſes neceſſaires eſtoit ſi commodement ajuſtée, que chacun ſe pouvoit avec plaiſir ſatisfaire en tous ſes deſirs, vous proteſtant qu'en mon particulier, je n'ay jamais receu de perſonne ſervice aucun ſi agreable que celuy que je me ſuis rendu à moy meſme, & là & ailleurs. Mais pour ne laiſſer plus long temps vos amys debout, que vous jugerez avoir eu beſoin de repos, je vous

E 3   diray

diray qu'ainsi que nous commencions à border de nos personnes le rond de cette table sacrée, nous vimes, avec beaucoup de contentement, entrer nostre cher Eraste, vers lequel Xenomanes courant à bras ouverts, C'est ainsi, luy dit-il, que les amis se trouvent au besoin, car de verité quand vous seriés tombé du ciel, vostre venuë ne m'auroit pas plus surpris & contenté tout ensemble, puis qu'estant allé chez vous dés le matin, on m'y avoit fait entendre que vous ne seriés en ville que sur le soir, cependant encore que vous soyés arrivé le dernier, si estes vous venu pour vous seoir de meilleure heure, que ne fist Socrate chez le bel Agathon, où il ne voulut prendre place qu'on n'eust presque à demy disné, à ce que rapporte Platon.

ERASTE. Je representerois mieux en cette survenuë le plaisant Philippus γελωτοποιός de Xenophon au mesme convive, car si je ne suis si facetieux que luy, au moins ay-je cela de semblable, que je viens comme luy sans estre prié, vous suppliant de croire, que si j'eusse receu l'advis de cet heureux reduit, je n'aurois pas esté ainsi en demeure, ny commis une faute, dont l'exemption
fut

fut reputée par Polycharmus de si grand poids pour son innocence, qu'il ne voulut pas oublier d'user de ces termes en son Apologie, *Ad hæc Athenienses numquam ad cænam accersitus post tempus accessi*. Que si Homere a esté estimé d'avoir fait venir Menelaüs manger à la table de son frere Agamemnon, sans y estre appellé, *tanquam deterior ad præstantioris viri mensam* : ce n'est pas hors de propos que le sort a voulu que je me sois presenté de mesme à celle-cy.

XENOMANES. Vous estes trop obligeant en toutes façons ; mais puisque suivant le dire de ces Grecs, les beaux vont trouver les beaux, & les bons de mesme leurs semblables sans en estre priés, vous avés deu par toute consideration vous rendre icy, où je ne me mettray pas en si grande peine que se trouve le pauvre Achille, duquel vous m'avés fait souvenir parlant d'Homere ; car autant de fois qu'il survient quelqu'un le visiter, il faut courir au massacre de quelque bœuf, ne se trouvant jamais rien de prest de quoy recevoir & festoyer ses amis. Mais graces aux Dieux, nous avons icy de leurs biens, d'autant plus suffisamment, que je vous y avois predestiné. Car je ne suis pas de la condition & puissance de Periander, lequel traitant les sept Sages de la Grece, avec une autre assés nombreuse compagnie, tant s'en faut qu'il augmentast ou enrichist son ordinaire, qu'il n'en fit qu'oster les superfluités, & retrancher les sumptuosités. Pour moy je veux bien que vous sçachiez, que ce que vous voyez a esté preparé pour vous, & que je ne croiray pas vous avoir mal receus & traictez, quand je vous auray donné les deux choses du monde que j'estime les plus souhaitables, peu, & paix, ayant pour ce sujet retenu ce proverbe Espagnol, *Mejor es tocino en pas, que pollos conagras.*

DIVITIACUS. N'estimez vous point, puisque nous avons tant parlé des festins des Anciens, que nous dussions de bonne heure eslire d'entre nous à leur exemple quelqu'un qui fust [...] par les Grecs [...], & les Latins [...].

DIODOTUS. Je suis si amy de la liberté, & la tiens si inseparable de moy, que je ne pourrois mesme souffrir en cette façon un commandement despoti-

despotique, ayant appris dés les escoles, que toutes choses involontaires estoient violentes, & toute action violente fascheuse, voire douloureuse, ἐπὶ δὲ τοῖς ἐξ ἀνάγκης πραττομένοις πᾶσιν ἕπεται λύπη, ubi subest agentibus aliqua necessitas, dolor consequitur. C'est pourquoy je veux du bien à Empedocle, de ce qu'ayant reçeu commandement par un tel Superieur, de boire involontairement, ou de recevoir le vin de la couppe sur la teste, il l'accusa & fit condamner le lendemain de tyrannie affectée.

Arist. 2. *Eth. Eud.* c. 7. & l. *mag. Mor.* c. 13.

DIVITIACUS. Vostre humeur est d'autant plus recevable, que n'estans icy que cinq, cet office de dictature sembleroit comme superflu, laquelle peut-estre avoit sa raison dans ces grandes assemblées, comme celles des Deipnosophistes d'Athenée, dont nous n'avons qu'un extraict, mais qui semble mieux un reduit de tous les Grecs dans les champs Olympiques, qu'un seul convive : car celui du divin Platon, & cet autre de son emulateur Xenophon sont de bien moindre nombre de personnes, comme est aussi le banquet de Plutarque, quoyque deux femmes s'y trouvent, desquelles je croys que nous

nous passerons fort bien icy, l'une Melisse que tua depuis Periander son mary, & connut apres sa mort; l'autre l'ingenieuse Eumetis ou Cleobuline, laquelle peignoit si mignardement la chevelure Scytique d'Anacharsis: aussi les fait-il accortement sortir avant le commencement des brindes, & des propos d'amour qui suivirent. Le Muzée de l'Empereur Adrian eust eu peut-estre aussi besoin de ce regime, car ainsi appelloit-il cette table Egyptienne où il faisoit trouver les plus eloquents hommes de son temps, *qui in Museo ali dicebantur*, & le clepsidrium encore de ce superbe Sophiste Herodes, où l'on nommoit tous ceux qui y avoient entrée διψῶντας, les alterés; pour ne rien dire du secret & somptueux souper d'Auguste qui fust surnommé cœna δωδεκάθεος.

Philost. l. de vit. sept in Dion. & po- lem.

Id. l. 2. in Had. & Pans. Suet. in Oß.

ORASIUS. Je ne sçay pas si la reputation de ces solemnels festins, vous pourroit faire estimer inferieurs en merite ceux qui le sont en nombre de banquetans: mais quant à moy, j'en fais un jugement tout contraire, aussi bien que Marcus Varro, qui ne veut pas que leur nombre excede celuy des Muses, ny soit au dessous de celuy des

Gell. l. 13. c. 8. Tamb. de vit. Pyth. c. 21.

des Grecs, quoyque les convives de Pythagore fussent de dix personnes, le proverbe *septem convivium, novem convitium*, n'en admet pas tant, & je serois encore plus rigoureux en ce point ; d'autant que vous ne pouvés estre ny neuf ny sept à une mesme table, que vous ne soyez contrains, ou de tenir plus d'un propos à la fois, ce qui donne de la peine & engendre de la confusion, ou d'user de trop de contrainte à ne s'oster la parole les uns aux autres.

XENOMANES. Cet Autheur que l'on estime le plus sçavant des Romains, a donné aussi quelques autres loix concernantes cette matiere, comme quand il ne veut pas qu'on s'entretienne à table, sinon des choses, *De quibus in foro, atque in negotiis loqui, non est otium*, ny que la lecture, qui estoit lors fort ordinaire pendant le repas, se fasse que de ce qui peut delecter & profiter tout ensemble : *In convivio legi non omnia debent, sed ea potissimum quæ simul sint βιωφελῆ, & delectent* : Ce que je trouve de beaucoup plus raisonnable que cette loy, laquelle s'étoient imposée ces Deipnosophistes qu'Athenée nomme pour ce sujet πρα-
πι-

τεζοπίτοφος, de prendre occasion de changer de discours à chasque mets nouveau qui leur estoit mis sur la table; car cette invention me semble par trop simple & puerile, n'y ayant point d'apparence de quitter un bon propos commencé pour estre servis de nouvelle viande, ny aucun rapport de ce qui se mange à ce qui se dit, qui doive obliger à cette contrainte.

ERASTE. Cette lecture de table, à mon advis, n'estoit guere pratiquée, que par ceux qui mangeoient en leur particulier, ou du tout seuls, comme ceux que le proverbe nommoit μονοφάλυς, lesquels ne vouloient point d'autres compagnies que les Parasites de Diogene; car ainsi nommoit-il les souris, en gaussant, ou avec personnes dont il mesprisoit la conversation, *Cœnanti mihi*, dit Pline le Jeune, *si cum uxore vel paucis liber legitur*: le Philosophe Phavorinus a tousiours son lecteur à table dans A. Gellius, & infinis Autheurs sont pleins de passages semblables. Autrement la parole, qui est si propre à l'homme, ne peut estre d'usage plus à propos qu'alors que la communion d'une mesme nourriture pour le corps, semble nous convier à se

Lib. 19. Ep. 36.

L. 3. c. vlt. & l. 13. c. 11

se faire part reciproquement des sentimens de l'esprit ; ce qui fit dire de bonne grace à Theophraste à celuy qu'il voyoit ne dire mot en semblable occasion, *si imperitus es prudenter facis, si peritus imprudenter* : & Socrate reprit pour semblable sujet Hermogene comme d'une taciturnité incivile & importune qu'il baptisa du mot de σιωπηρία.

Diog. La. in Theoph.
Xenoph. in conv.

DIODOTUS. Vous me faites souvenir du grand avantage que prend Ciceron sur les Grecs, en ce que les Romains avoient le mot de *convive* plus significatif de cette conjonction de corps & d'esprit, qui s'y devoit rencontrer, que n'estoient leur συμπόσια, compotations, ou σύνδειπνα concenations, qui ne denotoient que ce qui regarde le corps, *Bene enim majores nostri*, dit-il, *accubationem epularum amicorum, quia vitæ conjunctionem haberet, convivium nominarunt melius quam Græci, qui hoc idem tum compotationem, tum concœnationem vocant, ut quod in eo genere minimum est, id maxime probare videantur.* Cependant le mot de symposé m'advertit, & le Dieu Liber me donne la liberté de vous faire ce defi Socratique, vous priant d'avoir ses armes en main, & d'armer avec luy

Lib. de Sen: 13.

pocula

pocula ista minuta & rorantia : que si vous voulez que nous beuvions en rond, allant de la main droite à la gauche, comme il fait dans Platon, je suis prest de commencer le tour, pourveu que nous laissions à part & ne faissions point cheminer son grand hanap, dont il se sert sur la fin, mon humeur ne s'y pouvant nullement accommoder, il nous sera d'autant plus aisé de faire cette ronde, qu'il a pleu à nostre cher Xenomanes, de nous faire aujourd'huy chevaliers de la table ronde, que je n'estime pas moins que toutes celles de cedre des Anciens, dont les vices & les neuds augmentoient si fort le prix, car celles-là n'estoient estimées qu'en consideration de leur matiere recherchée par un jugement plus partial & depravé que raisonnable, là où je prise la valeur de celle-cy à cause de sa forme, la plus noble & la plus capable de toutes, qui me donne commodité sans me peiner, ny importuner personne, d'estre egalement par tout.

XENOMANES. C'est ce qui m'en a fait faire le choix, plutost que l'egalité qui s'y trouve, & qui la rend recommandable à beaucoup. Car
comme

comme je blasme bien fort cette distinction de haut & bas bout, principalement quand la difference de vivres s'y rencontre, qui est proprement *injuriam quam humanitate posueris, con-* *Petr.* *tumelia tollere* : & comme dit Pline, *Arb.* *ad notam, non ad cœnam vocare*, d'où *L. 1. ep.* vint que Cæsar fit mettre les fers au *6.* pieds de celuy qui avoit servy deux sor- *Suet. in* tes de pain sur sa table, *pistorem alium Jul.* *quam sibi panem convivis subjicientem* *compedibus vinxit*, & que Cyrus dans Xenophon rend sa table esgalle pour *L. 2.* ce regard, entre luy & les moindres *Cyr.* soldats qu'il y admettoit, aussi sçais-je bien, que parmy nous, cette mauvaise estimation des places n'a point de lieu, puisque nous voyons le premier d'entre les hommes, par le jugement des Dieux mesmes, seant au bas de la table auprés du gentil Agathon ; aussi attribuons nous à la Divinité la fin comme le principe, l'ω comme l'α egalement. Et certes nous ne devons pas juger des hommes selon cette position, comme les Astrologues font des astres, ausquels ils attribuent plus ou moins de vertu, selon les exaltations ou bassesses de leurs Apogées & Perigées. C'est pourquoy Thales fit tres-dignement de prendre

la

la place à table que cet Alixedemus avoit refusée, qui parut assez sot en cela pour estre le fils d'un Tyran: & Aristippe fist aussi fort acortement, quand Dionysius luy eust assigné sa place au bas bout, de dire qu'il avoit voulu rendre illustre cette place en la luy donnant. Mais le nom de ce Philosophe qui avoit le goust si friant, tesmoin la perdrix qu'il achepta cinquante dragmes, me fera vous demander si le vostre se trouve satisfait de ce petit apprest, ce que je ne dis pas pour vous convier populairement au dela de vostre appetit: mais pour ce que comme nous faisons plus que tous autres Philosophes, reflexion sur la diversité des sens, aussi seray-je bien ayse de sçavoir icy quel aura esté le vostre.

DIVITIACUS. Vous avez fait voir que la Philosophie est une maistresse ouvriere par tout, & qu'elle est adroitte jusques dans la cuisine, suivant le Proverbe, *Zenonium est & lentem coquere*: aussi n'est il pas consequant *ut cui cor sapiat, ei non sapiat palatus*, & si Paulus Aemilius eut bonne grace, disant que ce n'estoit pas moins le fait d'un grand Capitaine de bien dresser un festin,

Cic. de fin. 2.

Ent. l. 4.

festin, que de bien renger une bataille & de bien traiter ses amis, que de vaincre ses ennemis; on peut bien soustenir aussi qu'un esprit philosophique ne paroist pas moins à la table qu'à l'étude & en faisant bonne chere à ses amis, qu'en disputant avec Aristote ou Platon.

ORASIUS. Il faut que je vous die sur ce mot de lentille, que je n'ay jamais peu rire du trait d'Esope, qui n'en mist qu'une cuire dans le pot, fondé comme vous sçavez, sur la seule façon de parler du commandement Grec de son Maistre Xanctus. Car je ne sçay personne aujourd'huy qui prit grand plaisir à une si froide & si peu ingenieuse badinerie de son valet. Mais d'autre costé j'observe, qu'il falloit que les Philosophes anciens .... nourriture .... voiant .... le Philo- *Liv. 17* .... à souper en *c. 8.* .... fundamentaliter ...... olla una lentis Ægyptia ... cucurbita inibi minutim casa. Combien qu'il semble qu'il y eust plus de frugalité que d'affectation, & acception de ce legume, si est ce que la recom-

recommandation de Pline y doit estre observée, quand il escrit, *aquanimitatem fieri vescentibus lente*: il y a aussi, outre le proverbe de Zenon allegué tantost par Divitiacus, celuy que rapporte Aristote en ces vers de Stratis,

l. 18.
c. 12.

Ὅταν φακῆ ἕψεται μὴ 'πιχεῖν, μύρον.
Ne admisceas unguentum ubi lentem coquis,

qui fait voir que la lentille estoit en grande consideration, puis que sous son seul nom on condamne les parfums parmi toute sorte d'aliments.

DIODOTUS. Puis qu'on dit qu'il faut donner à boire à ceux qui ont bien allegué, vous en meritez cette fois, nostre cher Orasius, car veritablement vous avez fait merveilles de bien conjecturer, & du tout suivant la parœmie, *mira de lente*, aussi n'est-ce pas sans sujet que l'Italien dit, *dal ventre pieno esce miglior consiglio*, y ayant apparence que la bonne chere ne nous rend pas moins ingenieux qu'eloquents : or chacun sçait le vers.

Fœcundi calices quem non fecere disertum.

C'est pourquoi j'estime qu'en l'humeur où vous estes, vous eussiés bien gaigné des prix & des couronnes, pendant les festins des Saturnales, au jeu de soudre, des enigmes & questions proposées, tel que nous le represente vostre A. Gellius.

ORASIUS. Permettez moy que *L. 18.* j'aye ma raison de Diodotus, qui me *c. 2.* gausse d'une part, comme si j'avois parlé fort à bon escient, & d'ailleurs me taxe du bon devoir où je me suis mis jusques icy de l'imiter, & suivre ses rondes Socratiques. Mais encore qu'il me traite si mal, je ne laisseray pas d'estimer beaucoup son bon procedé, & son exemple à cela prés, qu'aussi bien que Protogene *nescit manum de Tabula.*

ERASTE. Vos railleries me remettent en memoire ce qui fut dit il y a peu de jours au Seigneur Panphagus, celuy qui avoit la charge de grand Epulon en cette cour, & que vous sçavez avoir tant aimé le sauce verte, qu'à peine estoit-il homme fait, qu'il avoit desja mangé tout son bien en vert. Je l'avois observé pendant tout le repas, allant si viste & si bien en besogne, qu'en verité je croyois,

croyois, qu'aussi bien que les cerfs, les chevres & les brebis, il eust plusieurs ventres au lieu d'un, & que comme les herissons, les cancres & les locustes, il eust dans ces ventres d'autres dents, pour y faire une seconde mastication : tant y a que je n'estime pas qu'à n'avoir qu'un ventre, tout homme n'en fust crevé, s'il n'eust esté ouvrant & fermant à boutons, comme ceux des habitans de la lune. Cela n'empescha pas que quelqu'un, peut-estre pour se rire, ne luy fit ce beau compliment, que sa seigneurie ne mangeoit point, à quoy un autre prés de moi repartit aussi-tost, elle n'a garde de manger, la bonne Dame, puis qu'elle mesme a esté mangée il y a long-temps.

Arist. de Hist. an. c. 14. & l. 4. c. 5.

Luc. I. ver. hist.

XENOMANES. Je trouverois quelque chose à redire à vos gentilles attaques, si je ne me souvenois que Socrate dans Xenophon se donne bien la licence d'interpreter le mot ὀψοφάγος, au desavantage de quelqu'un, lequel il voyoit à table manger plus de viande que de pain. D'autre part aussi j'aurois trouvé les gausseries d'Orasius & Diodotus meilleures, si elles avoient eu plus de fondement. Mais si Gorgías

L. 4. mem. Socr.

gias Leontin se fut comporté comme eux & vous, en tous les festins de son temps, sans doute qu'il n'en eust rien perdu de sa longue vivacité; bien que se faisant mourir de faim aprés cent & huict ans, il protestoit de voir ce long âge & sa forte disposition, à ne s'estre voulu trouver aux banquets avec les autres de son siecle. Aussi vous ay-je receus de sorte que vous pourrez dire en mon honneur, que si les soupers de Platon estoient agreables encore le lendemain, & n'empêchoient point le repos de la nuict, les disners qui se prennent ceans ne sont point importuns le soir, & n'ostent point le goust du souper; vous ayant receus selon la propre signification du mot Athenien εὐωχεῖσαι, *epulari*, auquel Socrate dit, que cette particule εὐ a esté adjoutée, pour signifier qu'il ne doit rien y avoir en un repas au corps, ou à l'esprit des banquetans, ny faire peine à celuy qui le donne, par sa rareté, ou par son appreſt. De ma part j'asseureray de vous, que si le reste des hommes usoit du boire & du manger comme vous faites, les vivres seroient à beaucoup meilleur prix.

Cic. 4. Tuscul.

Xen. 4. mem. Socr.

DIVI-

DIVITIACUS. Et moy je crois tout le contraire; car si chacun beuvoit & mangeoit autant qu'il voudroit comme nous avons fait, c'est sans doute qu'ils encheriroient de beaucoup.

XENOMANES. Si la volonté de tout le monde estoit aussi bien reglée que les vostres, & ses actions ensuite aussi moderées, il pourroit boire & manger à discretion, sans faire tort à ma proposition. Mais puis que je vois que vous avez cessé presentement l'usage de l'un & de l'autre, & que les loix de la digestion avec l'exercice de ce matin, vous obligent à cette heure au repos, je ne sçay point de plus agreable entretien où je vous puisse porter, que de vous mettre sur le doux propos, & les ravissantes pensées de nostre sacrée Philosophie : car qu'y peut-il avoir de plus delicieux ici bas, que de se communiquer franchement & avec liberté ses sentimens, & mesmement à nous, qu'une mesme façon de raisonner, & les mesmes principes de noste divine Sceptique rend si unis & symbolisans, *utamur igitur libertate, qua nobis solis in Philosophia uti licet:* que si nous avons pris plaisir tantost

à

SCEPTIQUE. 119

à la ronde, que nous a fait faire nostre bon Diodotus le verre à la main, j'estime que nous en pourrons icy pratiquer une autre qui ne sera pas de moindre satisfaction, si vous trouvez bon, que par ordre, chacun de nous rapporte à son tour ce que son imagination & sa memoire luy fourniront sur le champ de ses cogitations Philosophiques, laissant l'election de la matiere & du sujet à discretion, afin que nostre dit ami ne se plaigne pas que j'aye fait aucun prejudice à la liberté, de laquelle il s'est declaré dés le commencement si jaloux. Car comme cette façon de deviser ne peut que nous donner beaucoup de contentement, il nous sera aussi fort utile de reünir nos particulieres meditations comme autant de lumieres en une, & tres-honeste d'orner & illustrer, suivant le proverbe, cette venerable Sparte de nos esprits, & pour ce que toutes les actions de ma vie sont accompagnées de continuelles reflexions vers elle, il me sera aysé de donner commencement à ce que j'ay ainsi proposé ; & sans m'esloigner des propos de table, & des matieres bucoliques que nous venons de laisser, je vous diray les grandes
diffe-

differences que mes voyages, & quelques lectures m'ont fait obferver fur icelles: ce qui aura fon rapport & fon ufage, à fortifier & amplifier le dernier precepte de noftre decalogue, je veux dire, le dernier des dix moyens de noftre ineftimable Epoche.

L. I. c. 22.
L'abftinence de toute chair eftoit propre aux Pithagoriciens hors leurs facrifices; mais elle étoit plus ancienne qu'eux, puis que Platon au fixiefme de fes loix l'appelle, Ὀρφικὸν βίον, une vie d'Orphée: les Bramins l'obfervent à prefent en Orient, & Marc Polo parle de certains Religieux idolatres de ce quartier là, fi aufteres qu'ils efpargnent mefme l'herbe fi elle n'eft feiche, avec cette raifon, que l'ame fe trouve par tout où il y a verdeur. Agatharchides auffi dans Photius & Diodore nomment certains peuples Africains Phizophages, Spermatophages, Hylophages & Feuillantins, pour ce qu'ils ne vivent que de femence de feuilles, & de rejettons ou fommités des plantes, étans auffi difpos à grimper fur les arbres, & fauter de branche en branche que les efcurieux. Il y a des Autheurs qui par la conformation de la bouche, des mandibules, & autres parties qui nous

nous servent à la preparation des aliments, ont soustenu que la nature nous avoit formez animaux broutans, & non voraces & carnivores, tels que la depravation nous a rendus. Mais entre les hommes qui se nourrissent de chair, chascun sçait le grand scrupule des anciens Egyptiens au choix des viandes ; comme encore aujourd'huy, les Iuifs & les Turcs ne mangent point de pourceau, les gentils des Indes de la vache, les Moscovites du veau, en quoy peut-estre leur nom est considerable. Bref, vous trouverez que chacun estime sa nourriture accoustumée la meilleure. Ils tiennent la chair de serpent la plus exquise de toutes, au Royaume de Mangi, dit B. Odorico, & de mesme aux Indes Occidentales, au rapport d'Oviedo, & autres. Marc Polo estime que c'est celle du chameau. Les Medecins ordonnent au Bresil, à Mozambique, & par tout où croissent les cannes de sucre, celle de pourceau aux malades, qui leur est icy deffenduë. Pline attribuë la longue vie des Macrobies, à leur nourriture de chair de vipere, comme nous sçavons des Princes d'Europe, qui en font avaller à la volaille, qui leur sert aprés de viande. Les chairs

Rel. des Capit. Merg.

L. 7. c. 11.

Tome I.   F   des

des asnes & des chevaux, mesme des chiens, des tygres & des lions, dit Mendez Pinto, se vendent publiquement aux boucheries de la Chine, & de Tartarie, sans parler des Synamolques, qui ne vivent que du lait des chiennes qu'ils tettent. Les chauves-sousris estoient trouvées bonnes en une ville d'Assirie, que Strabon nomme Borsippa ; & Oviedo dit le mesme de l'Isle Borichen, ou de S. Iean, & que les Chrestiens mesmes y en mangent. Les Chelnophages de Pline n'ont pour tout mets que leurs tortues ; ainsi que les Struthophages de Diodore leurs autruches & les Aridophages leurs sauterelles, à ce que tesmoignent Strabon, Pline, Agatharchides, Iean Leon, François Alvarez, & tant d'autres. Iusques aux crapaux, ils sont trouvez fort savoureux en la terre ferme des Indes Occidentales, au rapport d'Oviedo : & les Phtirophages Asiatiques de Pline, & Strabon, vers le Nort, qui sont peut-estre les Budins d'Herodote & de Arrian, avallent les poux avec grand plaisir, ce que nos François voient faire tous les jours aux femmes Canadiennes & Hurones, qui seroient bien faschées d'avoir perdu le moindre des

SCEPTIQUE. 123

des leurs, ou de leurs enfans, sans leur avoir donné le coup de dent, & s'estre vengées, comme elles disent, en mangeant ceux qui les mangent. La terre mesme (je laisse à part si comme element simple ou autrement) a son goust agreable, non seulement à l'esgard des taupes, loups, scorpions, & autres serpens, comme l'attestent Pline & Aristote, ce dernier disant que l'elephant devore mesme les pierres. Mais encore selon l'appetit de certains Indiens occidentaux, comme recite Pigafetta, nommant une espece de fruit qu'ils ne pouvoient trouver bon qu'avec beaucoup de terre meslée. Ce qui me fait douter, s'il ne se trouvera point d'estomach humain, qui digere le fer comme celuy de l'autruche, s'il est croyable qu'elle en fasse son profit. C'est chose certaine, qu'il y en a eu auxquels les poisons estoient alimenteux aussi bien qu'aux cailles, & aux chevres. Mais toutes ces diverses nourritures ne semblent point si estranges ny si inhumaines à beaucoup de personnes, comme l'Antropophagie, temoin l'aversion des Grecs contre Darius dans la Thalie d'Herodote. C'est pourquoy entre les cruautez

2 de hist. anim. c. 5. & 26.

Plin. 10 c. 72.

F 2 énor-

énormes de Neron, Suetone couche celle-cy. *Polyphago cuidem Aegyptij generis, crudam carnem & quidquid daretur mandere assueto, concupisse vivos homines laniandos, absumendosque objicere.* Aussi y en a-t'il eu qui ont estimé que la chair humaine estoit poison à l'homme, devant y avoir de la disparité entre l'aliment & l'animal qui le reçoit, d'où vient le dire d'Hipocrate, *omne calidum moderato frigido nutritur*; & d'autres ont rapporté le mal calamiteux de la grosse verole, à la nourriture de cette chair humaine, que quelques vivandiers firent passer pour de la Thonine au siege de Naples, sous nostre Roy Charles VIII. D'ailleurs, les animaux les plus carnaciers de nos forests, & les oiseaux de proye les plus affamez, s'abstiennent des viandes de leurs semblables; jusques-là qu'Hector Boethius asseure, qu'en son païs d'Escosse ils conservent leurs volailles contre la rapacité grande des renards, en leur faisant avaler avec leur mangeaille de la chair de jeunes renards, ce qui leur donne une odeur qui les conserve plus de deux mois aprés; & est chose si esprouvée, que n'ayant point fait prendre exprés de ce preservatif à quelque

In Neo. art. 37.

L. de nat. queri.

que poulle, & à quelque oison, on a veu, dit il, les renards choisir ceux-là entre une infinité d'autres, & les manger, sans oser toucher au reste. Cependant nostre venerable Sextus nous apprend que les premieres loix qu'eurent les hommes, furent de ne se plus entremanger, comme on faisoit auparavant, ainsi que chantent les vers d'Orphée par luy alleguès. Et Diodore Sicilien donne la gloire au Roy Osiris de les avoir le premier establies. Aristote dit, que de son temps les Acheyens & Henochiens vers le Pont, estoient Antropophages. Herodote nomme pour tels les Melanchleniens & autres; ausquels on en pourroit adjouster infinis de ceux que les grands appellent Barbares. Mais parmy eux mesmes le renommé Thydeus ne fit-il pas un bon repas de la cervelle de son ennemi ? & leurs Philosophes mesmes, comme Diogenes, Chrysippus suivy de tous les Stoïciens, n'ont-il pas maintenu que c'estoit chose assez raisonnable de se servir de pasture les uns aux autres, voire de se manger soy mesme, si quelque accident separoit une partie de nostre chair de son tout; ou que la faim nous fist faire comme à la Seiche ou

Adv. Mst. l. 2.

L. 1.

Polit. c. 4.

L. 4.

Sext. Pyrrh. hist. l. 3. c. 24. & 25. & Diog. Laert. in Chrys

F 3 Polype;

Polype, qu'on dit devorer ses cirres, qui sont ses propres bras. Et à la verité, si nous ne sommes nourris que par l'assimilation des aliments à nostre nature, il semble, comme on dit, que la chair est plutost faite chair que toute autre substance, l'humaine aussi, voire celle de chaque individu, sera bien plus facilement convertie en elle mesme. C'est pourquoy Ficinus ordonne pour la prolongation de la vie, qu'on use du sang d'un fort jeune homme, & fort sain. Aussi ne peut-on pas dire qu'il y ait rien en cela contre nature, puis que nous voyons tous les jours, les chats, les chiens, les lapins, & tant d'autres animaux qui se repaissent les uns des autres. Pline aprés Aristote, atteste que, *olores metua carne vescuntur*; & que les abeilles mangent leurs nimphes qui sont leurs petits. Les Hollandois ont veu les ours en la Nouvelle Zemble s'entredevorer. Parmy les poissons mesmes cela a lieu, les tiburons, dit Oviedo, se prennent avec leur propre chair attachée à l'ameçon. Ce n'est donc pas si grande merveille de voir aujourd'huy les boucheries de la Chine garnies de chair humaine, au rapport d'Herrera. Marc Polo dit le mesme

de

9. Hist. de an. c. 1. l. 10. c. 23. & l. 11. c. 16.

l. 23. c. 7.

de son temps du Royaume de Concha vers Quinsay, & de l'Isle Zipangu; Louis Bartheme de la grande Giava, Barbosa du Royaume de Siam, & des Isles Sumatra, & Celebe. Celles du Golphe de Bengala nous sont representées toutes conformes à cela. Mendes Pinto Portugais, confesse que la faim luy a fait manger d'un Negre: la Sarmatie de Guaguin nous apprend que c'est la mesme chose vers le Nort parmy les Samogitiens, ce que confirment les voyages du Zin, parlant du païs de Drogio. Que si nous voulons porter nostre veuë sur ce monde appellé Nouveau, comme sur une seconde nature, moins depravée ce semble, & non encore corrompuë, nous ne verrons que Caribes & Canibales par tout, *Pyrard* qui faisoient gloire de chasser à cette venaison, dont le plus delicat morceau se trouve aux pieds & aux mains, à ce que disent les bons veneurs; dans ces grands Royaumes du Mexico & du Peru, le mary mangeoit librement sa femme, le frere sa sœur, le pere son fils. Il y a donc plus de quoy s'estonner de nostre grande aversion en cela, que d'une pratique tellement étenduë par tout l'univers. Vous donnant cette consi-

F 4 dera-

deration pour mon symbole, & presentant le bouquet à mon proche voisin pour me suivre.

DIODOTUS. Je vous suivray tellement que je marcheray sur vos vestiges, recherchant aprés vous assez de differentes façons de faire en ce qui concerne la table. Que si nous avions les livres de ce Terpsiones, qu'Athenée dit avoir esté le premier qui donna des preceptes περὶ τῶν γαστρολογίας, ou celuy des Chinois, dont les cinq premiers chapitres sont *de los banquetes, con que se ha de combidar à Dios*, passant de là à ce qui doit estre observé traitant le Roy, puis les Turons & Mandarins, sans doute qu'il s'y verroit des coustumes, & des bien seances fort differentes des nostres, puis que ces Surintendans de cuisine dans A. Gellius m'en aprirent dernierement, dont je suis encores tout scandalisé, en voicy quelques unes, *Negant cœnam lautam esse nisi cum libentissime edis, tum auferatur, & alia esca melior atque amplior succenturietur.* Quant à moy je le tiendrois à injure, *Negant ullam avem, præter Ficedulam, totam comesse oportere*, quelle tyrannie est celle-là, *Superiorem partem avium atque altilium qui edunt, eos palatum non habere*

SCEPTIQUE. 129

babere volunt : Je ne m'estois pas creu Asthome jusques à cette heure. Mais laissons ces extravagances, qui semblent estre plus particulieres, & venons aux choses plus generales. Tout le monde crie contre les excez de bouche, qu'on dit en tuer plus que le glaive, ce que l'Espagnol profere assez gentiment *mas mató la cena, que sano Avicena*, au contraire les Medecins, & entre eux nostre Maistre venerable en ce divin chapitre de dix moyens, nous enseigne que *sepe largior cibus sumptus, corpus purgat per cruditates & cholericas passiones*, & Cornelius Celsus donne pour un des preceptes de santé, *modo plus justo, modo non amplius cibum assumere*. Ils semblent tous convenir que la diversité des viandes est fort mal faisante, *multos morbos multa fercula fecerunt*, & donnent des loix en leur diéthetique, qui prescrivent les unes, & deffendent les autres. Les Chinois se trouvent fort bien de mesler tousjours la chair & le poisson, comme on fait encore en assez de lieux, & beaucoup estiment que nous devons habituer nostre estomach à tout, & que comme la bonne veuë se porte indifferemment sur tous objects, & l'ouye juge de toute sorte.

L. 1. Pyrrh. Hyp. c. 14.
L. 1. c. 2.
Sen. ep. 96.

F 5

de sons, le ventre doit aussi recevoir & digerer tout ce qui luy est envoyé, *Magna pars libertatis est bene moratus venter, & contumeliæ patiens*: l'Empereur Marc Antonin osant bien requerir de luy autant de facilité & disposition en cela, qu'en la meule du moulin à tout broyer & faire farine de tout ce qui luy est sousmis. Nous ne trouvons pas la viande bonne ny saine si elle n'est bien cuite. Ceux du Peru & de Canada mangent la chair toute cruë, & le poisson de mesme : François Alvares, qui sejourna dix ans parmy les Abissins, le dit encore d'eux, & qu'ils y ont une saulce faite de fiel de vache, laquelle comme vous pouvez vous imaginer, nous seroit d'un merveilleux goust. Les Tartares n'y font pas plus de façon s'ils ne mettent leurs pieces de chair pendant une heure se mortifier entre la selle & le dos de leur cheval. Or toutes ces nations ne trouvent point de saveur à la viande cuite, & s'ils en mangent s'en trouvent mal. C'est ce qui porta Zeno à ne rien manger de cuit ἀτόρῳ τροφῇ χρώμενος *crudis tantum cibis usus*, & Diogene à tenter le mesme, jusques-là, qu'on croit qu'il mourut d'avoir mangé un pied de beuf tout

Sen. ep. 124.

de vit. sua l. 20.

Diog. Laert. in ejus vita.

tout crud; car il est difficile de ramener une nature depravée à ce qui est de mieux. Jean Leon dit qu'à Fez on ne mange jamais de rosti, n'y estant pas en usage, le bon Homere tout au rebours met toutes ses viandes sur les charbons : qui voudroit d'entre nous manger d'une poulle boüillie, dont la chair se trouvast aussi noire qu'ebene ? en quelques lieux des Indes Orientales les plus savoureuses volailles sont de cette couleur. Nous ne nous pourrions pas passer de nostre pain fait de nos farines ordinaires; les Icthiophages, dit Marc Polo, les Islandois, au rapport de Blefkenius, le font de poisson, & en la grande Giava du tronc d'un arbre. B. Odorico descrit le pain du pays de Paten, aussi de farine d'arbre. Pigafetta dit, qu'il est fort blanc au Bresil, fait de mouëlle d'un autre arbre, Transilvano de mesme de celuy de l'Isle de Zubut en la mer du Zud : le bois dont ils le petrissent ressemblant à la palme. Aux Moluques ils en ont, disent Drack & Pyrad, de bois de Sagou. Acosta, & Oviedo le font excellent en Amerique de la racine Yuca, & Quirino dit qu'en Suede ils en composent de farine de

L. 3. c. 6. & 40. desc. Is-lan.

F 6 pins

pins & de sapins, laquelle pour estre chaude ayde à la digestion, & y rend les hommes qui s'en nourrissent plus robustes. Je ne puis icy m'empescher de me souvenir de ce qu'un Ambassadeur en nos jours proposa en une ville assiegée, d'en faire des os pulverisez des trepassez, & d'une invention encore plus moderne, d'y employer la matiere fecale, dont un grand Prince voulut bien gouster l'epreuve. Nos Medecins defendent le pain trop frais, comme chargeant trop l'estomach ; ceux de

Teyn. Zeylan, & autres Indiens Orientaux ne voudroient pas avoir gousté de pain s'il y avoit plus de deux heures qu'il eust été fait. Nous laissons en France tout le gland aux pourceaux : les Espagnols en ont d'une façon qu'ils appellent *Bellotas*, qu'ils mettent tout crud & naturel au rang des confitures, & en font un grand *regalo* pour leurs maistraisses. Ce gland y estoit desja en grand credit anciennement ; puis-

l. 16. c. que Pline escrit ainsi, *quin & hodie*
5. *per Hispanias secundis mensis glans inseri-*
l. 7. c. 16 *tur.* A. Gellius cite Varron qui mettoit *inter cupedias lautitiasque glandem Ibericam :* & Strabon allegue Polybe pour avoir escrit, *glandem ab Hispanis in*
Latium

Latium usque mitti. Nos Roys prennent leurs repas en public par grandeur & magnificence ; il y en a d'autres en la coste d'Afrique, qui ne veulent estre apperceus manger, pour estre tenus au rang des Dieux. Nos portes ne sont point tenuës si fermées le reste du jour que pendant le repas ; les Romains mangeoient leurs portes toutes ouvertes, afin que les censeurs peussent voir, si bon leur sembloit, en passant, si les loix somptuaires n'estoient point violées. Une de nos civilitez est de laver nos mains avant que de nous mettre à table, les Chinois ne le font jamais, aussi ne touchent-ils les vivres qu'avec de petits bastons assez industrieusement faits, n'ayant point d'ailleurs l'usage des serviettes. Nous ne sçaurions nous passer de cousteaux à table; les mesmes Chinois & leurs voisins de Cochinchine n'en servent jamais, tous les morceaux estant tranchez dès la cuisine. Nous festinons tous nos amis à une table, sur laquelle les plats sont communs; ces peuples Orientaux ont chacun la leur, fussent-ils, comme il arrive quelquefois, deux mille, n'y en ayant pourtant aucune qui ne soit chargée au moins d'une

centaine

centaine de leurs petits plats. La cuillere & la tasse d'argent nous sont bien plus ordinaires que les plats du mesme metail ; l'Empereur de Moscovie qui a un des plus beaux & riches buffets du monde, en toute vaisselle d'or & d'argent, se sert d'une cuillere, & d'un vase de bois à boire, ayant de plus son cousteau de table de demie aulne de long sans se servir jamais d'assiettes ny de serviettes. Les Polonnois donnent librement par dessus l'espaule des viandes estans à table à leurs serviteurs, dit Guaguin, & ce seroit parmy nous une bien grande mescance & vilenie. Nous tenons que la communion de la table consilie les esprits, & esteint les inimitiés, *in de Philoterius crater*, tournés la medaille, & vous trouverés qu'aussi bien qu'Aristote a remarqué, que les plus grandes Antipathies des animaux procedent de la jalousie du vivre, & des differents de la mangeaille, la pluspart aussi des querelles & inimitiés des hommes aboutissent là, & les plus grandes animositées des uns contre les autres, procedent de cet interest, & sont pour s'oster le pain de la main. Qui est tout ce que je contribueray pour ma part.

Odoper. Ruth.

L. 9. de hist. anim. c. 1.

DIVITIA-

DIVITIACUS. Puisque vos observations ont esté sur les conditions des viandes, & de la nourriture solide, j'estime à propos de faire quelques autres considerations sur le breuvage liquide, puis que c'est leur vehicule, & que le meslange en est creu si necessaire. Or desja le debat n'est pas petit entre ceux qui sont pour l'element pur de l'eau, comme estant une boisson plus naturelle, & ceux qui luy preferent le vin. Entre les premiers, Lucien attribuë dans ses Macrobies le long age, & la vigoureuse santé des Seres, Caldéens & autres, à l'eau pure dont ils boivent, *Dii boni quam facilè est extinguere sitim sanam*, dit Seneque. Peut-estre qu'Empedocle estoit de ce sentiment, semblant avoir nommé par mespris le vin *putrefactam in ligno aquam*, aussi bien que Pythagore, qui en interdisoit l'usage à ses disciples. Cardan a fait sur ce sujet son traitté *de aqua*, & assez d'autres de mesme ont paranimphé l'eau dans sa pureté & innocence, *nam heu mira vitiorum solertia, inventum est quemadmodum aqua quoque inebriaret*. Les adversaires opposent le livre d'Asclepiade, où il a osé prononcer *utilitatem vini æquari vix*

Arist. 4 top. 1. c. 5.

Lamb. de vit. Pyt. c. 6.

Plin. l. 14. c. ult.

vix Deorum potentia posse, au rapport de Pline : à laquelle loüange toute addition peut estre estimée superfluë. Je diray seulement ce trait de Philostrate, lequel parlant du commandement que fit l'Empereur Domitian aux Ioniens de ne plus chastrer d'hommes, ny planter de vignes, ains de les arracher où il y en auroit, adjouste, *oblitus est admirabilis Imperator, quod hominibus parcens terram ipsam fecit Eunucham.* Quant à cette opinion que l'eau soit plus naturelle que le vin, ils soustiennent que ce n'est pas sans sujet que les Ethiopiens, comme dit Heliodore, sacrifioient à Dionysius de toutes sortes & especes de bestes, pour estre un Dieu commun & agreable à tous, tant s'en faut que sa puissance soit contre nature. Aussi à peine se voit-il quelque animal qui ne trouve le vin bon, si ce n'est ce miserable hibou à qui tous les autres volatiles semblent vouloir mal pour ce subjet. Toutes sortes de chevaux & de montures en boivent volontiers, jusques aux elephans, & non seulement les singes & les perroquets en sont tres-friands, comme nous voyons tous les jours; mais les serpens mesmes, dit Aristote, y sont si incontinens,

tinens, qu'on prend souvent des viperes en les rendans yvres. Les plantes, qui est bien davantage, s'en trouvent mieux, *nam docuimus etiam arbores vina potare*, remarque Pline, asseurant que les racines du platane ayment le vin, & qu'un certain Passienus en arrousoit utilement ses fouteaux. Mais beaucoup estiment le vin jusques à certain point, en condamnant seulement l'excés, qu'ils appellent une demence volontaire & à temps ; quoyque le Roy de Sparte Cleomenes, en devint fol pour tousjours. Ceux-là imputent à l'yvrongnerie d'avoir esté la cause de la mort d'Arcesilaüs, tant il se heurta lourdement estant yvre, & de celle de son successeur Lacydes, qui tomba en une paralisie de trop boire. Ils disent qu'à bon droit les Poëtes ont fait naistre Bacchus parmy les esclairs & les tonnerres, rendants les hommes turbulants, voire furieux & insensez, & que Cineas eust raison voyant la vigne pendante à son orme de prononcer : *meritò matrem vini pendere in tam alta cruce*. Que s'ils s'en trouve qui boivent à toute extremité sans perdre le jugement, ils repliquent, *quæ gloria tantum vini capere, cum vincaris à dolio:*

8. Hist. de an. c. 4.

Her. l. 6

Diog. Laërt. in eorum vita.

Plin. l. 14. c. 1.

Dis-

Dis-tu que Socrate beuvoit tant qu'il vouloit ? *apte fane si spongiam mihi laudas.* Te vantes-tu de pouvoir faire Carousse, & Cothoniser à la Grecque du soir jusques au matin ? *quam sitim esse putas febris est.* Ton temperament est-il plus fort que le vin ? tu as cela, selon le dire d'Aristippe, de commun avec les mulets : & à la verité Pline observe, *mulas non calcitrare cum vinum biberint.* Voyons donc ce que disent de leur part les supposts de Comus. Premierement que Platon avec toute son austerité n'a pas seulement permis dans ses loix, mais mesme commandé l'ebrieté en certaines occasions, voulant que les hommes monstrassent leur force d'esprit, & leur confirmation au bien, dans le vin, jusques à requerir qu'ils gardassent, estans yvres, quelque sorte de pudeur & de modestie. Car c'est, dit-il, la plus certaine & la plus innocente preuve qu'on peut prendre des mœurs d'un homme ; que de le mettre en cet estat là, puisque suivant le proverbe, *in vino veritas,* son ardeur dans nos veines, n'estant pas moins puissante à faire sortir le plus secret de nostre ame, que celle qu'il a bouillant dans le tonneau, à luy faire

Diog. Laërt. in Aristipp. l. 30. c. ult. & alib. l. 1. 2. & c. de leg.

jetter jusques à sa lie. Adjoustant que c'est une medecine pour le corps, comme pour l'esprit, la seicheresse des vieillards ayant besoin de cette humectation, & leur genie austere de la gaillardise du vin, sans laquelle ils ne voudroient plus tenir leur partie en la musique, & partant ne seroient plus membres utiles en sa republique, qui n'est soustenuë & conservée que par la melodie. D'ailleurs combien de grands hommes ont-ils fait gloire de celebrer ces Bachanales? Solon, Alcibiade, Arcedilaüs, & tant d'autres usoient de cette innocente liberté. Ce grand Caton a esté trouvé yvre par les ruës, *at facilius efficiet, quisquis objecerit, hoc crimen honestum, quam turpem Catonem,* comme avouë le capital ennemy du vice. Marc Anthoine, ce grand Orateur, composa hardiment un livre de son ebrieté, quoy que Pline veuille qu'il l'ait vomy. Eschille dressoit les tragœdies entre les Pots. Le sophiste Aurelius y prononçoit ses declamations; cet autre Herodes qu'ils nommoient σιτευτὴν ῥήτορα, *saginatum oratorem,* y faisoit ses meilleures estudes. Ce n'est donc pas un vain proverbe, *non idem sapere posse, qui aquam & qui vinum*

Sen. 1. de tranq. vit. c. ult.

Phil. in vit. asp.
Herod.

vinum bibunt, & cet autre en faveur des Poëtes οὐκ ἔσι Διθύραμβος ἂν ὕδωρ πίη, *non est Dithyrambus si bibat aquam*. Pouvant estre conclu en faveur de l'ebrieté, que ce n'est pas une petite prudence de se charger d'un peu de vin, pour se décharger de tant de facheuses pensées & d'ennuyeux chagrins de la vie; ny un petit avantage de sçavoir faire carrousse, comme l'on dit, estant chose non seulement plaisante & utile, par l'avis mesme d'Avicenne & de Rasis, qui l'ordonnent une ou deux fois le mois, mais encore si necessaire par fois que le pere de Neron tua un sien libertin, qui refusa de boire autant qu'il desiroit. Venons maintenant à considerer les differentes manieres de boire. Les uns veulent ces grands verres, & les puits d'argent, comme parlent les Grecs; les autres les demandent plus petits, les Chinois aïant des gobelets qui ne contiennent pas, dit Trigault, plus de la coquille d'une noix. Nous croyons que l'honnesteté requiert que chacun ait son verre à part; les Grecs beuvoient hommes & femmes tous en mesme verre. Ainsi Ismenes dans Eusthatius boit en un festin public aprés son Ismenias. Pline soustient les breuvages chauds

Suet. in Ner. art. 5.

l. 5.

SCEPTIQUE. 141

chauds estre contre nature, *notandum l. 28. c.*
nullum aliud animal calidos potus sequi, 4.
indeque non esse naturales, & si la soif
est bien definie un appetit du froid &
de l'humide, il semble avoir grande
raison. Cependant les Romains & tant
d'autres, ont eu leurs thermopotations.
Philon fait chaufer la boisson en esté à *l. de*
ses Therapeutiques contemplatifs, & *vit. con-*
cela en Egypte proche d'Alexandrie. *templ.*
Quelques modernes attribuent l'e- *Tri-*
xemption de la pierre & de la gravelle, *sault.*
avec la longue vivacité des Chinois, à
ce qu'ils boivent chaud en toute saison.
Les uns preferent le vin blanc au clai-
ret, les autres au contraire. Quelques
uns sont pour le bourru, ainsi qu'entre les animaux Aristote remarque *l. 8. de*
que les bœufs ayment l'eau claire, les *hist.*
chevaux & les chameaux la demandent *anim. c.*
troublée. Nous mangeons & beuvons 8.
alternativement pendant nos repas: il *Merc.*
y a de Mores de la Guinée & assez *in Guin.*
d'autres, qui ne boivent jamais qu'a-
prés. Ce qui fait voir evidemment,
que chacun selon son sens forme son
usage particulier; avec quoy je finiray,
& seray tenu quitte de ce que je de-
vois.

ERASTUS. N'estimés vous pas
que

que nous ferons bien, de ne point oublier parmy nos entretiens cette puissante divinité d'Amour, à l'exemple des Symposes Philosophiques des anciens, puisque d'ailleurs, aprés Ceres & Bacchus, dont on vient de traiter, Venus, ne peut comparoistre que tres à propos. Voyons donc sommairement les differentes conceptions qu'on a formées sur cette passion. Nostre premier pere Socrate professe dans Platon ne rien sçavoir que des amourettes, & dans Xenophon il tire à grande gloire d'estre excellent maquereau, le nom aussi de sa chere Philosophie ne sonne qu'afection & amour. Ceux qui ont chery cette passion comme luy, representent que rien ne pouvant produire que son semblable, & l'amour procedant de la connoissance du bon & du beau, il s'ensuit qu'il ne peut estre que fort bon & fort beau, avec une infinité de semblables considerations amoureuses. Les Stoiciens au contraire, maintiennent que cette passion ne pouvoit tomber en des hommes de bon entendement, περὶ σπουδίως & Epicure soutient ἀδέσμευπτον εἶναι τον ἔρωτα non immitti amorem à Deo, c'est pourquoy les Latins ont mis si peu de difference

in Sym.

Laërt. in Zen.

rence entre l'amour & la folie, que d'*Amans* à *Amens*, il n'y a qu'une lettre à dire. Et Aristote a remarqué la mesme allusion au Grec entre ἐρο- [2. Reth. c. 23 ex Eurip.] σίτη, & ἀφρόσυτη, aussi que peut-on attendre d'une fille de la mer, que des orages & des tempestes ; d'une femme de Vulcain, que des flammes & des incendies ; d'une concubine de Mars, que des combats & des batailles, si elle se rend maistraisse de nos esprits: d'ailleurs si l'homme sage se suffit à soy mesme, & possede cette tant estimée autarchie, comment l'asujettirions nous à l'amour, qui est un desir de ce que nous ne possedons pas ? Apollonius semble donc avoir eu raison de dire, *hoc ipsum amo, nihil amare*. Descendons un peu plus au particulier, & considerons cet amour selon ses differents objets, & divers usages, non pas pour en faire un exact denombrement, mais seulement pour voir en ses principaux chefs, combien grande a esté la contrarieté des opinions sur ce sujet. Nous satisfaisons à cette passion ou de nous mesmes, ou avec l'aide d'autruy. La premiere façon est parmy nous abominable, la nature reclamant en apparence contre cette deception

ption de nerfs appellée *Masturbation.*

Martial.

Ipsam crede tibi naturam dicere verum,
Istud quod digitis, Pontice, perdis homo est.

Pyrrh. hist. l. 3 c. 24. Cependant Zenon & quelques autres dans nostre grand M^{re}. Sextus ont approuvé cette turpitude, à cause vray-semblablement de l'independance d'autruy, qu'elle semble nous acquerir. Et Diogene faisant le pasteur Menalcas, & usant de cette gentille chirurgie, souhaitoit de pouvoir aussi commodement contenter son ventre affamé :

Virg.

Dextra mihi Deus, & telum quod missibile libro.

disoit quelqu'un sur ce subject. Des nations mesmes entieres ont fait gloire de l'infame pratique de cette Philautie, les Lydiens s'en estans servis devant tout le monde, & comme on dit en plein midy, temoins le mot λυδιαζειν, & le proverbe *Lydus in meridie.* L'autre maniere a son effet, ou *Plin. l. 36. c. 5.* d'homme à femme, ou d'homme à *Luc. in amor.* homme, ou pour son accouplement avec des especes differentes de la sienne,

SCEPTIQUE. 145

ne, pour ne rien dire de ceux qui ont fait coucher avec eux, & embrassé furieusement de simples tableaux, comme ce peintre dont parle Aristenete, & de tant de Pigmalions, & amateurs de statuës, esquelles ils ont souvent laissé les marques de leur lubricité, non plus que de ceux qui ont senti les mesmes transports d'amour pour des arbres, comme ce Passienus Crispus pour son fouteau, *Osculari complectique eam solitus, non modo cubare sub ea, vinumque ei effundere.* A quoy il semble qu'on puisse bien rapporter ce que dit Herodote de Xerxes, qu'il fut si espris de la beauté d'un Platane Lydien, qu'il luy donna de belles chaînes d'or, & affecta à son service un homme appellé l'immortel, pource que lui manquant, un autre estoit aussi-tost substitué en sa place. Commençons par la conjonction des differentes especes, telle que de Pasiphaë avec son taureau, de Semiramis avec son cheval, & de tant d'hommes semblables à ce jeune pasteur de Periander, que Thales condamna de si bonne grace à estre marié, au cas que Periander ne voulust plus recevoir de monstres. Les boucs se mesloient ordinairement

l. 2. ep. 10.

Plin. l. 16. c. ult.

Lib. 7.

Plut. ban. des 7 sages.

Tome I.　　　　G　　　avec

avec les femmes, en la ville de Men-des d'Egypte, où le Dieu Pan estoit reveré. Tous ces Faunes Egypans, & Satyres de l'antiquité, sont venus de cas semblables.

Str. 17.
Geor.

Novimus & qui te, transversa tuentibus hircis,
Et quo, sed faciles Nymphæ risere, sacello.

Virg.
Ecl. 3.

C'est chose si commune en Moscovie, que Cirille de Novogardia, interrogé si on pouvoit boire du laict, & manger de la chair d'une vache connuë par un homme, respondit, que chacun le pouvoit bien faire, hormis celuy qui en avoit ainsi usé. Les Portugais ont trouvé aux Indes Orientales leur *Pescadomuger*, si ressemblant à la femme, qu'ils lui en ont donné toutes les fonctions : c'est le mesme poisson avec lequel les Negres de Mozambique disent se rafraischir grandement en abusant mesme estant mort. Ce qui me fait encore douter, qu'il pourroit estre aussi le mesme que Agatarchides appelle *Æthiops*, & lequel au commencement les Pescheurs, dit-il, ne vouloient ni vendre ni manger, à cause de sa forme & ressemblance humaine. A quoy les Syrenes

Sigism.
Baro.
ab Herbestein.

Apud
Photiũ.

Syrenes & Nereides des Anciens sem- *Plin. l.*
blent pouvoir bien estre rapportées, & *9. c. 5.*
peut-estre encore ce que Nicolo Conti *Ramu-*
nous conte, qu'en la riviere qui passe *sio.*
à Cochin, il se trouve des poissons de
forme si humaine, qu'estans pris,
comme ils sont souvent, on y remarque jusques à la difference du sexe aux
masles & aux femelles toute pareille à
la nostre : adjoustant qu'ils ont bien
l'industrie, sortant de l'eau la nuit, de
tirer du feu des cailloux qu'ils trouvent, & en allumer du bois, à la lueur
duquel ils prennent les autres poissons
qui y accourent. Les Vros d'Acosta, *L. 3. c.*
qui habitent la grande lagune Titica- *18.*
ca, se disoient n'estre pas hommes,
mais Vros seulement, & à la verité il
nous les décrit comme une differente
espece d'hommes aquatiques. Sur
quoy je ne puis me retenir de vous exposer icy la pensée d'un des plus subli-
mes, & metaphysiques esprits de ce *D. Pol.*
tems, qui s'estoit persuadé que le genre humain estoit originaire de quelques Tritons & femmes marines ; soit
qu'il eust égard à l'opinion de Thales,
qui tenoit l'eau pour le seul Element
de toutes choses.

Homer. Ὠκεανόν τε θεῶν γένεσιν καί μητέρα Τηθύν.
Occeanum divum genesim Tethymque parentem.

Soit qu'il regarde les cataclifmes, & deluges univerfels, aprés lefquels ne reftant plus que les animaux aquatiques, il creuft que par fucceffion de temps ils fe faifoient amphibies, & puis aprés terreftres tout à fait, fon opinion fe trouvant auffi fort authorifée de celle des Egyptiens dans Diodore Sicilien, qui tenoient l'homme, *Lacuftre animal & paludibus cognatum,* ἕλειον καὶ λιμνῶδες ζῶον, *ex natura qualitate ac lavore conjectantes, & quod humido magis quam ficco nutrimento indigeat. Hora tornando à cafa :* on ne peut pas dire de telles fufdites & femblables copulations, que ce foit une fimple depravation des affections humaines; car les autres animaux ont eu les mefmes fentimens pour nous, & les mefmes meflanges entre eux. On juftice tous les jours des chiens, & des finges pour cet effet. Pline raconte les gentilles amours d'un oifon, paffioné dans Argos, pour un beau fils nommé Olenus, & pour une joüeufe de guytare appellée Glaucé, laquelle en mefme temps

Lib. 1.

L. 10. c. 22.

temps estoit recherchée d'amour par un belier. Elian dit le mesme du bel Amphilocus, & d'un autre Oison; d'un pasteur de Thessalie & d'un Dragon; d'une fille Iduméenne & d'un autre Dragon; d'une bouquetiere d'Antioche & d'un Elephant; d'un jeune Egyptien & d'un Aspic, la femelle duquel en prit de la jalousie; d'un autre jeune garçon & d'un Aigle; & mesmes d'un pescheur d'esponges de fort mauvaise grace, qu'un veau marin aima trés-ardamment. Les histoires des dauphins, transportés de cette passion pour des jeunes hommes, sont infinies. Les lions estans en amour au commencement de l'hyver, & lors les plus dangereux, pardonnent à la femme si elle se trousse, leur monstrant sa nature, dit Jean Leon, qui estoit de leur païs. Les apariemens divers entre eux sont encore plus frequens, mais principalement en Afrique, où la rareté des eaux les fait convenir souvent en mesme lieu, de quoy les tragelaphes, les leopards, les camelopardales, & autres semblables rendent bon tesmoignage. Les chiens & les regnards s'accouplent tous les jours dans nos forets, se trouvans au

A. Gel. l. 7. c. 8. L. 5. de ani. c. 49. l. 8. c. 11. l. 6. c. 17. l. 7. c. 43. l. 4. c. 54. l. 6. c. 29 l. 4. c. 56.

L. 9.

Arist. l. 2. de gen. ani. c. 7.

temps

temps de leur chaleur : *Indici canes ex tygride & cane orti, & quidem tertio coitu*; dit Aristote en leur histoire. Les oyseaux ne se meslent pas moins non seulement entre volatilles, mais encore plus extravagamment ; car l'aigle tombe quelque fois sur la louve, qui en engendre le dragon, au rapport du mesme Jean Leon. Ce qu'il ne faut pas trouver fort estrange, puisque nous voyons tous les jours des Autruches 5ρϑοχάμηλοι, dont le nom & la figure nous temoignent assez que leur premiere origine nous est venuë par l'accouplement de la femelle du chameau avec quelque volatille. Les poissons y sont moins sujets dit Pline aprés Aristote, & neantmoins la squatine, & la rhaje engendrent le *rhinobatos*, ou *squatinorhaia*. Cette conjonction de l'homme avec les autres especes d'animaux est donc veritablement fort vicieuse, selon nos mœurs & nos loix, ausquelles nostre Secte preste toute sorte d'obeissance, mais non pas absolument contre nature, qui semble se plaire en cette diversité, puis que nous la voions comme espanduë par tous les ordres d'icelle, jusques là que les plantes mesmes en sont participantes.

Quant

(marginalia:)
8. de Histor. anim. c. 28.

Ari. 4. de part. an. c. ult. & D. Sic. l. 2.

Arist. 6 de hist. ani. c. 11. & Pl. l. 9. c. 52.

SCEPTIQUE.   151

Quant à l'amour d'homme à homme, Euripide est autheur qu'un nommé Laius fut le premier des Grecs, qui aima de la sorte son Chrysippus. Il est certain que ce n'est pas chose si honteuse aujourd'huy parmy nous, qu'elle a été autrefois glorieuse parmi les Grecs, & assés d'autres nations qui l'ont fait regner jusques parmi les dieux, leur ciel estant plein de Ganimedes, & d'Antinous. On a publié les affections d'Hercule pour son Hylas, d'Achille pour son Patrocle, & de Nisus pour son Euriale, autant que tous leurs faits Heroiques. Les loix de Candie, dit Aristote, l'authorisoient pour eviter la trop grande multitude d'enfans. Quelles croyez vous que fussent celles des Thebains sous leur Legislateur Philolaus, lequel estant Corinthien, ne les estoit allé trouver que pour suivre son bardache Diocles. Les Spartiates permettoient le ravissement des jeunes garçons, pourveu qu'il ne durast que deux mois. Les Perses à l'exemple des Grecs, dit Herodote, ne s'en faisoient que rire : *Teniendolo por niñerias*, selon le mot Espagnol, comme j'ay leu, qu'encore du temps d'Ismaël Sophi, il y avoit à Tauris des bordels publics de

Elian. de ani. l. 6. c. 15.

l. 2. Polit. c. 10

Ibid. c. vlt.

Strabo in Geog. L. 1.

G 4   jeunes

jeunes enfans, ainsi qu'autrefois à Rome sous Caligula. Par tout l'Orient c'est quasi de mesme. A la Chine cette procedure n'est pas seulement permise, mais fort haut louée par les prestres, qui la recommandent comme une trés-grande vertu & trés-meritoire. Aux Indes Occidentales, ils en faisoient mestier & marchandise par tout. Quelques uns portoient par galanterie penduë au col, la figure de deux hommes accouplés, comme deux viperes, dit Oviedo. Les nopces masculines y estoient mesme en usage, pareilles à celles qu'autrefois celebra Neron avec son Pythagoras, selon Tacite, son Sporus & Doryphorus selon Suetone, & comme il se pratique au Royaume de la Lune, selon ces tant veritables histoires de Lucian. Or ce n'est pas seulement une inclination particuliere aux païs chauds; les Allemands, dit nostre cher Patron Sextus, ne l'estimoient point honteuse. Les Celtes, au rapport de Strabon & d'Aristote, le permettoient à leurs jeunes gens; & Diodore nous represente les Gaulois Cimbres ou Danois, agens & patiens au dernier degré. Les Moscovites, comme parlent nos relations modernes,

Sues. in c. 41
Mend. Plin. c. 99.

Hist. c. 3.

Tacit. ann. 15 art. 8. & 29.

3. Pyrr. Hipp. c. 24.

nes, y sont des plus addonnés. Et que peut-on trouver en cela d'etrange, aprés que les plus grands Philosophes ne s'en sont point cachez ? Socrate a donné lieu au proverbe de la foy Socratique. Platon souhaite autant d'yeux que le Ciel serein a d'estoiles, pour mieux voir son Alexis, son Phedrus ou son Agathon; Xenophon, courtisoit son Clinias & son Autolicus; Aristote, son Hermias; Empedocle, son Pausanias; Epicure, son Pytocles; Aristippus, son Entichyde; bref Parmenedes, Zeno, Cleanthes, Chrysippus, Arcesilaüs, & quasi tous les autres, n'ont eu aucune honte de pareilles affections. Pindare, Anacreon & leurs semblables, ne chantent autre chose aprés Orphée, qu'on dit n'avoir esté dechiré par les femmes que pour cette Pederastie. Le plus grand & le premier de tous les Cesars, ne fait point de difficulté de se soubmettre à un Roy de Bithynie, *Gallias Cesar subegit, Nicomedes Cesarem*; & Auguste s'abandonna à la passion de A. Hirtius pour trois cens mille escus. Encore se fondent-ils en raisons ; car si l'amour, disent-ils, vient principalement de la ressemblance, se trouvant bien plus

4. Geog.
2. polit.
c. 9.

Suet. in
Jul. &
Oct.

grande

grande d'homme à homme, que d'homme à femme, il s'en suit qu'il sera & plus grand & plus legitime entre les premiers. La fable de l'Androgine de Platon, n'a esté inventée que pour authoriser cette sorte d'amour, si estendue par tout l'univers, que non seulement nous voyons les chevaux, les perdrix, & tant d'autres animaux en estre touchez entr'eux, mais mesme que le cheval du beau Socles Athenien, voulut petulamment abuser de son maistre. Venons à celuy d'homme à femme, lequel est, ou licite, ou deffendu. Car les premiers degrez de parenté semblent devoir estre raisonnablement respectés, puisque,

In Simp.

Senec. in Hipp.

Fera quoque ipsa Veneris evitant nefas,
Generisque leges inscius servat pudor,

9. de hist. ani. c. 47. & de mir. l. 8. c. 42.

Y ayant eu des chevaux qui se sont precipités, disent Aristote & Pline, s'estans apperceus qu'on leur avoit frauduleusement fait saillir leurs meres, & un chameau se vangea de semblable tromperie sur son gouverneur, en le mordant jusques au mourir. Les choses même inanimées conviennent à ce respect

peĉt, *Arvum grano ex ipso proveniente feliciter non seritur, neque in insitione surculus non virgultum in proprium truncum immitti solet.* Aussi beaucoup de peuples se sont monstrés fort religieux avec nous en ce point. Le cinquiesme Empereur des Romains fit reconnoistre le fils à une mere desnaturée, la menassant de le luy faire espouser, *fœminam non agnoscentem filium suum, dubia utrimque argumentorum fide, ad confessionem compulit indicto matrimonio juvenis.* Les Mogols, dit Texeira, ne touchent plus leurs femmes depuis qu'elles sont grosses, nommans les Portugais d'un mot qui signifie ceux qui s'accouplent avec leurs filles, ce qui seroit superstition à nostre esgard. Si est-ce que beaucoup ont estimé legitime de joindre, & unir les liens d'amour, & de parenté, puisque *duo vincula uno fortiora*; & comme dit Ovide.

Suet. in Claud. art. 15.

Rel. l. 1 c. 35.

Laert. in ejus vit. Sex. Pyrr. Hipp. & ad Mat.

> *Gentes tamen esse feruntur,*
> *In quibus & nato genitrix, & nata parenti,*
> *Jungitur, & pietas geminato crescit amore.*

Ainsi ces vieux Chaldéens disoient, *justum*

tum esse matri ac filiæ misceri, au rapport de Sotion, cité par D. Laertius au proeme de ses vies. Ainsi Chrysippus au livre de la Police, estimoit indifferent d'avoir affaire avec sa mere, sa sœur, ou sa fille ; *Sic Zeno Cittieus à ratione ait non esse alienum matris naturam sua affricare, quemadmodum nec aliam ejus corporis partem* : Sur ce fondement Periander l'un des sept sages de la Grece, ne fist point de scrupule de connoistre sa mere Cratea. Les Anglois, au rapport de Cæsar, en usoient de mesme à l'esgard de leurs sœurs & filles, *Hiberni palam cum matribus, & sororibus concubabant*, dit Strabon, asseurant le mesme des Mages de Perse avec leurs meres, & des Egyptiens avec leurs sœurs, dont le Mausolée & les Obelisques rendent assez de tesmoignages, & en un autre endroit il adjouste le mesme des Arabes. Les Romains, qui ont fait plus de conscience de ces incestes, leur donnerent neantmoins un nom si leger, qu'ils monstrerent assez, qu'ils n'en faisoient pas grand cas, *incessum enim quasi non castum dixerunt*, selon Nonnius. Aussi voyons-nous que l'Empereur Caligula se vantoit publiquement que sa mere estoit

Laert. in Perian.

L. 5. de Bell. Gall.

L. 14. Geog. l. 15. & l. 16.

Suet. in Calig. art. 34. & 14.

estoit venuë de l'inceste commis par Auguste avec sa fille Livia; & quant à luy, *cum omnibus sororibus suis stupri consuetudinem fecit*. L'Empereur Claudius ayant espousé sa niepce Agrippine les incestes furent permis par authorité du Senat. Et nous sommes contraints d'advoüer que ce qui est inceste aujourd'huy, estoit innocence à la naissance du monde. Les voyages d'Americ Vespuce, nous ont appris qu'en toutes les Indes Occidentales il n'y avoit aucune acception de parenté pour cela; Marc Polo soustient le mesme des Indes d'Orient, & les Druses du Liban vivent encore aujourd'huy de la sorte. Pour ce qui est de ce pretendu respect des animaux, les chiens, les chats & autres semblables nous monstrent journellement le contraire. Aussi Aristote s'est contredit luy mesme advoüant que, *equi vel suas matres, & filias superveniunt*. D'ailleurs quelqu'un à qui on faisoit cette objection, *non sic amant bestiæ*, se contenta de respondre *neque enim Philosophantur*. Ce sont des revers de la medaille.

Il reste à parler de l'amour que nous avons nommé licite, sur lequel il y a encores autant d'advis que de differentes

In Clau. art. 26.

Lib. 3. c. 25.

voyages de Mr. de Breues.

6. de hist. ani. c. 22.

rentes testes. Les uns l'estiment tres-prejudiciable, temoin celuy qui conseilloit de ne s'approcher de la femme que quand on voudroit s'en retourner pire. Les autres y trouvent de tres-grande utilités, & des remedes à beaucoup de maladies, dont les quatre & sixiesme chapitre du XXVIII. livre de Pline sont remplis. La pluspart estiment cette action honteuse, & s'en cachent, d'autres la pratiquent dans les temples mesmes, estimans, dit Herodotte, que si cette action déplaisoit à la divinité, elle ne l'y souffriroit pas du reste des animaux. Ainsi Diogene plantoit son homme en public, & Crates usoit de sa femme Hipparchia de mesme. Une Secte Mahometane le pratique encores à present ; & le nouveau monde nous a paru en cette innocence. Les uns demandent *facilem, ac paratam venerem*, les autres n'estiment rien en cela s'il ne leur est disputé & contredit.

Herod. Lib. 2.

Nolo quod cupio statim tenere,
Nec victoria mihi placet parata.

D'où vient que Claudien conseille son Honorius de prendre d'assaut & à la vive force, ce qu'il vouloit obtenir de sa maistresse. *Crescunt*

Crescunt difficili gaudia jurgio,
Accendit que magis quæ refugit venus,
Quod stentit tuberis plus sapit osculum.

Les uns font estat de cette fleur virginale ; en mille lieux on s'en mocque, & est mesme estimée importune, comme si, selon la comparaison d'Aristippe, il valoit mieux habiter une maison desja frequentée, & monter sur un vaisseau auparavant experimenté. C'est pourquoy ce bon Crates, donnoit librement sa fille à essayer pour trente jours. Les uns veulent qu'on obtienne son desir par persuasion, & non par violence ; les autres soustiennent que la persuasion corrompt l'ame & le corps, & que celuy qui n'use de force que sur ce dernier, offense beaucoup moins. Plusieurs estiment les femmes plus legeres, & les hommes plus constans en cette passion, allegant l'egalité du Soleil, & la varieté de la lune ; il y en a qui asseurent que les aisles de Cupidon & la tortuë de Venus, enseignent le contraire. Nous croyons les plus beaux hommes les plus favorisez des Dames, Apollon est mesprisé de Daphné ; & Ulysse petit, camus, & de mauvaise mine, tel que nous le dépeint Philostrate,

D. La-
ert. in
Aristip.
& Crat.

trate, est retenu à force par les Deesses. Il y en a peu qui ne preferent d'estre aimés, à l'aymer; Aristote monstre que l'action estant en celuy qui aime, sa condition est la meilleure, & que comme il vaut mieux cognoistre que d'estre connu, il est aussi plus souhaitable d'aimer que d'estre aymé. Les uns veulent les affections reiglées & moderées, les autres asseurent que l'amour aussi bien que le Nil & le Niger, n'a rien de meilleur que ses debordemens. Bref, on pourroit étendre ses problemes à l'infiny ; puis que les mœurs, l'âge, la taille, la couleur, l'entretien, avec le reste des bonnes graces, n'ont rien de certain, & determiné en cette passion, le tout dependant des humeurs diverses, & des differents apperits. Je finis donc cette matiere de soy infinie, & contribuë ce que dessus à l'illustration de nostre chere Sceptique, qui m'en a formé les notions, & donné les lumieres comme toutes les eaux retournent à la mer, qui est leur premiere origine.

ORASIUS. Puisque toutes vos belles observations, & generalement toutes nos pensées & cogitations ne visent qu'à nous acquerir cette heureuse assiette

2. Eth.
c. 5. & 8.

assiette d'esprit, que donne nostre seule façon de Philosopher, je ne croiray pas sortir ἀσύμβολος, si prenant le sujet d'icelle à vous entretenir, je vous fais part des dernieres reflexions que j'y ay faites, & vous communique en ce faisant le plus doux & ordinaire passe-temps de mon esprit, & ses plus tendres meditations. Il y a ce me semble de quoy trouver estrange, que la Philosophie n'estant autre chose que l'art de la vie, & la science d'en bien user, si tant est qu'on puisse dire qu'il y en ait quelqu'une, son nom neantmoins soit devenu, je ne diray pas si vil & obscur ; mais si mesprisé & infame que nous le voyons, & que les Philosophes estans autant differents des autres hommes, que le sont les chevaux de manege & bien dressez, de ceux qui n'ont que leur rude naturel, selon la comparaison d'Aristippus, voire mesme estans comme des Dieux, ou des intelligences revestuës d'humanité, & conversantes avec le reste des mortels, ils soient peu tomber en une si grande abjection, & si extreme opprobre. Cette conception nous a passé souvent par l'esprit ; mais elle ne peut estre trop souvent rafraichie, par nous

princi-

principalement, à qui on reproche plus qu'à tous autres l'extravagance de nostre procedé, à cause de nostre perpetuelle defiance des sens, & nostre inseparable suspension d'esprit. On peut bien dire en general que l'impertinence des Sophistes, la bestise de quelques pedans Ergotistes, & la sotte maniere, de je ne sçay quels Philosophes Cathedrans, ont porté ce prejudice aux vrays Philosophes & aux veritables sçavants : mais descendant un peu plus au particulier, je considere les extremités vicieuses, qui ont principalement diffamé toutes les familles Philosophiques. Car l'escole de Pythagore nous a donné ses vains superstitieux ; celle de Platon, ses songes creux ideistes ; celle de Zenon, ses glorieux insupportables ; celle d'Epicure, ses pourceaux voluptueux, celle d'Aristote, ses scolastiques contentieux, qui ont si bien aujourd'huy le dessus du vent. Ce n'est donc pas merveille, si n'y ayant point de corruption plus grande que des choses les plus parfaites, *acetum vini proles*, celle de Pyrrho nous a produit de mesme ses extravagans qu'on nous objette, ou plutost ses fols insensés ; si tant est qu'il s'en

s'en soit trouvé qu'il ait fallu arracher de vive force des dangers & des precipices. Car se bander opiniastrement contre tout ce que nous dictent les sens, ne recevoir aucuns fainomenes, rejetter toutes constitutions politiques sous pretexte de la fausseté ou depravation ordinaire de ces choses, au lieu d'y acquiescer doucement, avec une raisonnable suspension, & sans espouser aucun party ny opinion; ce n'est pas estre legitime Philosophe Sceptique, *non enim è saxo sculptus est, aut à robore dolatus*; mais estre sans raison, ou sans sentiment quelconque, ce que je voudrois nommer avec Epictete, τῦ τοντικῦ ἀπολίθωσιν, un endurcissement, & une vraye petrification d'esprit. *Arian. l. 1. c. 5.* Telle seroit à mon advis l'opinion qu'on impose au bon Aristo, *inter bene valere, & gravissime ægrotare, nihil prorsus interesse*. *Cic. 20. de finibus.* Car comme semblables maximes semblent d'une part ridicules, elles impliquent d'ailleurs une entiere subversion de nostre vie. Si bien que telles personnes pour vouloir advancer trop, s'egarent & se perdent tout-à-fait ; leur pouvant estre dit à bon droict, ce que fait Ciceron aux Stoiciens : *Vrbem Philosophiæ nostra* *2. de Divin.*
pro-

proditis dum Castella defenditis, pour conserver les dehors de nos sens, & n'y rien recevoir du tout, vous perdez le dedans & la place, c'est à dire, l'esprit. Or les deffauts & les extremitez vicieuses des uns, sont aisement imputez aux autres; de sorte que confondant le tout populairement en un, on prend de là subjet de décrier nostre vraye & pure Philosophie, & la jetter par ce moyen dans le mespris & la honte. Mais d'où vient que d'autre costé l'envie, & la hayne la persecutent encore? car les choses mesestimées ne semblent pas devoir estre enviées. N'est-ce point qu'une mesme chose peut estre considerée de differentes façons, & qu'ainsi un mesme subjet peut bien produire des passions toutes diverses? & certes il y en a si peu qui se servent de la Philosophie selon son vray usage, & si peu qui la prennent pour remede, & non pour ornement de leur vie, comme ils devroient faire, qu'il ne faut pas s'estonner s'ils attirent sur eux l'envie, & la mauvaise volonté du reste des hommes, *quotus quisque Philosophorum invenitur, qui disciplinam suam, non ostentationem scientiæ, sed legem vitæ putet.* Or il faut encore considerer

Cicer 2. Quæst. Tuscul.

considerer avec Platon, que les hommes de haute condition, & de grande fortune, n'ayans ny la volonté ny le pouvoir de Philosopher, il n'y a gueres que ceux de moindre estoffe & en fort petit nombre, qui s'y portent & y reüssissent; par ce que la Philosophie nous obligeant aux comtemplations des choses abstraites universelles, & qui gardent tousiours un mesme ordre, les premiers n'en peuvent prendre le loysir, ny s'en donner la connoissance, pour estre tousiours dans la seule consideration des choses singulieres & variables, qui sont l'objet de leurs charges & employs politiques. C'est ce qui faisoit dire à Socrates qu'il n'en trouvoit point de plus sots, ny de plus impertinents au fonds, que ceux qu'on estimoit & honnoroit le plus sur l'apparence. Y ayant donc si peu de rapport & de conformité entr'eux, l'amitié & bonne intelligence n'y peut pas estre, ny la Philosophie, par consequent bien-voulüe de ceux qui donnent le poids & l'estime aux choses, par leur autorité & multitude: sera-t'elle donc pour cela delaissée? ou si par un juste mespris de ses adversaires, elle se mettra & ses vrays professeurs

Plat. in Apol. Socr.

fesseurs, au dessus de la hayne, du mespris & de l'envie ? C'est le party auquel je pense que nous devons persister, comme nous l'avons sceu tresbien eslire. *Magnis telis magna portenta feriuntur.* Les Princes, les Grands de l'Estat, les premiers Officiers & tous les Magistrats ensemble, blasment-ils nostre modeste aphasie ? condamnent-ils nostre retenuë suspension d'esprit ? se mocquent-ils de nostre casanier repos ? Et nous selon nos lumieres presentes, ayons grande pitié d'eux tous ensemble, rions du bon du cœur de leur vaine & insuffisante arrogance, *si eorum hallucinationes feramus,* *quemadmodum Iupiter optimus Maximus ineptias poetarum.* Il ne faut pas moins pour cela demeurer confirmés dans nostre chere & indeterminée acatalepsie, considerans que, selon le dire de Clitomachus, nous n'aurons pas moins fait que Hercule, *si velut feram,* *& immanem belluam, sic exanimis nostris* *assensionem ; id est, opinationem, & te-* *meritatem extraxerimus.* Au lieu donc que nous ne voyons que des Professeurs de Science, faisons gloire du non sçavoir modeste & ingenu de nostre Secte ; tenons pour une des reigles de

Senec.
de Vit.
Bœat.
c. 26.

Cic. 9.
Quæst.
Academ.

de nostre ratiocination : *Nihil ita signari in animis nostris à vero posse, quod non eodem modo possit à falso* ; & pour une autre des plus importantes en la conduite de nostre vie, *Nervos atque* De pet. *artus esse sapientia non temere credere.* Conf.

Quant à moy, je ne puis assez à mon gré honorer la prudente retenuë de ces anciens Romains, lesquels rendans tesmoignage de ce qu'ils avoient veu, se contentoient de dire, qu'il leur sembloit que la chose s'estoit ainsi passée, les juges mesmes ne prononçant sur les choses averées, qu'avec cette modestie, *ea non esse facta, sed videri pronuntiabant*, dit Ciceron. Car il est impossible que le repentir & la honte ne suive immediatement ces asserteurs de dogmes, & ces Docteurs irrefragables, qui ne doutent de rien, estant de nostre discours, & du jugement que nous faisons des choses parmy l'agitation de tant de vray-semblances, comme d'une mer troublée par les vents, laquelle nous paroist ou jaune, ou verte, ou de quelque autre couleur, selon ses mouvemens ; & que les rayons du soleil agissent dessus, & l'illuminent. Ainsi la terre estimée le centre du monde

pour

pour sa gravité, est tenuë par d'autres qui la considerent d'un autre biais la plus legere des clemens. De mesme le feu auquel on donnoit la seicheresse pour seconde qualité, est reputé par quelques chimistes, le plus humide de tous les corps, selon les maximes mêmes d'Aristote, *quia facillime alieno termino terminatur, difficulter suo*. Ainsi la neige paroissoit noire au jugement d'Anaxagoras, prevenu de cette pensée, qu'elle devoit estre telle, puisque l'eau est noire, de laquelle elle estoit composée; de mesme qu'Heraclite concluoit l'amertume du miel à cause de la bile qu'il engendre. Ainsi le soleil, à la clarté & pureté duquel rien n'estoit entré jusques icy en comparaison, est accusé d'avoir en son corps des marques noires, ou macules sombres, par ceux qui croyent l'avoir mieux consideré, avec leurs telescopes, & lunettes d'approche. Chacun a ses visions & ses preventions, comme ses lunettes, qui luy font voir les objets à leur mode, la couleur, ou le vice du verre s'attribuant aysement à ce qui est regardé. Nous nous prosternons devant les choses saintes par humilité: les Espagnols apres David

vid & les Saliens Romains, les reverent, dansant la Sarabande avec leurs Castagnettes. Nous donnons icy le nom des peres aux enfans pour obliger les premiers; les Irlandois s'en tiennent offensez, croyant que cela abrege leurs jours, & les fait plûtost mourir. Nous estimons que le ciel se rend partisan de la meilleure cause & de sa justice; un autre observe que, *In orbe pejor pars semper obtinuit*; & qu'ainsi Cæsar usurpateur, surmonta Pompée, & avec luy tous les gens de bien, Alexandre, Porus, & Darius innocens, avec autres semblables exemples, qu'on rapporte à l'infiny. Nous avons grand soin de nos sepultures; Diogene veut que les bestes profitent de son cadavre; un Roy d'Egypte veut estre mis dans sa Pyramide, un autre de Grece, comme Periander, veut qu'on ignore le lieu de son inhumation. Nous reprenons la jeunesse, comme d'une notable faute, si elle se sert de la main gauche au lieu de la droite, appellans gauchers, ceux que nous voulons noter d'imperfection, & ayant mesme nommé toutes choses bonnes, droites, & toutes les mauvaises, sinistres ou gaucheres; avec Aristote qui

Tome I.   H   sou-

soutient que naturellement, *Sinistra omnia imbecilliora* ; les Scythes, dit Platon, au septiésme de ses loix, commandoient par les leurs, qu'on se servit indifferemment des deux mains, sans forcer en cela, comme nous faisons, la nature, laquelle n'a pas mis plus de faculté, ny d'aptitude en l'une qu'en l'autre ; & le mesme deffend cette depravée contrainte aux citoyens de sa Republique, les obligeant à estre *ambidextres*, en toutes leurs actions manuelles. Nous tirons nos lignes en écrivant de la partie gauche à la droite; les Hebreux, les Egyptiens & les Arabes, de la droite à la gauche, *Aegyptij a dextro in sinistrum scribunt, & hoc facientes aiunt se in dextrum, Græcos facere in sinistrum*, dit Herodote. Les Etyopiens escrivoient autrefois, & les Chinois le font encore à present, du haut en bas; les Mexicains au contraire, du bas en haut, & quelque fois mesmes comme remarque Acosta, en figures circulaires. Sur lesquelles considerations il faut que je regrette avec vous le traicté des mœurs incroyables de ce Nicolaüs, si bon amy d'Auguste, qu'il en nomma quelques gasteaux de son nom, aussi bien que les huict livres Pyrrho-

Pyrrhoniens d'Aenesidemus, & le sixiesme livre de la Geometrie universelle de Protagoras, *ubi quæ in mundo universo paradoxa referebat* ; car je ne puis douter que ces beaux escrits ne nous eussent fourny des merveilles sur ce subjet. Et quelle plus belle lecture à un Sceptique, que celle des paradoxes, desquels luy seul sçait faire son profit? Pour moy j'ay tousiours sçeu bon gré au Medecin Galenus, d'avoir pris plaisir au surnom qu'il se donnoit de παραδοξόταται, & plus je vois un sentiment éloigné du vulgaire, plus volontiers je luy tends les bras, comme au contraire *argumentum mihi pessimi turba est*. Le mot de *Plebiscitum* me fait faire trois pas en arriere, ne croyant pas qu'il y ait rien de si populaire que de se tromper. Que si les autres familles des Philosophes ont fait estat des paradoxes, jusques à souvent se reprocher d'estre tombés dans des paralogues, combien nous doit-il estre plus permis à nous de les recevoir, qui par le moyen de nostre precieuse Epoche, ne pouvons courir fortune de cet inconvenient. Car c'est sans doute la vraye verge de Mercure Ἑρμῆ φαιδρῦ, qui convertit en or tout ce

senec de vit.
beat. c. 2

qu'elle

qu'elle touche. On ne me sçauroit rien advancer de si estrange ny rien prononcer de si extravagant, qu'avec cette belle parole ἐπέχω, je ne rende facile & traictable. *O vocem in concionem omnium mortalium mittendam, in cujus verbum Philosophi sapientesque juramentum faciant.* Prenons garde qu'il n'y ait rien d'estimé si impertinent, qui ne soit d'ailleurs soustenu de quelque auctorité ; voire mesme, *nescio quo modo nihil tam absurdi dici potest, quod non dicatur ab aliquo Philosophorum.* Penetrons d'autre costé ce qui est unaniment receu pour le plus certain & veritable, & nous y trouverons quasi tousjours si peu du vraysemblable, qu'il n'y a que nostre seule suspension Sceptique, qui nous puisse empescher d'y estre lourdement & honteusement deceus. Ne voyons nous pas dans le commerce general de toutes les societés des hommes, que les choses les meilleures & les plus utiles, sont de beaucoup les moins estimées. Nous faisons plus d'estat d'une bagatelle de la Chine, que du meilleur outil d'agriculture. Une statuë, disoit Diogene avec admiration, se vend plus qu'une charge de farine. Un bouffon,

Cic. 2. de Divin.

bouffon, voire un macquereau, est mieux venu en la pluspart des lieux, que le plus grand Philosophe du monde. *Omnia licet quæ unquam ingenia fuerunt, in hoc unum consentiant, nunquam satis hanc humanarum mentium caliginem mirabuntur.* [Senec de br. vit. c. 3.] Et neantmoins qui est-ce qui ne se laisse emporter par le torrent des abus si inveterez? Qui est-ce qui tient son esprit assez en bride, pour ne luy laisser courir aprés les autres cette carriere, *magni est profectò ingenii revocare mentem à sensibus, & cogitationem à consuetudine abducere.* Que s'il n'y a que nostre [Cic. 1. Tuscul.] seule Philosophie qui puisse donner les lumieres, & les forces convenables pour nous arrester au bord de tels precipices, si nostre seule Epoche nous peut heureusement preserver de ce commun naufrage, rendons luy en l'honneur & le gré que nous devons par une aussi soigneuse culture qu'elle merite. C'est une espece de gratitude, qui nous sera non-seulement bienseante à tous, mais encore tres-advantageuse.

Ce fut par là, Marcellus, que prit fin mon discours, & en même temps nostre assemblée, parce que le reste du jour estoit necessaire à quelques petits devoirs qui firent venir Xenomanes avec nous jusques au premier carefour, où chacun prit le chemin qu'il voulut. Vous advoüant que je ne fus pas plutost rendu chez moy, que repassant tout ce que j'avois entendu par ma memoire, je ne misse peine de l'y imprimer le plus avant qu'il me fut possible; comme j'ay fait encore plusieurs fois depuis, & jamais sans beaucoup de contentement, lequel je reçois à present d'autant plus grand, que vôtre longue & patiente attention me rend certain que le recit ne vous en a pas esté desagreable.

MARCELLUS. A la verité il n'estoit pas besoin que le proverbe, *odi memorem compotorem*, eust esté fait pour vous, & je vous asseure que je vous publieray par tout, pour le meilleur Referendaire, & le plus digne d'une charge de grand Rapporteur que je connus jamais, en recompense du plaisir extreme que m'a donné vostre ravissante narration; avec protestation aussi, que je prefererois un tel Banquet Sceptique, *Cœnamque illam vere dubiam*, aux plus solemnels & somptueux festins de nos Princes.

Cic. 4.
Quæst.
Acad.
 Si vero aliud occurret quod verisimillime videatur, humanissima completur animus voluptate.

DIA-

DIALOGUE
sur le sujet
DE LA VIE PRIVE'E
entre
PHILOPONUS
& HESYCHIUS.

Illi mors gravis incubat,
Qui notus nimis omnibus,
Ignotus moritur sibi. Senec. in
Thyest.

PHILOPONUS. Est-il possible, Hesychius, que ny le point d'honneur, ny la consideration de l'utilité, ny le respect du plaisir, qui sont choses lesquelles se trouvent si advantageusement dans les charges & divers emplois de la vie civile, ne vous puissent démouvoir de cette oysiveté casaniere, & faire quitter un train de vie si retirée & particuliere, que je doute qu'on vous doive mettre au nombre des vivans; vostre maison vous servant desja de sepulture, devant laquelle je ne passe point, qu'il ne me prenne envie d'y mettre cette inscription :
Cy gist le pauvre Hesychius.

Ainsi

Ainsi que Seneque disoit toutes les fois qu'il alloit à Cumes, *Vatia hic situs est*, devant le logis d'un homme qui vivoit à peu prés comme vous. Voila que c'est de s'enyvrer d'une liqueur laquelle ne doit estre prise qu'avec trés-grande sobrieté. La Philosophie est un trés-doux miel, mais qu'il ne faut gouster que du bout du doigt, autrement il vous enteste, & vous cause de dangereux vertiges. Caton avoit grande raison de dire à son fils, parlant des Philosophes de son temps, sous le nom des Grecs qui estoient lors les Professeurs d'icelle, *Satis est ingenia Græcorum inspicere, non perdiscere*, lui prophetisant de grandes disgraces, s'il les vouloit penetrer plus avant, *quandocumque ista gens suas litteras dabit omnia corrumpet; hoc puta vatem dixisse*. C'est sur cette consideration, que les Romains brûlerent les livres de Numa, & depuis chasserent à diverses fois les Philosophes de leurs villes, à l'exemple des plus sages Republiques de la Grece, qui les ont tant de fois persecutés : cette belle Philosophie dont ils leurrent le monde, se pouvant bien comparer à la fabuleuse Scylla que nous decrivent les Poëtes:

Prima

Prima hominis facies, & pulchro pec- Virg. 1.
tore virgo Æneid.
Pube tenus, postrema immani pectore
pistrix,
Delphinum caudas utero commissa lu-
porum.

Il n'y a rien plus charmant d'abord, ce ne sont que propos de la felicité humaine, tous ces traités semblent autant de chemins qui vous y conduisent. Mais si une fois vous l'abordés de trop prés, si vous voulés sonder ses plus secrets misteres, vous voilà dans le goufre & dans le precipice, au milieu de ses questions absurdes, & de ses maximes extravagantes, qui comme bestes farouches vous affligent l'esprit, & le persecutent de tous costez. Ce n'est donc pas sans sujet que De vit. Philostrate nous represente l'ame de Apoll. Palamedes, Philosophe abstrait, com- l. 3. c. 6. me vous pouvés estre, laquelle transmise en un autre corps, est si indignée, & veut un si grand mal à la Philosophie, comme à celle qui ne lui avoit jamais servi de rien, & laquelle avec toutes ses lettres qu'il avoit mesme augmentées, ne l'avoit peu empêcher de succomber sous la bonne conduite
d'Ulisse

d'Ulisse son ennemy, patron de la prudence humaine dans la vie active; quant à moy j'ay toufiours eftimé, & pris pour reigle de mes eftudes le dire de Neptolemus,

Enn. a- *Philofophandum eft paucis, nam om-*
pud A. *nino haud placet.*
Gell.l.5 Il eft bon de Philofopher pourveu que ce foit à certaines heures, il eft permis de penfer hautement des chofes, pourveu que ce foit fans extravagance; la contemplation n'eft pas defenduë, moyennant qu'elle donne lieu & laiffe le temps aux bonnes actions. Car il n'y a chofe fi excellente, dont les extremités ne foient vicieufes, l'intemperance fe trouvant aux lettres mefme, & en la Philofophie. Vous ne vous appercevés pas qu'au lieu de vous fervir utilement & à propos de fes maximes, vous vous faites fervilement fon efclave, au lieu de la gouverner felon voftre ufage, elle vous regente tyranniquement à fa mode, au lieu de la poffeder comme chofe voftre, elle vous poffede & agite, comme fi quelque mauvais Demon vous avoit en fa puiffance.

HESYCHIUS. Il ne faut plus qu'un bon exorcifte pour nous delivrer

vrer de cet esprit immonde. Bons Dieux, Philoponus ! que vous me faites grand pitié d'une part, & grande envie de rire d'une autre ; j'ay grande compassion de vous voir vomir des injures, voire des blasphemes, contre la chose du monde la plus venerable & la plus sainte, qui sont autant de crachats que vous envoyez contre le ciel, & qui vous retombent honteusement sur la face. Mais je ne prends pas moins de plaisir à considerer le gentil jugement que vous faites de moy, m'estimant Philosophe, & de voir en quel predicament vous rangés ceux qui pourroient meriter ce titre, aujourd'huy trop plein d'envie & de calomnie, pour devoir estre advoüé. Si vous confesseray-je ingenument, que c'est d'eux que j'ay appris à me donner cette satisfaction de vous & de vos semblables, du mespris desquels ils font gloire, & en tirent un trés-grand avantage, n'apprehendant rien tant que vostre approbation, & ne se trouvans jamais plus dans la defiance d'avoir failli, que quand il leur arrive de vous avoir agréé. Quel crime puis-je avoir commis, demandoit lors Anthistenes, que ces hommes m'estiment,

Mart. & m'applaudissent? *Si vis beatus esse*
Ep. 1. de *cogita hoc primum contemnere & con-*
Mor. *temni; nondum es foelix si te turba non*
deriserit, c'est la leçon que repete si souvent Epictete.

PHILOPONUS. Je n'eusse jamais attendu de vous cette repartie, qui ne peut estre de mise qu'à l'esgard d'une populace, & non des hommes de nostre condition. En tous cas souvenés vous qu'il n'est point de pires maladies, soit du corps, soit de l'esprit, que celles auxquelles on n'a pas le sentiment de son mal.

HESYCHIUS. Vous croyez donc, Philoponus, que vostre magistrature vous ait grandement distingué du commun des hommes, & vous ignorés encore le peu de difference que mettent ceux desquels vous parlés, entre vostre pourpre, & l'étoffe qui couvre la plus *Senec.* vile multitude de nos artisans, *vulgus*
de vit. *tam chlamydatos quam coronatos vocan-*
beat. c. *tes.* Sçachés que ni les plus hautes di-
2. gnités d'un Estat, ni les premieres charges du Louvre, ni les plus importans offices d'un palais, n'empeschent pas un homme, comme ils le consideren, d'estre du nombre du peuple, *Togis isti non judiciis distant*, disent-
ils

ils, ce font tous esprits foiblement vulgaires, qu'ils placent aussi en mesme Cathegorie. Mais pour ne vous pas mettre davantage en mauvaise humeur, puisque d'ailleurs nostre ancienne connoissance ne souffre pas que nous traitions si fort à la rigueur, je veux bien examiner avec vous le cours de ma vie, & considerer ensemblement, si mes façons de faire se trouveront aussi criminelles que vous me les avés animeusement reprochées, aprés vous avoir respondu en un mot sur le sujet de la Philosophie, que toutes les persecutions qu'elle a jamais souffertes, & tout ce qu'on luy a calomnieusement imposé, ne peut proceder que d'ignorance ou d'envie. Si ce n'est que vous premiés pour Philosophes, je ne sçay quels demi sçavans, ou je ne sçay quels pedants contentieux, lesquels aprés avoir passé tout leur âge sur les livres, se trouvent avoir donné du nez dans toutes les sciences, sans pourtant avoir penetré jusques à la vraye & essentielle Philosophie ; semblables en cela à vostre Ulisses, duquel vous vouliés tantost vous prevaloir, lequel descendit aux enfers, prit connoissance de tous ceux de ce

Diog. Laert. in Aristipp.

ce païs là hormis de la Reyne Proserpine, qui estoit la chose la plus notable qu'il y pouvoit voir. Or considerons maintenant si ces puissants Demons de la vie humaine, l'honnesteté, l'utilité, & le delectable, m'abandonnent tellement, ou me sont si fort contraires, que vous avez voulu presupposer dés le commencement. Et que direz vous si je vous fais voir que je reçois d'eux plus de faveur en un jour, que n'en ont eu en toute leur vie ceux d'entre vous que vous croyés les plus avancés en leurs bonnes graces?

PHILOPONUS. Pour le premier point qui est celui de l'honnesteté ou de l'honneur, *est enim honestas honoris status*, dit Isidore, *unde idem honestum quod honore dignum*. Vous m'avouërés que c'est le plus grand de tous les biens exterieurs, au jugement mesme d'Aristote, comme celuy qui est recherché soigneusement par ceux en qui tous les autres biens se trouvent, & duquel les Dieux mesmes semblent ambitieux. Or si cet honneur n'est autre chose qu'un esclattant respect, & un glorieux resmoignage d'estime & de reverence que nous portons aux personnes de grande vertu, & de haut

10. Ethim. c. 9.

Eth. ad Nic. l. 1. c. 5. c. 4. c. 3.

haut merite, comment se pourroit-il faire que le moindre rayon de cette gloire portast jusques sur vous, qui faites profession de vivre dans les tenebres de vostre maison ; & comment voudriés vous recevoir la recompense des belles & vertueuses actions (*chi semina virtù, fama raccoglie*) vous qui renoncez à toutes les fonctions de la vie civile pour joüir d'un repos paresseux, ou, pour mieux dire, d'une feneantise honteuse ? Car toute estime & reputation procede de quelque connoissance, & cette connoissance ne peut venir que de nos propres gestes & actions, lors qu'elles viennent en evidence, & qu'à l'œuvre on connoist l'ouvrier, & tant que *cada uno es hijo de sus obras*, & comme dit l'escole, *ut se habet unumquodque ad esse ita & ad operandum.* Comment donc aneantissant la cause, l'effet pourroit-il ensuivre, & par quel moyen vivant à vous seul, & hors le commerce du reste des hommes, obtiendriez vous d'eux la recompense d'une vertu inconnuë, & du merite qui ne paroist point.

HESYCHIUS. Je m'apperçois aisément de l'erreur qui vous fait argumenter

gumenter de la sorte ; c'est que nous voyans hors l'employ, le tracas & l'agitation, menant une vie la plus retirée, & hors le bruit qu'il nous est possible, vous concluez, que nous sommes sans action, & par consequent sans vertu, & sans honneur, puis que la vertu consiste en action, & que l'honneur doit estre le prix & la recompense de la seule vertu. Mais sçachez qu'il n'y a point de plus grandes, plus importantes actions, que celles d'une ame vrayement Philosophique, lors qu'elle est le plus avant dans la contemplation, *depono hoc apud te, numquam plus agere sapientem, quam cum in conspectu ejus divina atque humana venerunt*, dit le Philosophe Romain. Car comme il se voit aux arts mechaniques qu'il n'y en a point qui agissent davantage que ceux qui ont la conduite & le commandement, bien qu'ils paroissent souvent sans mouvement ; le même se peut dire des Philosophes au rapport d'Aristote, *quorum θεωρίας, contemplationes, & διανοήσεις, ratiocinationes, actiones, & quidem longe cæteris perfectiores*, vocat. Autrement, dit-il, nous serions forcés de penser trés-mal de Dieu & du

Senec. ep. 69.

7.Polit. c. 3.

du monde, qui ne produisent aucunes actions hors d'eux mesmes, *parum pulchre esset Deo, & toti mundo, quibus non sunt externæ actiones, neque ulla alia præterquam eorum propria*. C'est pourquoy cet ancien disoit si gentiment & si bien, *satius est otiosum esse quam nihil agere*. Et veritablement si nous ne sommes appellés hommes que par cette partie superieure qui est en nous, & que nostre esprit estant nostre forme, soit celuy qui nous donne l'estre, il faut bien dire que ces fonctions & operations, seront nos principales & plus importantes actions; & partant qu'elles devront estre suivies de la gloire la plus solide, & de l'honneur du meilleur aloy qui se puisse trouver ici bas.

Attil. apud Plin. l. 1. ep. 6.

PHILOPONUS. Mais puis que nous sommes un composé de deux parties, & que c'est l'union de l'ame & du corps qui nous fait hommes, pourquoy denierions nous les fonctions à l'une de ses deux moitiés, car par vos propres maximes, *unumquodque est propter suam operationem*. C'est pourquoy quand vous rendez vostre Philosophe si spirituel, qu'il n'agist que par cette principale & superieure partie,

tie, vous ne vous appercevez pas qu'au lieu d'un homme, vous en faites un fantosme, & que pour lui donner un estre plus parfait, vous luy ostez le reel, ou du moins le raisonnable pour le chimerique. Aussi les plus notables d'entre vous, comme la pluspart des Stoïciens, ne se sont pas ainsi esloignez des occupations de la vie politique. Ceux-cy disans qu'il y avoit trois genres ou façons de vivre, dont ils appelloient l'un speculatif, l'autre actif, & le troisiesme composé des deux autres raisonnables, qui estoit celuy qui devoit estre esleu & preferé par les hommes de bon discours, puis que la nature sembloit nous avoir formé capables de ces deux exercices, & que pour ce sujet nous estions nommez animaux raisonnables, comme a fort bien remarqué Diogenes Laertius en divers lieux de la vie de Zenon. Epicte- *Arian. l. 4. c. 4.* te, l'un des coriphées de cette secte, se mocque esgalement de ceux qui recherchent les charges & emplois, comme des autres qui en ont aversion & les fuyent ainsi que vous, comparans les premiers aux hydropiques qu'on ne peut rassasier d'eau, & les derniers à ceux qui ont la rage, lesquels

quels ne la peuvent seulement regarder, & aussi qu'estant choses egalement independantes de nous, il n'est pas raisonnable d'y attacher nos affections, ἔξω δ' εἰσὶν ὁ μόνον ἀρχὴ ἀλλὰ καὶ ἀναρχία, ὁ μόνον ἀσχολία ἀλλὰ καὶ σχολή. *Extra te autem est non modo magistratus, sed etiam privatæ vitæ status, non modo negotium, verum etiam otium.* Quelle grande estime devons nous donc faire de ce beau repos, lequel non seulement Cesar nous peut oster quand il luy plaist, mais le moindre importun corbeau, un tambour, une fievre, & milles autres rencontres de la vie. C'est bien loin, dit-il, d'avoir une disposition à s'accommoder à tout, & pouvoir dire à toute heure du bon du cœur ce vers que Cleantes à rendu si celebre :

Ἄγου δέ μ' ὦ Ζοῦ καὶ σὺ γ' ἡ πεπρωμένη.
Quocumque voles Iupiter me ducito,
tuque necessitas.

Et que direz vous de Pythagoras, lequel fut ainsi nommé, *quod veritatem perinde, atque Pithius loqueretur* ? Ne voyons nous pas par la lettre qu'il escrit à Anaximenes, comme il le convie à quitter pour un temps

temps la contemplation des astres, & le reste de la Philosophie, pour vaquer aux affaires publiques de son païs ? *Nam neque ego semper meis vaco fabulis, verum & bellis interdum quibus inter se Itali dissident.* Socrate, que vous estimez si fort, a pratiqué le mesme, & crois qu'il n'y a eu que les plus melancholiques, comme cet atrabilaire d'Heraclite, un Myson, un Apemantus, un Tymon, & autres tels Misantropes, qui ayent eu de la conformité avec vous.

HESYCHIUS. Je vous diray d'abord qu'aymant sur toutes choses la verité comme la plus douce pasture de nostre ame, je la recherche avec affection, en quelque part qu'elle se puisse trouver ; ce qui m'empesche d'estre particulierement attaché à pas une heresie ou secte de Philosophie,

Nullius ad dictus juravi in verba Magistri.

Que s'il falloit donner son vœu, & son suffrage en faveur de quelqu'une, j'estimerois sur tout celle à laquelle Potamon d'Alexandrie donna le nom de ἐκλεκτικὴ, ou elective, parce qu'elle faisoit choix de ce qui luy

D. Laers. in Proœ.

luy plaisoit en toutes les autres, dont elle composoit son systeme à part, comme un agreable miel du suc d'une diversité de fleurs. Mais pour respondre à l'autorité de tous ces grands Personnages que vous mettés de vostre costé, (& dont j'advouë qu'on ne peut parler avec trop de veneration, puis qu'ils ne semblent avoir esté envoyez du Ciel, que pour l'instruction du genre humain) il faut croire qu'ils ont exhorté avec beaucoup de raison les hommes de leur temps aux actions vertueuses, lesquelles sont pratiquables dans l'humaine societé ; & que ne se contentants pas de la parole seule & des preceptes, ils leur ont voulu donner des exemples par leurs propres comportemens. Aussi n'ay-je jamais pretendu que la vie active n'eust par l'exercice de plusieurs vertus beaucoup de merite, & de recommandation. Mais pour ce que les vertus sont differentes, y en ayant de plus eminentes les unes que les autres : de naturelles & d'acquises, de morales & d'intellectuelles, il me semble que puis que les plus heroïques & divines accompagnent la vie contemplative, & que ce genre de vie, comme je vous ay

Arist.
2. *Esth.*
Tud.c.1.
4.

ay desja fait voir, produit les plus dignes & importantes actions, il me doit estre pardonnable, si dans la contrainte que vous m'avés donnée, je la prefere non seulement à la vie active du commun des hommes, mais encore à celle que vous avez voulu nommer raisonnable, & qui est meslée d'action & de contemplation. C'est ainsi que l'entendoit à mon advis Empedocle, quand il mesprisoit le gouvernement d'un Estat qui lui estoit presenté, pour n'interrompre ses speculations Philosophiques.

Anaxagoras avoit la mesme pensée quand il abandonnoit un trés-ample patrimoine, pour n'estre obligé de vacquer à sa conservation. Ce mesme sentiment faisoit retirer Democrite dedans les sepulcres, & chassoit Pyrrho parmi les deserts. Car quant à Heraclite, lequel resigna son sceptre entre les mains de son frere, vous l'avez voulu faire passer pour un maniaque; & peut-estre mettriez vous au mesme predicament tous ceux que je vous pourrois alleguer, si ce n'est que vous portiez plus de respect au Prince du Lycée, lequel aussi à mon advis n'a point encore esté pris pous un hypocondriacondriaque. Que si ses raisons vous peuvent sembler de poids, & son authorité de quelque reverence, voyez je vous prie la belle exhortation qu'il fait à la vie purement contemplative au dernier de ses Ethiques, Anichomacus disant qu'elle a le mesme advantage sur les autres genres de vie, qu'ont les choses simples sur les composées, les divines sur les caducques & mortelles; se mocquant au reste de ceux qui vouloient, comme vous, un meslange & un assaisonnement de l'action, & de la meditation. Il faut dit-il, abandonner le corps, & tout ce qui est corruptible, le plus qu'il nous est possible pour vivre principalement de l'esprit. C'est ainsi qu'on s'approche de la divinité, & qu'on se peut soy mesme ἀποθανατίζειν, Immortaliser. *Neque vero oportet nos humana sapere, ac sentire ut quidam monent, cum simus homines, neque mortalia, cum mortales, sed nos ipsos quod fieri potest à mortalitate vindicare, atque omnia facere, ut ei nostra parti quae in nobis est optima convenienter vivamus.* Le Philosophe Latin, quoy que d'ailleurs Stoicien, ne laisse pas de nous donner les mesmes preceptes;

Cap. 7.

Senec. Ep. 37.

non cum vacaveris Philosopandum est; omnia alia negligenda, ut huic assideamus, cui nullum tempus satis magnum est, etiam si à pueritia usque ad longissimos humani ævi terminos vita protenditur: non multum refert utrum omittas Philosophiam, an intermittas. Et en une autre lettre où il convie son ami, à ne penser qu'à la seule culture de l'esprit, s'il desire en tirer quelque fruit, *omnia impedimenta dimitte, & vaca bonæ menti; nemo ad illam pervenit occupatus, exercet Philosophia regnum suum, dat tempus, non accipit, non est res subcisciva; ordinaria est, domina est, adest & jubet.* A la verité pour le commun des hommes qui ne laissent pas de se dire lettrés, ne prenans quelques legers discours de la Philosophie que pour un passe-temps, & pour leur servir de divertissement dans les occupations qui les tiennent le reste du temps assujettis, ce n'est pas merveille si elle n'exerce pas ce puissant empire sur eux: mais quant à ceux qui s'y portent serieusement, & qui lui ont une fois engagé tout à bon leurs affections, il ne faut pas penser qu'ils puissent se partager, & se donner ailleurs, *non possunt simul Thersitem, & Agamemnonem*

Senec.
Ep. 64.

nem agere. Car comme a fort bien remarqué le gentil Lucian, les grands esprits, & les belles ames, qui ont eu meilleure part que les autres du larcin de Promethée, sont bien plus aisément éprises, & plus violemment transportées que les communes, de l'amour des sciences, & de la Philosophie; ainsi que les Indiens, à raison de leur chaleur naturelle, furent emeus & entestez par la force du vin, jusques à une fureur toute autre que celle des autres hommes. Il est vray qu'en la Philosophie, comme il adjouste fort bien, cette ebrieté & fureur doivent estre nommées sobrieté, & temperance: car c'est de ce divin nectar communiqué aux hommes par Tantale, ainsi que l'interprete Philostrate, que les hommes ne peuvent jamais trop boire. Ne dites donc plus qu'une vie purement contemplative, soit reprehensible d'excez, & ne luy disputez plus la preference de gloire & d'honneur que tant de signalés personnages luy ont si justement attribué. Car si c'est par elle que les vrays Philosophes sont nommez *Pares, & socii Deorum, non supplices*. Puisque nous estimons les Dieux meriter tout

De vit. Apol. l. 3. c. 7.

Senec. Ep. 31.

Tome I.   I   culte

culte & veneration, nous ne pourrons denier l'honneur & le respect à ceux qui les touchent de si prés. Que s'il est vray, Philoponus, que l'utilité se trouve par tout où l'honnesteté se rencontre, *quippe bonum ex honesto fluit*, vous courez fortune de n'avoir pas plus d'advantage en ce second chef de nostre conference, que vous avez eu au premier.

PHILOPONUS. Et qui pensez vous qui voulut plus contester contre vous aprés une si belle apotheose? car s'il n'y a que les Dieux qui puissent aller du pair avec vous, c'est impieté aux hommes de vous contredire, & folie de vous resister. Neantmoins pour ce que Jupiter mesme n'a pas tousjours desdaigné l'entretien & la conversation des humains, & puis que d'ailleurs, comme dit Phœdrus, *nisi utile est quod facimus stulta est gloria*; j'apprendray volontiers de vous, où sont ces grands biens qui vous reviennent de vos continuelles speculations, & à quel usage vous les employez; ne pensant point avoir veu jusques icy aucun d'entre vous, qui ne fust bien avant dans la necessité, si les actions & travaux de ses predecesseurs

Lib. 3.
Fab. 56.

ne l'en avoient mis à couvert. Or afin que nous nous entendions pour ce que vous faites trois genres de bien, ou d'utile, *bonum enim est utilitas,* *aut non aliud ab utilitate,* disoient les Stoïciens. Sçachés que je n'entends point icy parler des biens du corps, ou de l'esprit, desquels il n'est pas aussi question, mais bien de ceux qui sont nommez de fortune, qui nous donnent & fournissent les necessités de cette vie. *Lo que se usa, no se escusa,* & sans lesquels elle ne peut estre que trés-miserable, Sex. *Pyr.* *Hyp. l.* 3. c. 20.

Turpis enim fama, & contemptus, *& acris egestas* *Semota ab dulci vita stabilique videntur,* *Et quasi jam lethi portas cunctarier ante;* Lucret. L. 3.

Ce qui a donné lieu au proverbe χρήματ' ἀνήρ, *divitiæ vir,* l'homme riche, parce que sans eux l'homme n'est d'aucune consideration dans la vie civile; le temps n'estant plus auquel on faisoit estime des hommes tout nuds comme estoit Ulisse, qui ne laissoit, à ce que conte le bon Homere, d'estre respecté & honnoré par les Phea-
ciens

ciens en cet estat là. Mais aujourd'huy :

Lucian. in Cataplo.

‎--- ---*Dat census honores.*
Census amicitias, pauper ubique jacet;

Jusques là, que le pauvre savetier Mycillus est là bas laissé par mespris sur le rivage par Charon, comme si la pauvreté portoit son infamie jusques dans les enfers, où au contraire le rameau d'or est tout puissant & plein de veneration. Ce qui me fait souvenir de l'opinion des Chinois, qui tiennent la pauvreté d'un homme pour marque infaillible de ses pechez : les Bonzes ou Theologiens du Japon leurs voisins enseignans aussi publiquement, que ny les pauvres ny les femmes ne se peuvent jamais sauver. C'est pourquoy les richesses sont fort bien nommées moiens & facultez, d'autant que par leur seul moyen tout se fait ; & finances, parceque avec elles on finit toute sorte d'entreprise. Nos anciens leur ayant encore donné le nom de chevance, à cause que sans elles on ne vient à bout, ny ne met-on rien à chef. Aussi font-elles partie du souverain bien, au dire d'Aristote, quoyque Diogene luy reproche là bas, qu'il ne

Herrera.

Lucian. Dial. Diog. & Alex.

ne l'avoit ainsi escrit que pour se donner occasion & hardiesse d'en demander & recevoir d'Alexandre. Mais quelque bonne mine que fassent les plus austeres d'entre vous, *divitias & opes facilius invenies qui vituperet, quam fastidiat.* C'est en leur consideration que la cour de Dionysius estoit si remplie de Philosophes Grecs : Platon entre autres avec toute sa divinité ayant mesprisé jusques à trois fois les hazards si redoutez de l'implacable Carybde, pour avoir sa part aux liberalitez de ce Roy. Aussi seroit-ce une trop grande delicatesse à eux, pour ne dire foiblesse, de n'en oser prendre, de peur qu'elles les prissent; n'en oser posseder, de peur qu'elles les possedassent; n'en oser user, de peur d'en abuser, *infirmi animi est pati non posse divitias.* La Secte d'Apollonius Thyaneus fut estouffée dés sa naissance, pour avoir fait profession de cette chetive & honteuse pauvreté;

Phil. de vit. Apoll. l. 1. c. 22.

*Malesuada fames, & turpis egestas,
Terribiles visu formæ.*

Virg. 6. Æneid.

Or vous ne pouvez pas nier que c'est la seule action qui nous en peut preserver, les biens, & les commoditéz ne s'aquequerans, voire mesme ne se conservans que par le travail, *chi hà arte hà parte, chi non corre non hà il pallio*, & l'Espagnol dit, *manos duchas comen truchas*. Le pescheur d'Esope ne prennant point de poissons au son de la flute, est contraint de jetter ses rets & filets en l'eau. Le Cyclope χειρογάςερ, *manuventer*, representé sur le portail de la ville d'Argos, avec les mains qui sembloient sortir de son ventre, nous apprennoit que nous ne pouvons conserver & entretenir nostre estre que par le travail de nos mains. Comment se pourroit-il donc faire qu'au milieu de vos contemplations si abstraires, & de vos entretiens olympiques, vous trouvassiez je ne diray pas les biens & les richesses, mais seulement les communes necessitez de la vie; car comme ont fort bien observé les judiciaires, Iupiter distributeur des moyens est opposé à Mercure, de sorte que, qui en a l'un ascendant sur terre en sa nativité, a l'autre descendant : or Mercure est le dominateur de celle des Sçavants & des Philosophes, avec tousiours quelque regard de ce faineant & songe creux Saturne, qui vous fait estre de

Athen. du vray amour. l. 10. & Strab. Geog. l. 8.

Leon Hebr. Dial. 2.

PRIVÉE. 199

si belle humeur, & vous imprime de si loüables complexions. Il ne faut donc pas s'estonner si les hommes de lettres & de profonde speculation se voyent ordinairement dans l'indigence & la necessité. Et pour moy je ne sçay pas quelle opulence vous me pouvez faire voir, qui accompagne vos meditations hyperphysiques, si ce n'est que vous vouliez vous prevaloir de la pierre Philosophale, ou que les Demons vous fassent part de leurs thresors cachez, car il me souvient que Socrate en avoit un pour compagnie ordinaire.

HESYCHIUS. Pourquoy nous renvoyez vous à ces esprits metalliques? nous qui avons tous les Dieux du Ciel pour nos plus affidés & particuliers amis, lesquels nous peuvent tout donner, puis que *Deorum sunt omnia*, & qu'il n'y a point de bien qui ne vienne d'eux. Que si le proverbe est veritable, que toutes choses soient communes entre amis, κοινὰ τὰ φίλων, ne vous appercevez vous point, Philoponus, de l'immense grandeur de nos richesses, & combien nous possedons au delà de tout ce que vous pouviez vous imaginer.

Diog. Laert. in vita Diog.

I 4   PHI-

PHILOPONUS. Vous avez raison d'interpeller mon imagination, puisque vos richesses aussi bien que les viandes du banquet des sorciers, sont toutes choses phantastiques, & qui ne sont pas perceptibles à tout le monde. Aussi dit on que les Philosophes ont bien l'imagination plus forte que n'a le commun des hommes. Mais depuis quand ont-ils contracté cette estroite amitié avec les Dieux ? laquelle je croyois ne pouvoir subsister que dans l'egalité & la ressemblance.

HESYCHIUS. Depuis le temps qu'ils se sont donnés plus de peine que personne à se conformer à eux, & aymer la verité, cherir l'innocence, & conserver pure cette partie de leur ame, par laquelle il y a de l'affinité entr'eux. Car je tombe d'accord avec vous, que l'amitié est en l'egalité, *ϕιλότης ἰσότης* : or ce ne peut-estre vostre robbe de pourpre, qui vous rende semblable à eux, les Dieux sont tous nuds, ni vostre magistrature, *neque Deus negotium habet neque aliis exhibet* ; ni vostre grande reputation & bonne renommée, personne ne connoist Dieu, & beaucoup en parlent mal impunement ; ni cette façon de vous faire

6. *Eth. ad. nic. c. 5.*

Senec. ep. 31.

faire porter en litiere ou traisner en carosse, Dieu porte tout, estant le centre, & le fondement de l'Univers: ny cette vie active, dont vous faites tant d'estat, Dieu comme premier moteur est necessairement immobile: ny encore vostre bonne mine, Dieu est invisible: ny vos forces, elles sont perissables, & Dieu est immortel; ny vos sumptueux festins, les Dieux sont athomes & ne mangent point: ny vos logemens tapissés & ameublemens dorés; Dieu n'habite point en un lieu particulier, il remplit tout egalement.

Jupiter est quodcumque vides quodcumque moveris:

ny finalement vos thresors & richesses dont nous parlons, les Dieux n'en font aucune estime, *cogita Deos cum propitii essent fictiles fuisse.* Mais si je me suis formé un esprit qui mesprise toutes ces choses, si j'ay une ame asseurée contre tout ce qui fait trembler le vulgaire, si ma felicité est independante de tout ce qui releve de la fortune, *in-* *Senec.* *gens intervallum inter me, & cæteros* *ep. 54.* *factum est, omnes mortales multo antecedo, non multum me Dii antecedunt:* me voilà dans l'affinité des Dieux, je

I 5 poi-

possede leur αὐτάρκεια, & pleine suffisance de toutes choses, je ne souhaite plus rien, j'ay toute la richesse du ciel, *Sapiens tam aequo animo omnia apud alios videt contemnitque quam Jupiter*; ô la belle ressemblance: ô la belle apotheose! Vous me dirés que les Dieux par l'avantage & excellence de leur nature n'ont besoin de rien, là où la nostre pour maintenir son estre, requiert l'assistance de beaucoup de choses externes, qui sont partie des biens & moyens dont nous parlons, ou ne peuvent estre possedez sans eux. Et c'est icy que je vous demandois, Philoponus, puisque par là vous m'advouez que se seul usage des choses necessaires à la vie nous doit recommander les richesses. Que si vos grandes occupations vous avoient permis de faire les reflexions convenables sur ce subjet, pour en bien juger, vous ne nous auriez pas reproché une pauvreté preferable à toute sorte d'opulence. *Magna divitia sunt lege naturæ composita paupertas: lex autem illa naturæ, sc. quos nobis terminos statuit ? non esurire, non sitire, non algere.* C'est ainsi que l'entendoit cette ame genereuse qui prononçoit si hardiment, *habeamus a-quam*,

[marginalia: Senec. Ep. 74.]
[marginalia: Senec. epist. 4. & 27. & 120.]

quam, habeamus potentam, Iovi ipsi de felicitate controversiam faciamus. Et à la verité plus les choses sont excellentes, & divines, moins ont-elles de necessité & dependance d'autruy. Les enfans & les femmes, ont besoin de mille choses, dont les hommes se passent, & les malades de mesme, en comparaison des personnes qui sont en santé : Hercule tout nud excepté la peau de lion & la massue, se promene par tout le monde, duquel il se fait adorer : ostés les preventions de vostre esprit, effacez en ce que la tyrannie d'une mauvaise coustume peut y avoir imprimé, renoncez aux sottes opinions d'une multitude insensée, examinant à la regle d'une droite raison les necessitez naturelles, & vous nous trouverez non seulement hors d'indigence, mais encore dans l'affluence des biens, non seulement hors le sentiment, mais mesme hors la crainte de la pauvreté.

Sen. ep. 111.

Luc. in Sinic.

Divitiæ grandes homini sunt vivere parce
Æquo animo, neque enim est unquam penuria parvi.

Laert. l. 5.

Les Palais superbes, les habits sumptueux,

prieux, la suite nombreuse de serviteurs, sont choses attrajantes & pleines d'esclat ; mais appliquez le canon & la regle que nous venons de dire,

Pers.
Sat. 5.
Apposita intortos ostendet regula mores,

Vous n'y trouverez rien de ce que nous cherchons, rien qui ait son fondement en la nature. Que si vous voulez conformer vostre vie à ce que demande cette nature, vous ne serés jamais pauvre, si vous la reglez aux opinions qui luy sont contraires, vous ne serez jamais riche, ni accommodé. Voulez vous le devenir plus que vous n'estes ? retranchez de vos desirs, au lieu d'augmenter vos facultez, *nihil interest utrum non desideres, an habeas,* la chose revient tout à un. Vous obtiendrez plus de la moderation de vostre esprit, que vous ne pourriez esperer de la liberalité de la fortune, *animus facit sibi parem nihil timendo, facit sibi divitias nihil concupiscendo.* C'est le plus court chemin que vous pouvez tenir pour arriver à ce but, *brevissima ad divitias, per contemptum divitiarum via est.* Mais si vous ouvrez une fois la porte à la convoitise, si vous y laissez

Senec.
Epst.
88.

sez entrer le souhait des choses superflues, il n'y a plus de borne qui puisse arrester vos desirs, *post Darium & Indos, pauper est Alexander: inventus est qui concupisceret aliquid post omnia.* Si vous tombés en cette hydropisie, il n'y a rien qui puisse estancher vostre soif, les nouvelles acquisitions vous sembleront autant de moyens pour en attrapper d'autres, & vous eprouverés d'abondant cette disgrace, que les choses inutiles vous deviendront par cette depravation quasi necessaires. C'est la leçon que se fit Zenon depuis son naufrage, quand il dit ; *tunc secundis ventis navigavi cum naufragium feci.* C'est ce qui fit jetter à Crates le Thebain l'argent dans la mer par le conseil de Diogene, qui fit que Xenocrates renvoya les trente talens d'or à Alexandre, & qui convia Democrite (le premier dit Pline qui sçeut & fit connoistre la societé du Ciel & de la Terre) à ne rien retenir du profit que la contemplation des Astres luy avoit fait faire sur les olives ; ayant esté depuis imité par Sextius Philosophe Romain. Car c'est icy que le Paradoxe se trouve veritable, *dimidium plus toto*, la mediocrité y vaut mieux que l'abondance :

Senec. Epist. 120.

D. Lætis err. & Illus.

Plin. l. 18. c. 26

A Gell. l. 9. c. 8

parce

parce que, *multis eget qui multa habet, magnaque indigentia non ex inopia magna, sed ex copia magna nascitur ; jactura opus est non quæstu, & minus habendum est ut minus desit.* Le pied, dit Epictete, doit donner la proportion au soulier, & les necessités du corps regler nos possessions. Tout ce qui passe cette mesure est plutost empeschement que commodité. Les vestements trop longs & pesans, ne font que nous charger & importuner. La cinquiesme roüe adjoustée au chariot ne sert qu'à l'embarasser. Que Socrate avoit bonne grace de s'escrier au milieu d'une foire, *quam multis non indigeo ;* & que je prends grand plaisir à voir Carmides dans le convive de Xenophon, qui tire sa plus grande gloire de sa pauvreté. Car certainement c'est dans cette pauvreté apparente que se trouvent les vrayes & essentielles richesses : c'est la mere nourisse des sciences, la sœur germaine du bon entendement, la grande amie de toute liberté, la compagne inseparable du solide repos. Mais pour bien reconnoistre ces choses, il faut s'eslever au dessus du commun, il faut laisser esgalement distant au dessous de soy, le Prince, le Magistrat,

Ench. c. 6.

trat, & l'Artisan; *Magno animo de rebus magnis judicandum est, alioqui videbitur illarum vitium esse, quod nostrum est.* Espurés vostre ame, desechez cette splendeur d'Heraclite, affranchissez vostre esprit de toute anticipation, & vous penserez autrement que vous n'avez fait.

Aude hospes contemnere opes, & te   Evand.
  quoque dignum   8 Eneid.
Finge Deo, rebusque veni non asper egenis.

Au lieu de fuir la pauvreté, vous la rechercherez, comme celle qui donne à nos ames une trempe de fermeté, & de force, ainsi que la rigueur de l'hyver rend nos corps plus robustes & vigoureux ; *si vis vacare animo, aut pauper sis oportet aut pauperi similis.* Vous observerez lors qu'avec grand respect & non sans raison, le Poëte ne l'a nommée terrible qu'à l'apparence & à l'œil seulement :

Terribilis visa forma,

Comme s'il eut voulu laisser à entendre qu'en effet, & à le bien prendre, c'estoit une pure deception, c'est elle qui fist avoir à Cleanthes le surnom de ὀνάτης, ὀφεάντλης, *exhauriens puteos*, parce que pour pouvoir estudier le jour, il gaignoit la nuit sa vie à puyser de l'eau, mais aussi le rendit-elle digne successeur de Zenon. C'est elle qui contraignoit l'un de ses deux amys Epheſtion Proæreſius à garder la maiſon, pendant que l'autre paroiſſoit en public: n'ayans qu'un ſeul veſtement pour tous deux, mais auſſi les mit-elle au rang des plus illuſtres Sophiſtes de leur temps. Que ſi l'extremité de l'indigence a eſté trouvée ſi tolerable par ces hommes vertueux, & tant d'autres que nous pourrions icy rapporter, pourquoy nous plaindrons nous d'une mediocre fortune? pourquoy nous eſtimerons nous plus pauvres pour ne poſſeder pas les choſes ſuperflues, ou pluſtoſt n'eſtre pas poſſedez par elles, comme nous diſons avoir la fievre, lors que c'eſt elle qui nous tient & nous poſſede: mais pourquoy ne nous vanterons nous pas avec Antiſthenes d'avoir trouvé dans cette honneſte pauvreté les plus grandes & veritables richeſſes qui ſoient; ce ſont celles que Socrates luy avoit enſeigné, contempler à loiſir toute la nature, mediter avec pleine liberté d'eſprit ſes veritables

Diog. Laert. in Cleant.

Eun. in Proær.

Xenoph. in Symp.

bles effects, joüir d'un entier repos & d'une vraye tranquillité (la chose du monde la plus estimable, & comme il dit ἀκρότατον, la plus delicate) passer les jours sans interruption aux costez d'un Socrate, escouter ses charmans propos, considerer ses belles actions, tirer d'importantes leçons de ses moindres mouvemens. Dieux & Deesses que de biens incorruptibles, que de richesses independantes de la fortune, que d'opulences faciles à conserver, qui ne nous peuvent jamais estre ravies! Voilà, Philoponus, une sommaire delineation du bien & utilité, qui peut provenir d'une vie couverte & particuliere, comme la nostre. Il reste le plaisir & contentement à examiner, si neantmoins aucun peut douter, qu'ils ne se trouvent tres-purs & tres-parfaits dans les biens que nous venons de descrire, lesquels ne pourroient estre ainsi nommés, s'ils n'estoient accompagnez de delectation, & de plaisirs, *ubi non est ἀγαστὸν gratum ne ἀγαθὸν bonum quidem esse potest.* Sex. yr. Hyp. l. 5. c. 23. Eth. ad Nic. l. 9. c. 9.

PHILOPONUS. Si vous m'avoüerez vous qu'Aristote, Caton, & assez d'autres, pour preuve que l'homme est le plus sociable de tous les animaux,

maux, remarquent qu'il n'y a personne qui voulut posseder tous les biens ensemble, s'il falloit qu'il en jouït seul, pour ce qu'en cette solitude il n'y peut avoir aucune satisfaction ny contentement. Que si nous nous plaisons quelquefois à nous ronger le cœur à l'escart, ainsi que fait Ajax dedans Homere, & que nostre humeur nous porte à nous retirer à part, pour y couver seuls, comme le crapaut, nostre venin, ce sont des effets d'une profonde melancholie, qui nous domine lors, *sunt mala mentis gaudia.* C'est une fausse & trompeuse satisfaction & complaisance, qui procede d'un temperament bruslé & corrompu, n'ayant point d'autre fondement que nostre mauvaise complexion, qui deprave & altere les fonctions de nostre ame, luy donnant des illusions d'un faux & imaginaire plaisir. C'est ce qui fit dire à un ancien, qu'entre les perils de la vie, celuy de la solitude n'estoit pas des moindres, & qui obligea Pythagore de donner à ses disciples entr'autres preceptes ces deux-cy, *Cor non esse edendum, & cerebro non esse vescendum.* Et qui pourroit penser, que sous la mine austere, & le

village

visage tetrique d'un Philosophe *Nec visu facilis, nec dictu affabilis ulli.* De Po-lyph. Virg. 3. Æn.

Il se trouvât une veritable réjouissance & gayeté d'esprit. Quant à moi, je suis d'opinion, que les Poëtes ne nous ont exprimé les tourmens de Promethée, que pour nous figurer les peines que vous vous donnez tous les jours. Le mont Caucase nous represente la solitude dont vous faites profession, l'aigle qui ronge son foye renaissant, c'est la contemplation dont vous affligez incessamment vostre esprit, dans une recherche de causes & de raisons qui pullulent l'un par l'autre, & se produisent à l'infiny, *nec si-bris requies datur ulla renatis.* Virg. 6. Æn.

Prenez, Hesichius, le conseil que donne là bas Tyresias à Menippus, pour le meilleur dont vous puissiez jamais vous prevaloir, quand il l'avertit tout bas en l'oreille, que s'il desire recevoir dans la vie quelque contentement, il cesse de rechercher avec un si grand soin, les principes & les fins de toutes choses, *hoc tibi puta vatem dixisse;* autrement tout ce bel esprit vous sera plus prejudiciable qu'avantageux, vous ne serés ingenieux qu'à vous tromper, & à Lucian. in Necyo à vous faire de la peine. Mais vous ne trouvez point, dites vous, ailleurs ce doux repos qui est vostre souverain bien que dans la solitude ? Et quels charmes vous ont ensorcelé si puissamment, que vous mettiez la félicité en une chose qui rendroit les hommes endormis, plus heureux qu'estans esveillez ? les Ours, & autres animaux assoupis la plus grande partie de l'année, auroient un grand avantage sur nous. *Quid est otiosius verme ?* s'ecrie luy-mesme vostre Senecque. Ne voyez vous pas qu'au contraire un trop grand loisir est ce qui nous travaille le plus πρᾶγματ' ἐξ ἀπραξίας, *ex otio negotium.* C'est lors que nous agitons davantage, nous battans à la perche, & que faute de donner employ à nostre esprit, il se fait peine à luy mesme,

A. Gel. l. 9. c. 10.

Incertè errat animus, præter propter vitam vivitur;

comme parloit le vieil Ennius, il se consomme estant de nature ignée, lors que nous manquons à luy fournir d'aliment. N'est il pas vray que les plus genereux chevaux se perdent à la litiere ? que le plus bel or s'enroüille s'il n'est employé ? que les perles les plus

orien-

orientales perdent leur grace, & leur teint si elles ne sont frottées & maniées? que les plus divins parfums de l'Arabie se corrompent s'ils ne sont remuez? & vous mettrez la perfection de vostre vie à ne rien faire, vostre plus grand contentement à estre sans action, vostre derniere felicité à joüir d'une demymorte oisiveté? Souvenez vous Philosophe, que le plus malheureux de tous les damnés est le plus oisif, & qui peut contempler le plus à son ayse,

--- *Sedet æternumque sedebit*   *Virgil.9*
Infelix Theseus, Phlegyásque miser-   *Æneid.*
rimus omnes.

Voyez que le Poëte ne nous donne à connoistre, & ne nous fait comprendre son tourment que par le perpetuel repos où il se treuve.

HESYCHIUS. Si nous devons retirer ce fruit principal de la Philosophie, comme disoit Aristippe, de parler hardiment à qui que ce soit, vous ne trouverez pas estrange, si dans la confiance de nostre ancienne connoissance, je vous responds avec naïfveté, & franchise. C'est chose ordinaire à tous ceux qui comme vous passent
leur

leur âge dans les occupations & les divers tracas de la vie tumultueuse, d'avoir de fort mauvaises conceptions de ceux qui coulent sourdement leurs années dans le repos & le silence d'une vie particuliere, ce qui procede non seulement de cette inclination naturelle, par laquelle chaque chose affectionne sa semblable, & a de l'adversion pour ce qui luy est contraire : mais encore d'un desir, & d'une ambition qui maitrise la pluspart des hommes, & leur fait souhaiter avec passion d'estre estimez prudens, & avisez en la conduite de leur fortune, & par consequent heureux au genre de vivre duquel ils font profession. Or quand ils voyent des personnes, qui par des actions fort differentes des leurs, monstrent avoir des inclinations & des sentimens du tout contraires, ils croyent avoir trouvé en eux autant de controlleurs de leur felicité & bon jugement; d'où procede enfin cette picque & animosité à l'encontre d'eux. C'est ce qui a convié tant de grands personnages à se tenir les plus couverts & cachez qu'il leur a esté possible, & à nous laisser les loix & preceptes de faire le mesme, sur peine d'encourir cette malveilveillance dont nous parlons. Epictete nous propose sans cesse les façons de faire & comportements de Socrate, qui ne tranchoit du Philosophe quasi jamais : & tous ses successeurs ont presque convenu en ce point, *bene vixit, qui bene latuit*. Mais pource que cette envie publique poursuit les hommes de bon sens jusques dans leurs retraites, il faut imiter, dit Seneque, ces animaux, qui effacent les marques de leur repaire, gastant les traces, & confondant les vestiges par lesquels ils y sont arrivés. Tenés, adjouste-t'il, vostre loisir le plus caché qu'il vous sera possible, mais en tout cas gardez vous bien d'en tirer advantage, & vous en prevaloir sous le titre de Philosophie; imputez le plutost à une indisposition qui vous contraint au repos, dites que vostre imbecillité vous esloigne forcément de l'action, ou que vostre mauvaise fortune vous recule des charges & emplois à regret. Bref, accusez vous plutost de nonchalance & de faineantise, que de laisser penetrer vostre secret. Voilà, Philoponus, une leçon que j'ay tousiours estimée tres-importante, & sous les regles de laquelle j'ay pensé me conduire jusques

ques icy. Mais je voys bien qu'encore n'ay-je peu me mettre entierement à couvert de vostre courroux & indignation, qui vous porte jusques à nous reprocher vostre mine chagrine, dites vous, & insuportable, puisque nous ressemblons à des Polyphemes, & à des loups garoux. Permettez moy que je vous responde, comme par forme de raillerie, ce que fit le pere commun des Philosophes en semblable rencontre, qu'il vaut bien mieux estre injurié du mot de songe creux ὁρωτικὸς, *meditator*, que de celuy d'écervelé ἀφρόντιστος, *incogitans*. Vous n'estes pas moins en colere, quand vous nous comparez aux plus miserables des enfers, aux peines desquels je pourrois avec beaucoup de vraysemblance, reduire & esgaler les travaux calamiteux d'une vie sans sabaths & sans repos comme la vostre. Car si l'infortuné Tantale ne souffre point de plus cruels supplices que celuy d'estre auprés des biens qu'il voit & ne peut posseder, comme plus malheureux est celuy qui se sent desrobé à soy-mesme, & qui connoist le contentement d'esprit & les plaisirs solides qu'il se pourroit donner, sans pourtant se pouvoir en
rien

Xeneph. in Symp.

rien satisfaire, ny joüir un seul moment de soy mesme? Or c'est ce qu'esprouvent tous les jours les hommes d'action, & d'affaires comme vous, cette πολυπραγμοσύνη des Grecs, qui ne peut pas estre bien traduite en Latin ni en François, ayant cela de propre, qu'elle ravit un homme tout entier, sans luy laisser la moindre possession de soy-mesme. De dire qu'il faut partager sa vie de telle sorte, qu'il n'y ait que certains jours, & certaines heures pour semblables occupations, ausquelles il se faut prester, & non pas donner tout à fait, desja je vous trouverois moins injuste si vous condamniez tout à fait nostre Philosophie, que quand vous la voulez moderer, & limiter mal à propos, *in re enim eo meliore quo major est, mediocritatem desideras*. D'ailleurs c'est se faire volontairement miserable la moitié du temps; & pour le reste que vous penseriez estre à vous. Je ne veux autre tesmoignage que celuy de vostre propre ressentiment, qui vous fera, je m'asseure, avoüer, que jamais vostre esprit n'a peu recevoir cette division, sans que la memoire des affaires soit venuë à la traverse, luy donner des

A Gell.
l. 11. c.
16.

Cic. de fin.

gehennes & des tortures, ennemies du contentement. Et veritablement si vous pouviez avoir l'esprit dignement arresté, & dans un calme Philosophique, parmi les inquietudes d'une cour, & les agitations d'un palais, je vous permettrois bien de Philosopher encore dans l'escarpollette en mesme temps. Cependant vous osez nous reprocher que nous n'avons point de fidelles & veritables plaisirs? Nous serions bien loin de nostre compte quand nous asseurons, *gaudium nisi sapienti non contingere*, ou que nous disons, *sapientem illum esse qui plenus gaudio, hilaris & placidus inconcussus, cum Diis ex pari vivit*, & veritablement si on a trouvé que les Stoiciens avoient fort bien appellé la joye un accessoire, & comme une dependance de la vertu, *gaudium & lætitiam esse virtutis accessiones ἐπιγεννήματα*, il s'ensuit que les plus eminentes vertus qui sont les intellectuelles, à cause de leur objet, seront accompagnées des plus parfaits contentemens, en tant que les effets retiennent tousiours de la nature de leurs causes, & lui sont proportionnez, & par consequent que les contemplations des Philosophes auront des réjouïs-

Senec. epist. 60

Diog. Laërt. in Zenone.

joüissances plus pures, & des plaisirs plus exquis, que ne sont ceux de la vie active. Mais voulez vous sçavoir ce qui vous fait si mal juger de nostre façon de vivre solitaire ? c'est que ne vous pouvant passer de compagnie, & n'ayant aucun entretien de vous mesme, vous n'estes jamais en pire posture ni plus desolé, que quand il vous arrive d'estre seul. Or vous mesurez les autres à vostre aulne, comme l'on dit, lesquels tout au rebours, ne sont jamais plus gais, ny plus enjoüez, que quand ils conversent avec eux mesmes, ne trouvant chez eux & dans leur interieur, que tout subjet de satisfaction & de contentement, *talis sapientis est animus, qualis mundi status super lunam, semper illic serenum est.* C'est le grand avantage qu'ont les Philosophes sur le reste des hommes. Antisthenes interrogé de quoy luy servoit principalement la Philosophie, fist responses τῷ ὁμιλεῖν δύνασται, *mecum colloqui posse*. C'est la prerogative des hommes de bon sens, qui seuls sçavent user d'une vertueuse, & innocente complaisance à eux mesmes, *nisi sapienti sua non placent : omnis stultitia laborat fastidio sui.* Les belles ames affranchies des

Senec. epist. 63

Diog. Laert. in Antist.

Senec. epist. 9.

K 2   sottes

sottes fantaisies du vulgaire, ne souffrent jamais ces degouts d'elles mesmes, la solitude ne les estonne point, elles n'ont point ce ver rongeur d'une conscience criminelle, leur genie ne les persecute point : mais dans une pleine joüissance de leur integrité & innocence, conversent avec les intelligences, contemplent l'immense grandeur & puissance de la nature, considerent les causes & les effects du Ciel & de la Terre, meditent sur les principes & les fins de toutes choses, *ex superiore loco homines vident, ex æquo Deos*. Ce n'est pas là pour languir dans une oysiveté chagrine & ennuyeuse, une telle solitude n'est pas pour contrister une ame divinement essorée. Ne voyons nous pas l'aigle qui prefere les deserts où du haut de l'air il contemple le soleil de plus prés, à la compagnie des autres oyseaux ? Il est ainsi d'un esprit Philosophique, lequel exercé en l'art du discours mental & de la meditation, s'ecarte volontiers de la multitude qu'il laisse au dessous de soi, pour s'approcher de la divinité qu'il contemple. C'est ce qui fait conclurre Aristote, sur la fin de la morale, que plus un homme est contemplatif, plus il

Eth. ad Nic. l. ult. cap. 8.

PRIVÉE. 221

il est heureux & semblable aux essences divines, lesquelles n'ont reçeu cette denomination de Dieu que du mot θεω- *Plut. de Pla. Ph. l. 1. c. 6.* ριν, c'est à dire contempler, pour ce que c'est leur occupation, & exercice ordinaire. Aussi pource que chasque chose est naturellement portée à son bien, tous les hommes ont une inclination & un desir Phisique de connoistre & de sçavoir. Or la science ne s'acquiert que par la contemplation, *oportet intelligentem speculari phantasmata*, & ne peut-estre possedée que dans un grand repos & tranquillité, *quievisse ac stetisse dianœam, id vocamus scire ac prudentem esse*, *7. Phy. c. 4.* dit le Maistre de l'escole. Nous avons donc tous de nature une propension au repos & à la contemplation, comme à nostre plus grande felicité. Que s'il est vray que tout accomplissement de desir naturel soit accompagné de veritables plaisirs & de volupté, le Philosophe qui dans la jouissance d'un profond repos, contemple & sçait les verités naturelles, & les essences de toutes choses, autant qu'elles sont humainement perceptibles, recevra sans doute une joye trés-accomplie, & un contentement trés-parfait.

K 3 O

Virg.
Egl. 1.
O Melibæe, Deus nobis hæc otia fecit!

Voylà, Philoponus, l'eſtat certain, & la condition veritable de celuy qui eſt ſans fard, ſans ſupercherie, & ſans deſguiſement Philoſophique. Que ſi quelques-uns vous ont paru tels que vous les avés voulu tantoſt depeindre, croyez que la barbe & le menton vous ont fait prendre pour Philoſophes ceux qui n'en ont qu'une vaine couverture, & que des boucs enflés, & boufis tels que ceux d'Apulée, vous ont ſemblé des hommes veritables. Nous avons tant de Pedans ergotiſtes, tant de Grammeriens contentieux, tant d'humoriſtes bijares & extravagants, qui tous font profeſſion de courtiſer la Philoſophie, & eſtre bien voulus d'elle, que ce n'eſt pas merveille ſi beaucoup font de ſi mauvais jugemens d'elle, & la meſpriſent ſi fort. Bien que ce ſoit choſe fort inique de la rendre ſeule reſponſable des deffauts de ſes Profeſſeurs; tous les Arts & ſciences eſtant en cela de meilleure condition qu'elle. Car on n'impute point à l'Architecture, ſi quelqu'un ſe ſert mal de la regle ou du compas, ny à la muſique s'il touche mal le luth ou la harpe; mais
on

on conclud qu'un tel n'est nullement bon Architecte ni Musicien. Pourquoy donc calomnier la Philosophie sur les sottises & impertinences de tels sectateurs, ou plutost de tels imposteurs? semblables aux malavisez amoureux de Penelope, qui prenoient pour elle Melantho, & Polidora ses servantes. Certainement quiconque a peu la reconnoistre mieux, & meriter ses bonnes graces, c'est tousjours celuy qui le fait moins paroistre, qui a le plus de discretion en sa bonne fortune, & qui tient ses faveurs les plus couvertes & cachées, *fugit multitudinem, fugit paucitatem, fugit etiam unum.* Seneque croyoit bien que son amy Lucilius fust devenu son favori, quand il lui escrit: *Quæris quid me, maximè ex his quæ de te audio delectet? quod nihil audio, quod plerique ex his quos interrogo nesciunt, quid agas.* Ces superbes Sophistes, ces Thrasons lettrez, qui ne jurent que par le nom de cette maistresse, qui n'ont que des Axiomes en bouche, qui ne parlent que par assertions & dogmes Philosophiques, ce sont eux qui connoissent moins la beauté qu'ils se vantent de servir, & qui ont aussi le moins de part en ses affections. Les

Diog. Laertio Aristip-

Epist. 11 & 32.

vrais

vrais professeurs & sinceres amants de cette belle & divine Penelope, sont ceux qu'Aristote nous descrit au troisiesme de ses Politiques, comme des intelligences revestuës de nostre forme humaine; ou, pour mieux dire avec luy, comme des Dieux conversans parmy les hommes. Et c'est icy que je vous prie de remarquer avec combien peu de raison, vous les avez voulu assujettir aux regles ordinaires de la vie des autres, & aux façons de faire de la multitude. Telles personnes, dit-il, ne font pas partie de la Republique, qui est une assemblée de ceux qui vivent en egalité, par ce que leur eminence les met hors du pair, & les distingue par trop; les loix ne les regardent point, parce qu'ils sont eux mesmes les loix vivantes & animées, qui reglent & gouvernent tous les autres, personne n'a droit de leur commander, par ce qu'ils sont les Roys & Dictateurs perpetuels, ausquels la raison veut que tout le monde obeïsse, si donc vous vouliez estre si temeraire, que de leur prescrire des statuts & ordonnances, sçachez que c'est les vouloir imposer à Jupiter mesme. Je n'ay que faire, dit aussi ce grand Epictete des

loix

loix de Cassius, ou de Masurius, puisque j'obeïs à celles de l'autheur de la nature. Et le Stoicien de Cicéron au quatriesme de ses questions Academiques, se mocque des loix de Licurgue, de Solon, & des douze tables, protestant qu'il n'y a de loix veritables, que celles de son Sage. Tel estoit, adjouste Aristote, Hercule parmy les Argonautes, lequel pour ce sujet, le vaisseau fatidique Argo ne voulut pas recevoir avec les autres, comme les surpassant tous avec trop d'excellence & de disparité. Que si cette description vous semble estrange, remarquez pour la mieux comprendre, qu'il y a deux sortes de Republique, les petites & particulieres, & la grande qui est celle de l'Univers. C'est de ces premieres qu'entendoit parler Apollonius Thyanéen quand il disoit, ἐμοὶ πολιτείας μὲν οὐδεμιᾶς, μέτει ζῶ γὰρ ὑπὸ τοῖς θεοῖς. *Ego quidem de nulla republica sum sollicitus, vivo enim sub Diis.* Et c'est à l'esgard de la derniere que les Philosophes, dont nous parlons, sont appellez Cosmopolites, ou Citoiens du monde. Ils ne peuvent, à cause de leur grandeur disproportionnée, faire partie du corps des Estats particuliers, comme nous venons de dire: mais les considerans dans cette grande Cité de l'Univers, *terminos civitatis suæ in sole metientes*, ils en font le plus beau, le plus important & considerable membre aprés les Dieux, si vous les y voulez comprendre, ainsi que faisoit Epictete, & les autres Philosophes de sa famille.

<small>Senec. de Vit. Beat. cap. 31.</small>

<small>Lips. Phy. l. 2. c. 7.</small>

Au surplus, demandés vous quel y est leur employ, & de quoy ils y servent? ils empêchent que les merveilles du Tout-puissant & de la nature, ne demeurent sans tesmoins, sans interpretes, & sans admirateurs. Pythagore les comparoit fort gentiment aux spectateurs des jeux Olympiques, lesquels laissant aux autres les courses, les combats, les ventes, les achapts, & autres diverses occupations, se contentent de contempler le tout en repos, bien que les marchands leur fassent mauvaise mine, ou se moquent d'eux. D'autres ont aussi fort à propos consideré ce monde comme un magnifique theatre, sur lequel tant de sortes de vies, comme autant de divers personnages sont representées. Les Philosophes se trouvent assis, considerans le tout avec un grand plaisir, cependant que les Princes, les Roys, & les plus grands

grands Monarques sont autant d'Acteurs de la comedie, qui semble ne se joüer que pour le contentement de ces dignes spectateurs. Diogenes l'entendoit bien ainsi, quand il prenoit son plaisir d'Alexandre, & luy disoit par forme de railleries, & de mespris, qu'il estoit maistre de ses maistres, tant s'en falloit qu'il luy fust inferieur. Et veritablement, puisque ce Roy estoit comme tant d'autres, esclave de ses passions, Diogene qui leur commandoit, les soufmettant à la raison, se pouvoit bien vanter de maitriser les maitres d'Alexandre. Et qu'y a-t'il en cette préeminence que nous donnons aux Philosophes sur les plus grands Roys de la terre, qui ne soit conforme à l'ordre & disposition de tout l'univers, où l'on croit les intelligences de science, & d'illumination estre preferées & eslevées au dessus de celles des puissances & dominations ? Je ne doute point neantmoins que vous ne trouviez ses pensées fort estranges, comme estans si esloignées des sentiments ordinaires, & des opinions reçeuës. Mais il n'y a point d'arts ni de professions qui n'ayent leurs paradoxes, comme quand la medecine ordonne

donne de percer l'œil pour luy restituer la veuë, ou de rompre la jambe pour la faire cheminer droit, pourquoy nous esmerveillerons nous, que la Philosophie, souveraine medecine de nos ames, ait aussi les siens, & qu'importe qu'elle nous donne des Paradoxes, pourveu que comme disoit Cleanthes, ils ne soient point paralogues, ou absurdes, & desraisonables. Or pour les bien recognoistre & comprendre, il faut estre initié en ses sacrés mysteres ; pour se les approprier & en profiter, il faut avoir l'esprit d'intelligence, & le genie Philosophique : un estomach debile, & non accoustumé à des viandes si solides, les rejette, au lieu de les digerer & s'en nourrir. Il ne faut donc pas s'estonner si ceux qui se repaissent d'aliments si differents des nostres, ont aussi le goust & l'appetit fort dissemblable, *Non idem sapere possunt, qui aquam & qui vinum bibunt.* Penseriez vous, Philoponus, dans les agitations perpetuelles de vos occupations, & dans les distractions serviles de vos eminentes charges, posseder la mesme trempe d'esprit, & avoir les mesmes cogitations de ceux qui ne vacquent qu'à la seule culture de de la Philosophie, ne s'exercent qu'à la contemplation, n'ont autre plus grand plaisir qu'en cette solution & séparation de l'ame & du corps, connu des seuls Philosophes. Car comme l'action est dans le mouvement; la speculation, ainsi que nous avons dit, est toute au repos, & loisir, *intellectio similis est cuidam quieti & statui*; qui sont choses diametralement contraires, & lesquelles aussi produisent des fruits de bien differente nature. Mais puis que je me suis dispensé jusques icy de vous reveler les plus secrets articles de la profession Philosophique, je ne feray pas difficulté de confier encore à vostre prudhommie le plus interieur de mon ame, & vous faire voir nuëment, en quels termes je me suis veu cy-devant, & en quelle assiette d'esprit je me treuve presentement. Je n'ay pas esté moins que vous touché d'ambition de paroistre, il n'y a rien que je n'eusse tenté pour satisfaire à cette passion: j'eusse eu recours au Polion, & à l'Eudée, si j'eusse creu, au rapport de Pline, que ces herbes eussent contribué à ma gloire & reputation. Quant aux richesses, encore que cette passion n'ayt jamais esté en moy qu'en un degré

Arist. 1. de Ani. c. 3.

L. 25. c. 10.

gré beaucoup plus foible & remis, si est-ce que je tenois bien avec l'Espagnol *el Señor dinero por un gran Cavallero* : & me sembloit que Hesiode avoit eu grande raison de dire, que l'argent estoit une autre ame qui nous faisoit vivre, & subsister.

Χρήματα γὰρ ψυχὴ τέλεται δειλοῖσι βροτοῖσι.

Pecunia enim anima est miseris mortalibus.

Pour ce qui est des plaisirs qui accompagnent ces honneurs & ces richesses, ma complexion ne me rendoit incapable d'aucuns d'iceux, & j'avois des inclinations naturelles aussi puissantes peut-estre qu'aucun autre à m'en faire rechercher la joüissance. Aussi estois-je bien avant engagé dans leurs appas, comme vous pouvés bien vous souvenir, s'il vous reste quelque memoire de nostre premiere frequentation ; lors que mon bon genie me porta à la connoissance de quelques personnes de bon esprit, lesquelles donnerent le premier eclaircissement au mien, & luy firent voir les premieres lumieres de la vraye Philosophie. Leur façon de vivre du tout differente de la mienne, leurs ratiocinations & leurs sentimens timents opposez à ceux que j'avois eu jusques alors, avec ce que j'ay tousjours senti en moy de zele, & de propension à rechercher & aymer la verité en toutes choses, & sur toutes choses, firent deslors un tres-notable changement en mon ame. Et neantmoins l'effort des premieres connoissances, la violence des mauvaises habitudes, la tyrannie des coustumes, le torrent de la multitude, m'eussent aisement emporté & remis en mon premier train de vie. *facile enim transitu ad plures; Socrati, Catoni, & Lælio excutere mentem suam dissimilis multitudo potuisset.* J'estois donc en trés-grand hazard de tomber, si ce mesme demon Socratique, qui prend soin de ma conservation, n'y eust remedié, m'ordonnant ce peu de voyage que j'ay fait par les principales parties de l'Europe, ainsi que les bons Medecins prescrivent souvent le changement d'air à ceux qu'ils veulent conserver. Et certainement cette transplantation n'est pas moins utile aux hommes qu'aux plantes, que nous voyons s'adoucir, & meliorer de beaucoup par ce moyen, *Etiam aquarum suaviores sunt quas errant*, & nous voyons au Ciel les planetes

netes errantes de bien plus grande consideration que les fixes & arrestées. Aussi peut-on remarquer combien ces anciens grands hommes de la Grece ont fait estat de la Peregrination, de quoy les vies d'Orphée, Homere, Thales, Solon, Cleobule, Pythagore, Platon, Democrite, & tant d'autres donnent d'asseurez tesmoignages. Et si vous me le permettez, je vous diray à ce propos ce que j'ay tousjours pensé du long dormir d'Epimenides pendant cinquante sept ans, ayant laissé egarer la brebis de son pere pour prendre ce profond sommeil. Car que peut signifier cette fable, qu'un long voyage, pendant tout ce temps? durant lequel on laisse souvent dormir les affaires domestiques: la brebis paternelle, c'est à dire, le bien que nos parens nous ont laissé, courant lors grand peril de s'egarer & se perdre: mais tant y a qu'aprés cette longue nuict, ou pour mieux dire absence, il retourna trés-illustre chez soy, & tres-aimé des Dieux, θεοφιλέστατος, ce qui est preferable à toute autre consideration. Je ne veux pas dire que mes voyages ayent esté suivis d'un aussi heureux succez: mais je vous puis asseurer, que c'est

D. Laërt. in Epimenide.

c'est le temps de ma vie, que j'estime avoir le mieux employé, depuis lequel je me suis donné la liberté de la former, & en regler le cours, selon que la raison m'a fait voir qu'il estoit pour le mieux. Les Dieux m'en avoient donné l'estre, la Philosophie m'en a procuré le bien estre, *Deorum munus vivere, Philosophiæ bene vivere.* Les vœux de mes parens m'y avoient destiné à mille servitudes, la Philosophie m'y a mis en pleine & veritable liberté. Les loix & coustumes sembloient m'y obliger à des actions honteusement laborieuses, la Philosophie m'en a exempté, & m'a comblé de repos & de felicité ; *summa beata vita, solida tran-* Senec. *quillitas, & ejus inconcussa fiducia.* Et Ep. 44. vous trouvez estranges mes façons de faire, vous trouvez blasmable ma solitude, vous estimez honteuse ma retraite, ma condition pauvre & chetive, ma tranquillité faineante & reprochable, mes plaisirs imaginaires ou extravagants ? Voulez vous pour un peu de temps vous servir de vostre raison naturelle, & je ne prendray point d'autre juge que vous mesme de tout nostre different ? N'est-il pas vray en bonne conscience, qu'encore que

l'emi-

l'eminente dignité de vôtre office vous rende des plus respectés de ce païs, neantmoins pour ce qu'il y a encore quelque chose au dessus de vous, vostre ambition n'est pas satisfaite, & vos desirs vous font de la peine, autant de fois que vous jettés la veuë en haut? N'est-il pas vray qu'encore que vous possediez de trés-grands biens, si est-ce que ceux que vous estimez vous manquer, vous travaillent plus l'esprit que la joüissance des premiers ne vous contentent? N'est-il pas vray qu'encore que vous vous donniez tous les plaisirs & contentemens qui vous sont possibles, vous ne laissez pas d'en souhaiter, & vous en figurer assez d'autres, dont la privation vous afflige merveilleusement? Avez vous jamais eu de joye qui n'ait esté suivie d'une affliction beaucoup plus sensible, & pressante? Du milieu, & comme de la source de vos plus delicieux passe-temps, ne naist-il pas un degout, & ne sourt-il pas une amertume, qui surpasse tout ce qu'il y a de douceur? Que si au contraire je me trouve tellement au dessus de tous vos honneurs & adorations, que je les mesprise sans me faire aucune violence, en reconnoissant

noissant le mauvais fondement, *contentus eo usque crevisse, quo manuum fortuna non porrigit.* Si je ne considere toutes vos richesses & opulences, que comme des figues & des noix que la fortune jette entre les hommes, ainsi qu'on fait aux petits enfans, me contentant de gouster de quelqu'une que le hazard aura jettée jusques à moy, selon qu'Epictete le permet, pendant que les autres s'entrebattent à qui en aura le plus. Si reconnoissant vos plus grands plaisirs ridicules ou ruineux, je suis dans la joüissance de ceux que je sçay estre purs, solides, & veritables, lesquels je me puis donner à moy-mesme, qui ne me sçauroient estre troublés ny empeschez, & tels que je vous les ay donnés à connoistre par mon precedant discours. Si toutes ces choses sont veritables, & si c'est là justement la posture & la condition de l'un & de l'autre, dites-moy, s'il vous reste quelque ingenuité, & me dites candidement lequel des deux vous semble le plus heureux? auquel adjugerez vous l'avantage? qui est celuy que vous preferez? O Philoponus! pourriez vous bien hesiter à prononcer sur cela vostre jugement? que si je vous avois fait voir

Sen. Ep. 112.

Arian. l. 4. c. 7

voir plus à nud les beautez ravissantes de nostre divine Philosophie, ha! que d'extremes passions, & d'admirables transports d'amour vous auriez pour elle, si cette dipsade celeste vous avoit une fois picqué jusques au vif, quelle soif inestanchable de discipline & de connoissance vous tiendroit plaisamment alteré le reste de vos jours! Si vous aviez tant soit peu gousté les douceurs de sa conversation solitaire, & que vostre esprit eust fait quelque repas du lotos & de l'ambroisie de ses charmantes contemplations, que vous quitteriez avec grand mespris toute autre pasture que la sienne, que vous cheririez le repos d'une vie particuliere, pour joüir sans trouble de son entretien, & que vous prefereriez nos deserts & nos solitudes, aux plus eminentes compagnies, & aux plus importantes actions de vostre vie politique. Ce n'est pas pour cela, que nous quittions les villes pour habiter les bois & les montagnes sauvages, nostre esprit trouve son hermitage par tout, & dans les plus nombreuses assemblées d'hommes des plus grandes villes, je m'y trouve souvent au desert, *magna civitas magna mihi solitudo*

Ennapius in maxio

do, & y suis ordinairement aussi seul que pouvoit estre

Orpheus in sylvis, inter Delphinas Arion.

Pourveu que mon ame puisse conserver sa liberté, & que ses fonctions ne soient oppressées sous le faix de vos importunes affaires exemptes de passion & de trouble, elle trouvera par tout les Dieux avec qui converser, elle se promenera par toute l'estenduë de la nature, & par le moyen d'une forte & vigoureuse contemplation, fera des voyages de longs cours, & des navigations spirituelles, où elle descouvrira des Ameriques, & des Nouveaux Mondes pleins de richesses, & des merveilles jusques icy inconnuës.

Diffugiunt animi terrores, mœnia mundi   Luc. l. 3.
Discedunt, totum video per inane geri res,
Apparet divum numen, sedesque quieta.

Et croyez vous qu'il ne se trouve pas tous les jours au globe intellectuel des lieux non encore deffrichés ny cultivés (comme nous en voyons paroistre aux materielles) qui n'ont esté veus, ny habités jufques ici de perfonne que l'on fçait, c'eſt une des correſpondances, & un des rapports qui ſe trouve le plus veritable du grand au petit monde. Que ſi la decouverte ne ſe fait en l'un comme en l'autre, ce n'eſt que faute de courage ou d'adreſſe, l'art de ſpeculer & de mediter qui eſt cette navigation ſpirituelle eſtant meſpriſé ou delaiſſé tout à fait, & chacun ſe contentant de la connoiſſance ou ſcience de ſes peres, comme nous faiſons des terres de ce païs, ſans nous ſoucier de celles de Canada. Mais quand il ſe trouve des ames heroïques comme des Tiphis, ou des Colombes dans cet Ocean ſpirituel, ils ſuivent des routes toutes nouvelles, & font deſcente en des pays inconnus, pleins de rareté & d'admiration. Mais je penſe bien que vous ne vous ſouciez gueres de ce qui ſe paſſe aux autres hemyſpheres; auſſi ne vous ay-je tenu ce long propos que pour ma juſtification, & pour ſatisfaire aucunement à la bonne volonté que vous m'avez touſjours teſmoignée.

PHILOPONUS. Ce n'eſt pas ſans ſujet que voſtre Ariſtote a dit, que par la ſolitude l'homme devenoit ſ ſuριον ἢ θεὸς, aut fera, aut Deus; car il faut que je vous advouë, que si vous n'estes quelque chose plus que l'ordinaire & humain, vous avez des saillies d'esprit & des extravagances aussi gentilles, qu'on en peut loger sous la figure raisonnable, sans luy faire courir les ruës. Adieu.

1. Pol.
c. 2.

Ecce res magna, habere imbecillitatem
Hominis, Securitatem Dei. Sen. ep. 54.

DIALOGUE
sur les rares & eminentes qualitez
DES ASNES
DE CE TEMPS,
entre
PHILONIUS
& PALEOLOGUE.

Dum nihil habemus majus calamo ludimus. Phædrus lib. 4.

Preface sur ce Dialogue.

Qvintilien, parlant de ceux qui se plaisent à traiter des sujets esloignez de la vray-semblance, ce qu'il appelle, *exercere ingenia materiæ difficultate*, nomme un certain Polycrates, qui avoit escrit la loüange de Busiris, & celle de Clytemnestre; ayant mesme esté composer une accusation contre Socrate. Ciceron dit aussi au premier de ses questions Tusculanes, qu'un Alcidamus ancien Reteur, & des plus estimez de son temps, *scripserat laudationem mortis constantem ex enumeratione*

2. *Inst.*
c. 17. &
l. c. 2.

Tome I.   L   malo-

malorum humanorum. A. Gellius prise sou Phavorinus, de s'estre pleu à semblables hypotheses, comme quand il avoit loué Thersite, & une autre fois la fievre quarte: quelques-uns luy attribuent encore l'Apologie de l'Injustice. Les paroles dudit A. Gellius me plaisent sur ce subjet, infames materias, sive quis mavult dicere inopinabiles, quas Græci ἀδόξες καὶ ἀτόπες ὑποθέσεις appellant, & veteres adorti sunt, non Sophistæ solum, sed Philosophi quoque; & noster Phavorinus oppidò quam libens in eas materias dicebat, vel ingenio expergificando ratus idoneas, vel exercendis argutiis, vel edomandis usu difficultatibus. De là vient qu'Homere descrit la guerre des Rats & des Grenoüilles, avec autant de soin que celle des Dieux devant Troye; & que Virgile a donné un poeme entier à son moucheron, aussi bien qu'à son Ænée. Entre les ouvrages d'Antistenes, fondateur de la famille Cynique, D. Laertius n'oublie pas la deffense d'Orestes. Synesius nous a donné la recommandation de la Pelade, Pic de la Mirande celle de la Barbarie. Marc Anthoine avoit escrit ou vomi, comme dit Pline, celle de l'yvrognerie, Lucien

Lib. 17 c. 12.

Plin. l. 14. c. 22.

cien avoit fait de sa mouche un Elephant, & de son Parasite un important personnage. Cardan a de nouveau accusé Socrate & deffendu Neron. Passerat s'est exercé sur un Rien, un autre Gentil Autheur sur le Point, quelqu'autre sur le Festu. Et l'esprit non moins enjoüé que sçavant d'Erasme, nous a descrit les merites de la Folie, en faveur & sous le nom de son pretieux amy Thomas Morus. Bref, comme remarque Pline, urtica quid esse inutilius l. 22. potest ? condidit tamen laudes ejus c. 13. Phanias Physicus. Et qu'y a t'il de plus vil qu'une lentille ? si est-ce que quelque esprit Grec se devoit estre pleu à la relever extraordinairement, Rodolphus Agricola nous cautionnant le proverbe δεινά περί φακῆς, mira de lente, 3. Dia∴ pour fort usité parmy les Grecs. Chacun le sçait comme l'ignorance, la guerre, la laideur, l'exil, le mensonge, le cocuage, la prison, la verolle, la peste, & autres telles abominations, ont esté diversement paranymphées. Je ne sçais si ce n'est pas à méme dessein que les Romains avoient dressé des autels à la fievre & à la mauvaise fortune, aussi bien que les Atheniens basty des temples Cic. 2. à l'impudence & à la contumelie. Que de legib.

si

si de plus les moindres insectes, les poux, les puces, & semblables vermines ont trouvé leurs encomiastes, j'estime qu'on ne me sçaura pas mauvais gré de cette petite Asnerie, en laquelle ceux qui m'ont precedé m'ont plus donné de contrainte pour eviter les redites, que de soulagement. En tout cas je veux croire qu'elle ne peut estre que bien prise ; car s'il n'y a quelque chose qui plaise en la pensée ou en son explication, elle sera en quelque façon par là recommendable ; sinon il en reüssira une d'autant plus parfaite Asnerie.

PHILONIUS. Cette opinion si avantageuse pour l'antiquité, me semble du tout indigne d'un esprit solidement Philosophique tel que le vostre, Paleologue, bien que vous me puissiez auctoriser vostre dire du consentement de beaucoup de personnages de nom, qui ont donné toutes ses prééminences à la jeunesse du monde, comme si tant de la part des cieux, que des elemens, cette fecondité premiere s'estoit à present espuisée, *& tanquam meliora mundus à Diis recens, mundumque effætus, ediderit*, y ayant Senec. Epist. 91. plus de deux mille ans qu'Empedocle a estimé que les hommes de son temps, comparés à leurs anciens, ressembloient aux enfans qui venoient de naistre; sur quoy je vous laisse à penser quels nous devrions estre aujourd'huy. Homere, beaucoup auparavant, avoit escrit à peu prés le mesme. Mais quant à luy, on peut aisement l'excuser, & donner tout ce qu'il en a dit à une de ses licences Poëtiques. Pour moy considerant la chose en soy, & ayant souvent fait reflexion sur toutes ces circonstances, j'ay creu penser plus sainement, & prononcer plus dignement de Dieu & de la nature, si je mettois une

une esgalité constante, & suivie en leurs ouvrages, non sujette à lassitude & alteration, que si je les faisois agir peniblement, les sousmettant aux conditions & inconvenients de nos plus vils artisans. Laissons là, je vous prie, ces anomalies & irregularitez des cieux que vous alleguez, afin que de la difference des causes vous en tiriés la diversité pretenduë des effects; & sans entrer en des disputes qui n'ont point de fin, voyons si les plus antiques & attestées histoires que nous ayons, ne nous feront point voir le monde de tout temps avec la mesme face, que nous luy remarquons à present; & si les plus anciens autheurs qui nous restent, ne se sont pas mocquez dés leur temps de ceux qui preschoient desja le declin & la caducité du monde. Car il sera aisé d'inferer de là, que si depuis tant d'années les mesmes oiseaux se sont veus en l'air, les mesmes poissons sous les eaux, les mesmes plantes & les mesmes animaux sur la terre, il y a apparence que le temps precedent & l'avenir (supposant mesme l'eternité du monde) n'y apporteroit pas plus grande innovation. Cessons donc ces plaintes in-

injustes de la nature, & quittons cette erreur populaire, qui nous fait admirer les siecles passez, & mespriser le present. Croiez, Paleologue, que les hommes que vous voiez aujourd'huy, sont les mesmes quant à la nature, qu'estoient nos anciens Gaulois, & ainsi des Grecs & des Romains, la difference n'en est qu'accidentelle, eu esgard à l'education des corps, culture des esprits, conjoncture des temps, & autres rencontres fortuites, qui varient les choses singulieres & individuelles, sans alteration pourtant des universelles. Aussi le mesme se verifie du reste des animaux qui vivent sous mesme condition que nous, à cet esgard. Les aigles du temps passé n'estoient pas plus absolues dans le vague espace de l'air, qu'elles sont aujourd'huy, les Orques marines n'estoient point plus monstrueuses que sont nos Baleines. Les Lyons d'Afrique n'y commandoient pas avec plus de force & d'authorité la campagne, qu'ils sont à present. Et croyez sur tout que jamais nostre Europe ne produisit de plus beaux Asnes & en meilleur nombre, qu'elle fait au siecle où nous sommes, & qu'en ce point la Nature n'a nullement degeneré.

PALEOLOGUE. Vous ne pouviez faire marcher en meilleure compagnie, ce rare & precieux animal, auquel fort à propos vous avez reservé le dernier lieu, comme le plus honorable de la procession.

PHILONIUS. Je vois bien que vous en parlez avec figure & par mocquerie; mais si je n'avois esté devancé par plusieurs autres, en la description que je pourrois faire de ses merites, je croirois vous pouvoir aisement faire paroistre que c'est une seconde erreur, encore plus grossiere & populaire que la premiere, qui nous le rend ainsi ridicule & mesprisable. Ce que je ne puis attribuer qu'à cette envie canine qui s'attache volontiers aux choses les plus estimables, comme le ver au meilleur & plus precieux fruit; quoyque tousjours la verité plus forte que toute chose, l'emporte en despit qu'on en ait, *Invidiæ scopus idem invidorumque scopulus*. Et de fait on est contraint enfin de commettre les plus grandes & importantes charges de la vie à Messieurs les Asnes, qui s'en acquittent si dignement, que de pere en fils nous les voyons soigneusement conservées dans leurs familles.

PA-

PALEOLOGUE. Ou je suis trompé, ou vous estes en humeur de nous dire merveille sur ce sujet ; ce que vous ne devés differer de faire pour avoir esté traités par autres avant vous; puis qu'on ne se lasse point d'ouïr chanter les forces d'Achilles, la prudence d'Ulysse, la pieté d'Ænée, & ainsi des autres. Combien de temps depuis Homere Isocrate se porta-t'il à declamer sur les bonnes graces d'Helene ? & puis en un champ si ample & fertile, que celuy où vous entreriez, il vous seroit aisé de faire vostre maison à part, sans toucher les limites d'autruy, & vous conduire par un chemin que personne n'auroit encore foulé.

PHILONIUS. J'advoüe l'estenduë du sujet telle que vous la dites, si bien qu'au lieu de craindre que terre me manquast, je n'apprehenderois que de me perdre dans une si vaste & si spatieuse campagne, ne doutant point que si j'avois entrepris de faire recit des merites & perfections de ce gentil Rossignol d'Arcadie, je ne me trouvasse principalement empesché d'en faire le choix, & l'elite, dans la multitude confuse qui se presenteroit à moy de toutes parts.

PALEOLOGUE. J'y trouve un plus grand inconvenient pour vous, & que nostre amitié ne me permet pas de vous celer. C'est que beaucoup se persuaderoient que vous vous seriez chatouillé vous mesme. *Tibi ipsi balneum ministrando*, & comme dit l'Italien, *Dando ti lagua à piedi*. Il vous conviendroit donc user de telle moderation, qu'en loüant autruy, il ne semblast pas que vous vous fussiez loüé vous même ; ce que vous sçavez estre de trésmauvaise grace, comme procedant d'une philautie odieuse, & insupportable.

PHILONIUS, Cette consideration ne me feroit pas tirer le pied en arriere, *licet enim aliquando de se magnifice loqui* : tesmoin celui qui dit,

Virg.   *Sum pius Æneas.*

& ailleurs, *Disce puer virtutem ex me.* Caton ayant encore parlé plus fierement ce me semble ;

Crimen erit superis, & me fecisse nocentem.

Et quand doit-il estre plus pardonnable de dire quelque chose à son advantage, qu'alors que descrivant les vertus eminentes d'un Asne, les nostres s'y trouvent insensiblement enveloppées ?

PALEO.

PALEOLOGUE. Adjoustez à cela ce que dit le proverbe, qu'en tout cas celuy-là est bien fol qui s'oublie. Or puisque ce puissant obstacle cesse, lequel j'avois le plus redouté, je ne vois plus rien qui vous doive empescher de nous faire part des curieuses recherches, & ingenieuses observations qu'il semble que vous ayez faites de longue main, & avec grand soin sur ce chef d'œuvre de nature.

PHILONIUS. Encore que je sçache assez de combien tout ce que je puis dire sur ce sujet se trouvera inferieur à son merite, que je reconnois au dessus de tous les tiltres d'honneur & de recommandation que je luy sçaurois rendre, si ne puis-je refuser à nostre amitié ny au genie qui me possede, d'accepter le party qui m'est presenté, sous cette condition toutesfois, que tout ce que les autres en ont dit devant moy, me tiendra lieu d'avant-propos, sans que je sois obligé, *tanquam asinus balneatoris*, d'en faire une ennuieuse & infructueuse repetition. Que si j'avois à user de quelque autre preface, ce seroit pour vous induire à quitter toutes ces injustes preventions d'esprit, dont je ne doute point que vous ne soyez comme les autres preoccupé, c'est à sçavoir, que les Asnes ne sont bons qu'au moulin, qu'ils ne font rien qu'à coups de baston, qu'il ne leur faut que des chardons : en un mot, que les Asnes ne sont que des Asnes. Car si vous voulez estre juge equitable de mon discours, la raison veut que ce soit sans prejugé, & hors toute sorte d'anticipation. Que si autrefois on rebuta à Spartes celuy qui vouloit louër publiquement Hercule, luy disant, *quis Herculem vituperet* ? ne dois-je pas esperer par contre-sens une favorable attention au dessein que j'ay de tirer de la colomnie, celuy que la seule vertu enviée a exposé à une si publique medisance ? Ce que j'entreprendray d'autant plus volontiers, qu'outre ma propre satisfaction, je croiray meriter des hommes & des Dieux, supposé pour veritable ce que dit Pla-

In Alis. ton en son livre de la Loy : qu'un des plus grands contentements que reçoive Jupiter là haut, est d'oüir icy bas estimer & louër dignement les personnages d'eminente vertu. Or pour ce que ce mot d'Asne est homonyme, y en ayant au ciel, *aselli enim in capite Cancri,*

Cancri, aussi bien que parmy nous en terre, & au royaume de Neptune, *ubi habitus quondam piscium nobilissimus,* Plinius aussi bien qu'en celuy de Pluton (tes-l. 9. c. moin la corde du bon homme man-17. gée à mesure qu'il la tourne) la Nature s'estant pleuë à faire paroistre par tout le modele de sa toute puissance, je crois avant toutes choses, necessaire de vous dire, pour eviter les equivoques, que sans mandier les perfections des autres (avec lesquelles aussi je n'ay pas eu une si familiere conversation) je ne vous entretiendray que des merites de nostre Asne terrestre, que l'on nomme à la foire Martin, & encore vulgairement appellé Maistre Baudet, animal si connu de tous, que ce seroit comme s'amuser à luy laver la teste, ou à discourir de son ombre, d'en vouloir icy donner la definition essentielle, pour le mieux remarquer, n'y ayant partie de la terre, où il ne s'en trouve, ny lieu quelconque capable de l'humanité, où il n'y ait de l'asnerie en abondance. Car quoy qu'Herodote, & aprés luy Aristote ait escrit au huictiesme de son histoire des animaux, qu'il ne naissoit point aux climats froids, comme

comme aux païs Pontiques, & de Scythie (en quoy il a esté suivy par Strabon au septiesme de sa Géographie) adjoustant au second de la generation des animaux, celuy de Celtes ou Gaulois d'au dessus l'Espagne, qui est nostre Royaume de France; si est-ce que nous sommes bons tesmoins de son erreur, nous pouvans vanter qu'il n'y a lieu au monde, où ils viennent en plus grand nombre & avec plus de perfection que chez nous. C'est ainsi que les plus grands hommes font quelquefois les plus lourdes fautes *tan grande es el yerro como el que yerra*, leur exaltation ne sert qu'à rendre leur cheute plus pesante & considerable.

Lucr.   *Et graviter magni, magno cecidere ibi casu.*

Estant au reste bien aise d'assigner la cause de cette erreur, fondée sans doute sur ce qu'ils croyent que les seuls païs chauds pouvoient donner le temperament qui produit les beaux esprits, & par consequent que celuy dont nous parlons, ne pouvoit prendre sa naissance, ny s'entretenir ailleurs. Mais l'experience nous a fait connoistre, depuis que les plus grands Philosophes
n'ont

n'ont pas été les meilleurs Geographes, que sous toutes les Zones du monde il naist des Asnes à longues & courtes oreilles ; quoy que comme il y en a de plus considerables les uns que les autres, *unde Asini Reatini*, ils soient aussi plus rares en un lieu qu'en un autre, comme en Silesie. Bien que la raison qu'en rendent les Allemans, disant qu'une Asnesse fust prise & mangée par ceux du païs pour la mere de tous les lievres, d'où viendroit qu'il n'y en retourneroit quasi plus, soit, ou je me trompe fort, un vray conte fabriqué à plaisir sur ce que l'Asne a souvent l'oreille gentiment & alerement dressée comme celle d'un lievre. Or pour ne tenir plus longtemps les vostres en attente, & observer le plus d'ordre que faire se peut en une matiere si diffuse, je ne croys pas qu'on puisse paranympher nostre Docteur Arcadique avec une meilleure methode, qu'en considerant les prerogatives, & advantages aux trois genres de biens connus des Philosophes : c'est à sçavoir, ceux de l'esprit, du corps, & de la fortune. Combien que par un mespris genereux, il n'ait jamais fait estat des derniers, comme estant

choses

choses externes, & partant indignes, à le bien prendre. Telles sont les richesses, le commandement, la noblesse, l'honneur ; qu'à cette occasion nous ne considerons qu'en tant qu'il les neglige, & que la privation volontaire de beaucoup d'iceux, luy fournit de matiere à exercer ses vertus de frugalité, modestie, temperance, & autres. Doncques quant aux richesses, que nous nommons ordinairement moyens & commoditez, n'est-il pas certain que ce sont plustost empeschemens & incommoditez en la vie ?

Lucian. Tesmoin le pauvre savetier Micylus, qui en perdit tellement le repos, qu'il fust contraint de s'en defaire. Car bien que l'acquisition en soit tres-difficile, la possession en est encore plus importune, *Senec. ep. 116.* *majore tormento pecunia possidetur quam quæritur.* Adjoustez que la sottise & impertinence est leur appannage ordinaire, *Horat.* *stultitiam patiuntur* *Petro.* *opes,* au lieu que, *nescio quomodo bonæ mentis soror est paupertas.* D'où vient que Mercure estant venu trouver le pauvre Timon qui bechoit son champ *Luc.* accompagné de la pauvreté, il trouva avec elle le travail, la force, & la sagesse, que la faim avoit là reünies & ramassées.

ramassées. Ce qu'ayant bien & meurement consideré nostre Philosophe aux longues oreilles, *pedibus aurum & argentum subjecit, & quicquid est prop- ter quod calcamur, & premimur.* Que s'il y a des Asnes dorés, argentés, & purpurés, comme veritablement il en est autant que jamais, croyez que toutes ces richesses se sont comme données à eux, & qu'ils ne se sont jamais beaucoup peinés pour les acquerir ; estans seulement riches, par la fatalité du Decret recité par Menippus dans la Necyomantie de Lucian, par lequel il est expressement porté que les ames de ces grands richards, doivent aprés cette vie animer par metampsicose des corps d'Asnes, *donec quinquies ac vicies annorum millia transegerint*, c'est à dire à mon advis, jusques à ce qu'ils se soient purgez en cette nouvelle & plus pure demeure, apprenans à mieux user des richesses, sous une forme qui leur fournit une meilleure ratiocination. Pour ce qui est de la preeminence & du commandement, jamais il n'affecta les charges & magistratures, faisant son compte, que qui prend commandement sur autruy, le perd volontiers sur soy mesme,

Senec. ep. 95.

me, *& que non e il più bel mestiero ch'il non haver pensiero*; les charges qu'on recherche aujourd'huy avec tant de passion, ayant esté tres-bien nommées, pour estre d'un poids & fardeau presque insupportable à qui les regarderoit du bon biais. Mais quoy! les conditions du temps ont forcé de sorte son naturel en ce point, qu'à la verité nous voyons la plus part des offices, & des plus grands & importants Estats, qu'il exerce, se sacrifiant par ce moyen au public, & se donnant à sa patrie, en se desrobant à soy-mesme. Icy je le pourrois comparer aux plus renommés de toute l'antiquité, si je me voulois estendre sur ce lieu commun. Mais venons plutost à sa noblesse, non pas pour en faire un puissant appuy, *miserum est aliorum incumbere fama*. Mais tant y a qu'on ne peut pas dire, qu'il soit comme le Mulet & autres bestes bastardes, qui n'entrerent jamais en l'Arche de Noë, d'où est sortie la plus ancienne noblesse, (pour raison de quoy on en conserve encore les plus authentiques titres dans les Archives.) N'est-il pas vray que tout le Vieil & Nouveau Testament son pleins de passages, qui parlent

Juv. Sat. 8.

parlent tres-honorablement de luy. L'Asnesse de Balaam vit-elle pas l'Ange avant son maistre ? Où se trouve-t'il des chevaux qui ayent veritablement parlé comme elle (si on ne veut comparer les Rapsodies d'Homere aux veritables misteres de la Bible) ou que les Anges se soient offencez de les voir battre, comme celle-cy ? Sur quoy Origene a estimé qu'ils presidoient à la nativité des animaux, & particulierement des Asnes, aussi bien qu'à celle des hommes. Il y a mille passages observés par d'autres, qui monstrent cette prerogative & eminence; qui fait que pour la conservation de l'Asne aussi bien que de l'homme, (dont il n'est parlé qu'en second lieu) *primogenitum Asini mutabatur ove*, dans l'ancienne Loy. Si nous avons recours aux histoires prophanes dés le temps de la Gigantomachie qu'y a-t'il qui servit davantage à la victoire des Dieux que le terrible & espouvantable braire de l'Asne du bon homme Silene, qui mit tous les Geans en deroute ? Quand les mortels eurent receu de Jupiter ce beau present de Jouvence, à qui en commirent-ils la garde, sinon à l'Asne ? (quoy qu'il la donnast

Exod. c. 13. & 34.

naſt au Serpent pour une fois à boire, à peu prés comme Eſau ſa primogeniture.) En la bataille que ſe donnerent les habitans de la Lune & du Soleil, *Lib.* 1. dont parle Lucien au traité des Hiſtoires veritables, les Aſnes y furent-ils pas les trompettes? Combien de peuples s'en ſont ils ſervis en guerre, & non pas de chevaux? d'où vient qu'on les immoloit au puiſſant Dieu des armées. C'eſt ce qui fait que je ne me puis trop eſtonner de l'ordre des Chevaliers de l'Eſcharpe ou de la Bande, inſtitué par Alphonſe, qui s'obligeoient par ſerment de ne monter jamais ſur aucun Aſne, ſi ce n'eſt qu'ils le fiſſent par reſpect & deference; car à la verité cette monture devroit eſtre reſervée ſinon à la Deeſſe Iſis, au moins aux plus grands Monarques, & encore aux actions les plus ſolemnelles. Comme quand le Roy Dadel voulut triompher de Claude Roy des Abiſſins mort en la bataille, l'hiſtoire remarque fort à propos, qu'il le fit magnifiquement monté ſur un Aſne; & quand Oedippus euſt combattu & defait la Sphynge, voulant entrer avec triomphe dans Thebes, il la poſa glorieuſement ſur le dos d'un Aſne. Fut-il jamais un plus

plus beau Carrousel, que celuy que nous represente l'Escriture sainte, lors qu'elle nous veut faire voir l'opulence d'Israël commandé par ses Juges ? *Iair Judic. Galaadites judicavit Israel per viginti c. 10. & duos annos, habens triginta filios se- & 12. dentes super triginta pullos Asinarum, & principes triginta Civitatum.* Et comme les Empires se rendent avec le temps plus puissans, Abdon qui gouverna depuis, *habuit quadraginta filios, & triginta ex eis nepotes ascendentes super septuaginta pullos Asinarum.* Et quoy! le Fils de Dieu mesme n'entra-t'il pas en Hierusalem seant sur une Asnesse, qui est la seule entrée Royale qu'il ait faite en toute sa vie ? *Ma por tornar à casa*, ce ne seroit jamais fini à qui voudroit curieusement rechercher tous les titres de l'illustre & genereuse extraction de nostre Heros d'Arcadie; qui n'a pas pour cela la sotte vanité de ceux de ce païs là, lesquels se disoient autrefois avec grande ostentation plus anciens que la Lune. Car au contraire il ne fait non plus de compte de son origine que d'un o en chiffre, sçachant bien que comme le zero d'Arithmetique de luy mesme ne signifie rien, mais adjousté à un autre
nombre

nombre l'augmente & le rend tres important : aussi la noblesse toute seule & considerée toute nuë separement, doit estre estimée honteuse, & plustost méprisable qu'autrement, quoy que servant de baze & de soustien aux conditions loüables & qualités vertueuses, elle leur donne beaucoup de lustre ; ainsi que fait la feuille d'or mise sous une pierrerie, dont elle augmente non le pris, mais l'esclat, le teint, & la splendeur. Or ce n'est pas seulement en ce point qu'il fait paroistre sa modestie, son seul geste, & son port tant en particulier qu'en public, tesmoignant assez qu'il tire sa plus grande gloire du mespris de sa gloire mesme. *Nulla felicitas Asino major quam ut gloriam, nec quærat, nec habeat ; altero in summa tranquillitate animi, altero in maxima securitate vivit.* Quoy que quelques esprits difficiles, & qui trouvent à dire par tout, luy ayent voulu imputer une vaine gloire, en ce que faisant le grand Seigneur, il ne chemine point, disent-ils, s'il n'a tousjours aprés luy quelqu'un qui le suive, ne s'appercevans pas que ce marcher tardif & grave luy est plus naturel qu'aux Espagnols, pignols, procedant d'une abstraction d'esprit quasi tousjours Philosophant, ou pour le moins.

Nescio quid meditans nugarum totus Horat. *in illis.* l. 1. Sat. 1.

Vous ayant donc fait voir jusques icy le peu d'estime que fait nostre sage Bias des choses qui sont hors de luy, & de tous les biens que nous avons nommés exterieurs, passons maintenant à ceux du corps, comme plus propres & de plus importante consideration. Car qu'y a-t'il, ce semble, plus souhaitable que la santé, la beauté, la force, l'agilité? si est-ce qu'estans choses perissables, & qui ne sont pas bonnement en nostre puissance, il ne pretend pas grand avantage de ce costé-là, encore qu'il n'ait sujet d'envier à aucun des autres animaux un traitement plus favorable de la part de nostre commune mere la nature. Car quant à la santé, precieux tresor de la vie, que Pyrrhus demandoit seule aux Dieux en ses prieres, & qui fait dire à l'Ecclesiaste, *non est sensus super sensum salutis corporis*, bref pour la privation de laquelle Chiron voulut renoncer à l'immortalité. Qui pourroit-

pourroit-on proposer qui la possede entiere, robuste, continuë, & plus qu'Athletique comme luy? Car c'est chose merveilleuse qu'où les autres animaux sont subjects à tant & de diverses maladies, n'ayans partie sur leur corps qui n'en soit attaquée en plusieurs manieres ; l'Asne est unique qui n'est subjet qu'à une seule infirmité en toute sa vie, comme l'a remarqué Aristote ; encore n'est-ce qu'un petit catharre de pituite rousse qui lui coule par le nez, & qui n'est à craindre, qu'au cas qu'il se jettast sur le poulmon, ce qu'il attribuë seulement au froid, ennemi de sa nature. Mais il est fort vray-semblable, que son humeur studieuse, & son esprit quasi tousjours bandé à la contemplation, y contribuë plus que toute autre chose. Or bien que ce soit un puissant indice d'un soin particulier que le ciel a de luy, luy influant une si heureuse naissance & constitution, si est-ce qu'il doit une bonne partie de cette félicité à sa temperance, bonne conduite, & regime de vivre, s'accoustumant dés son bas âge aux inclemences du ciel, contractant amitié avec toutes les qualitez de l'air, couchant

chant au serain, & sur la dure, mais sur tout vivant en une sobrieté nompareille en son boire & son manger, Car c'est chose inoüie qu'il ait jamais eu sujet de se repentir des excez de bouche ; quoy qu'aprés un long travail & ses abstinences ordinaires, il falle beau le voir se ruer en cuisine sur quelque gerbe de paille fraiche, que sa bonne fortune luy aura donné à la rencontre, suivant le proverbe, *Asinus in paleas*, ou en guise de salade, savourer les tendres bourgeons d'une vigne, d'où vient à mon advis, ce qu'a remarqué Hyginus *antiqui nostri in lectis triclinaribus, in sulcris capita asellorum vite alligata habuerunt, significantes suavitatem invenisse.* *In Fab. ca 274.*

PALEOLOGUE. Je ne vous puis celer, Philonius, l'impatience qui me tient de vous oüir faire ensuite une description de la beauté de vostre Asne, à laquelle sa bonne disposition si ferme & arrestée ne peut que beaucoup contribuer.

PHILONIUS. Quand il auroit autant de desavantage en ce point que je vois bien que vous le vous figurez, il me suffiroit pour le mettre à couvert, de vous dire avec Aristote au premier de ses Politiques, & Platon au cinquiesme de ses Loix, que la beauté du corps & celle de l'esprit ne se trouvent que fort rarement conjoinctes : d'où vient le precepte de l'Ecclesiaste, *non laudes virum in specie sua, nec spernas hominem in visu suo*. Et croyez que c'est une mauvaise caution que celle de la beauté, & que l'on y est souvent trompé. Qui ne l'eust esté à voir celle de Neron, qui eust le pouvoir de le faire regretter, comme remarque Tacite au premier de ses histoires ? *Sicut Absalon vir non*

c. 14. *erat pulcher in omni Israël*, au 2. des Roys, au reste si méchant qu'il conjure contre son propre pere le Roy David. Le proverbe dit bel homme au gibet, belle femme au bordel,

Senec. in Hipp. *Raris fama viris specula prospice, Impunita fuit.*

Et la Nature maligne du plus beau des animaux qui est le Paon, tel que Pline nous l'a descrit, & que nous la

Hist. Nat. l. 10. c. 20. pouvons tous les jours observer, nous doit rendre la beauté suspecte, en quelque lieu qu'elle se trouve. Nireus estoit le plus beau & le plus poltron tout ensemble, de ce grand nombre de Grecs qui furent veus devant Troyes. Mais

Mais ne croyant pas avoir besoin pour sauver l'honneur d'un Asne, de courir fortune de l'aveuglement, en medisant de la beauté, à l'exemple de Stesichore & d'Homere, supposons au contraire, que *augustissima quæque species habeat plurimum in se de cælo, sive divinus ille animus venturus in corpus dignum prius metatur hospitium, sive cum venerit fingit habitaculum pro habitu suo, sive aliud ex altero crescit*, & que *ex vultu hominis ac decore membrorum colligi possit, quantus illos cælestis spiritus intrarit habitator*, d'où vient que dans Athenagoras, Melangenie asseure, que lisant en la face de Caride, elle y a apperceu les marques & enseignes, lesquelles nous font reconnoistre ceux qui sont favoris des Dieux. Aussi suivant cette opinion le Poëte Lucrece veut que la premiere distribution des possessions de la terre se soit faite,

Pacat. Paneg. Theod.

Pau. const. tru.

Du vray & parfait Amant

Pro facie cujusque, & viribus ingenioque,   *Lib. 5.*

Nam facies plurimum valuit.

Et Diodore Sicilien nous fait voir les Ethiopiens (les plus anciens de tous les hommes) qui deferent la Royauté aux plus beaux d'entr'eux, τύχης ἡγούμενοι δῶρα ἀμφότερα τὴν τε μοναρχίαν καὶ τὴν εὐπρέπειαν. Utrumque, & monarchiam, & formæ elegantiam, fortunæ donum existimantes. Ce que tesmoigne aussi fort suffisamment le vers si commun dans les Ecoles.

Πρῶτον μὲν εἶδος ἄξιον τυραννίδος,
Primum quidem facies digna est Imperio

Ad Nicom l.1. c. 18.
Chantons encore la palinodie avec Aristote, qui dit en ses Morales, qu'on ne peut sans la beauté posseder le souverain bonheur, ἐπάνυ γὰρ οὐδ' αἱμονικὸς,

Dialog. Diog. & Alexand.
ὁ τὴν ἰδέαν παναίσχης quoique Lucien lui ait fort à propos reproché, qu'il ne l'avoit dit que pour flater Alexandre. Et certainement la beauté est nommée des Grecs καλὸς, pour ce qu'elle appelle & attire tout le monde à soy.

Paul. ad Hebr c. 7. & 23. Petron. Arb. 1. Reg. c. 25.
C'est elle qui sauva Moyse au berceau, & Gyton d'entre les mariniers. Les bonnes graces d'Helene arresterent ceux qui la vouloient lapider, celles d'Abigaïl desarmerent le courage irrité de David. Estimés vous donc que toutes ces recommandations de la beauté soient autant de diffamations contre celuy duquel nous entreprenons la louange ? Je vous prie auparavant de

de me definir cette beauté en general, ou par quelque description particuliere m'enseigner en quoy elle consiste. Quant à moy, je croys que s'il y a chose au monde qui soit en l'imagination, & fondée sur les opinions diverses, c'est celle-cy; la preuve de quoy demanderoit un discours separé, sur lequel nous nous pourrons entretenir une autre fois. Il me suffira pour le present de vous faire voir par quelques exemples, que ce qui est trouvé beau en un lieu, change de nature en un autre. Et parce que la beauté est une Deesse qui semble favoriser principalement celles de son sexe, portons y d'autant plus nostre consideration. N'est-il pas vray que les uns veulent les femmes grandes & grasses, comme les Italiens & Espagnols; les autres mediocres & deschargées de trop d'embonpoint, comme nos Françoys aussi bien que les Allemands? Nos dames se font les sourcils en arcades, celles d'Afrique se les peignent en triangle. Entre elles les Azanagues & Ethiopiennes se font venir les plus grandes tetasses qu'elles peuvent, en les tirant & senglant à leur mode, il n'y a rien qui nous degouste plus par deçà; nous voulons un cuir

Diverses relations.

cuir uni & lisse ; infinis se le peignent & cicatrissent jusques à stigmatiser leurs enfans, qui est ailleurs une note d'infamie. Nous prisons une bouche petite avec des levres mediocres ; ceux de Libie estiment la bouche grande & les levres grosses & renversées. Un nez de juste hauteur, & de longueur raisonnable nous agrée, vous ne ferez jamais croire à un Abissin, que le plus plat, camus & escrasé, ne soit le mieux formé : mais le Persan prend l'autre extremité, le voulant long & aquilain, qu'ils appellent royal, (auquel sens celuy de l'Espouse semble nous estre descrit : *Nasus tuus sicut turris Libani quæ respicit contra Damascum.*) Le marché droit & la belle allure ont leurs charmes comme le reste de la personne ; j'en ai veu d'amoureux du clocher d'une boiteuse, & qui trouvoient qu'en elle, aussi bien qu'en cette belle elegie d'Ovide, un pied plus long que l'autre avoit ses graces particulieres.

Cant. Cant.

3. Am. Eleg. 1.

In pedibus vitium causa decoris erat.

Qui pourroit regarder parmi nous sans horreur une femme qui auroit toutes les joües, le nez, & le menton troüés & lardés de pierres de diverses couleurs?

leurs ? sans cela Venus ne seroit pas trouvée belle parmi beaucoup d'Indiens. Les Grecs & Latins, ont aymé l'œil noir, nous nous passionnons pour le verd. Nous courons tous après les blanches ; la femme de Moyse estoit noire, qui eut tant de pouvoir sur luy, qu'Aaron & sa sœur en furent jaloux, comme a remarqué Origene ; & la Reyne de Saba estoit aussi noire, qui seule tira les plus cachez secrets de Salomon.

Candida si non sum, placuit Cepheia   Saph.
    Perseo   Phar.
    Andromede, patria fusca colore suæ.   ap. Ov
        in Epist.

Qu'y a-t'il de plus recommendable, ce semble-t'il, que la perruque ? la terre mesme a ses cheveux, sans lesquels elle paroist difforme, & la   Philost. mer a ses cannes & son alge, qui sont in epist. les siens ; d'où vient que Neptune est nommé Nigricomus, κυανοχαίτης. *Venerantur etiam sapientes ex astris cometas, & sacerdotes comis ornatos* ; & nous respectons parmi les constellations, la chevelure de cette Reyne d'Egypte. *Quid, quod Venus ne tum quidem se rasit cum esset in luctu, & squalore?* Escoutons ce que dit l'amant divin

divin dans son Cantique, *Vulnerasti cor meum soror mea sponsa, vulnerasti cor meum in uno oculorum tuorum, & in uno crine colli tui.* En nostre sexe mesme nous voyons le plus beau des Dieux qui est surnommé, *intonsus Apollo :* & nos propheties disoient du plus beau des hommes, *novacula non transibit super caput Nazarei.* De là vient que tant de Nations ont fait gloire de leurs longues perruques, & que les Ambassadeurs de David, ayant esté rasés en derision par Hanon Roy des Amonites, ils eurent depuis de si grandes guerres ensemble : ayant esté remarqué sur ce mesme fondement par Aristote, qu'un Lieutenant du Roy Mausole nommé Condalus, tira des Lyciens tant d'argent qu'il voulut, pour eviter le rasement de leurs cheveux, dont il les menaçoit, disant en avoir charge de son Maistre. Et je ne sçay si le Pape Benoist Neufviéme n'attendoit point le mesme des Polonois, quand il les condamna à se couper les cheveux sur les oreilles pour punition d'avoir si mal-traité leur Roy Casimir Premier. Or cependant combien y en a-t'il de l'un & de l'autre sexe qui se les coupent, ou tout à fait, ou en partie

c. 4.

Num. 6. & Iud. cum. 13 Reg. 1. c. 1.

1. Paralip. c. 19

2. Oeconom.

partie de mille differentes façons, chacun croyant avoir le mieux rencontré au fait de la bonne mine. *Arimphæiis capillus juxta fœminis virisque in probro existimatur*, dit Pline, parlant de ce peuple inviolablement sacré. C'est, à mon advis, ce qui obligea les Romains à l'adoration d'une Venus toute chauve, reconnoissants encore que la pelade avoit sa grace & sa beauté. Et qui doute qu'en l'Isle des Myconiens l'une des Cyclades, ou au païs des Argippées vers le Septentrion, où naturellement hommes & femmes sont sans cheveux, on n'y trouvast les mieux peignés & frisés non seulement desagreables, mais mesme hideux & espouventables ; estant en ce sens, peut-estre, que les sauterelles de l'Apocalypse qui representent les diables, sont depeintes avec de si longs cheveux. *Et habebant capillos sicuti capillos mulierum.* Il y a des peuples entiers en la Nouvelle France, qui ne portent des cheveux que d'un costé. Les femmes du Japon n'en laissent qu'un peu au derriere de la teste ; celles de Camboia aux Indes Orientales se tondent jusques aux oreilles ; & celles de Ragouze de mesme les portent

l. 6. c. 13

Str. 10. Geo. & Pl. l. 11 c. 17. Her.

Champl. & autres relations.

Merc.

tres-courts, se les rendant encore les plus noirs qu'elles peuvent par artifice; au rebours des Venitiennes qui les blondissent avec un soin extréme, n'estant neantmoins separés que du Golphe. Non plus que ces deux peuples de Lybie, dont parle Herodote en sa Melpoleme, qui ne sont separés que du Palus Tritonide, dont les uns portoient les cheveux longs par devant, & les autres par derriere, à la mode des Tartares d'à present; au rebours des autres, appellés Maxies, que le mesme Autheur dit avoir eu le costé droit de la teste fort cheveluë, & le gauche du tout razé. Ce qui me fait encore souvenir des Georgiens & Hongrois d'aujourd'huy, qui ont la teste toute rasée, hormis une bordure qui leur fait une couronne monachale; tout au contraire de ceux de Pegu, de Ragouze, & autres lieux, qui ne nourrissent qu'un boucquet de cheveux sur le sommet de leurs testes. Toutes ces diversités font-elles pas voir clairement qu'il n'y a rien de solide en ce que chacun veut estre estimé beau, selon les preventions de ses phantaisies.

Nigra μελίχρως, *est immunda, & fœtida* ἄκοσμος,

Et

Et ce qui suit d'admirable sur ce subjet dans Lucrece & dans Platon au cinquiesme de sa Republique, descrivant les differends attraits des jeunes hommes de son temps. Mais posons le cas que la beauté soit quelque chose de réel, qui se puisse definir une juste proportion des parties avec une couleur convenable, qu'y aura-t'il en cette definition qui ne convienne autant & mieux à nostre gentil Adon de Cumes, qu'au plus parfait & accompli de tous les hommes? Car quant à la cymmetrie des ses membres, outre qu'elle est aussi admirable, encore est-elle d'autant plus estimable, qu'on ne la voit point defectueuse, la Nature ne produisant rien de monstrueux en cette espece comme en la nostre, faisant bien voir par là qu'elle ne travaille à la formation de l'homme que fort negligemment: mais que quand il est question d'engendrer un Asne, elle s'y porte toute entiere comme à un ouvrage qui la touche de plus prés, & qu'elle veut rendre de tout point accompli. Pour le regard du coloris de son teint, graces aux Dieux il est tel, qu'il n'eust jamais recours au blanc ni au vermillon d'Espagne, non plus qu'aux composi-

compositions parfumées, pour couvrir les deffaux d'une nature corrompuë, *Neque enim Asinus in unguento*, comme nous disons à toute heure. Aussi nostre gentil amoureux se peut bien vanter, quand il caresse sa Charite, luy sautant gayement sur la crouppe, qu'il ne ressemble pas aux Pigmalions de ce temps, qui n'embrassent que des images plastrées; ayant encore cet advantage, qu'il joüit gratuitement des faveurs & des beautez de sa Dame, là où les nôtres acheptant leurs bonnes graces, ce n'est pas merveille si puis après elles les nous revendent, *ch' imbiancha la casa la vuol appigionare*. Aussi n'a-t'il point de sujet de quitter sa couleur naturelle, pour quelque autre que ce soit, possedant la plus estimable de toutes, comme il faut croire par raison, le prenant *in puris naturalibus*, puisque le Tarandus de Pline, qui est susceptible de toutes couleurs, cherit celle-là plus qu'aucune autre, *cum libuit sui coloris esse Asini similis est*. Vous me direz, d'où vient donc que nous n'appercevons, ny ne sommes touchez de ses rares beautés & perfections Asinines? A cela je vous responds, qu'un Asne en diroit bien autant

Lib. 8. c. 34.

autant des nostres, s'il avoit autant de philautie que nous, ou qu'il ne discourut un peu en meilleure forme. Car pour le premier point, c'est un certain amour de nous mesmes, qui nous represente jusques à la beauté des Dieux en figure humaine, comme si chasque espece du reste des animaux ne pouvoit pas former une mesme conception à son advantage, & à sa mode. La Taupe se figurant un Dieu aveugle, l'Aigle un Dieu volant, le Daulphin quelque Triton fendant les eaux. Ce qui vient d'un charme physique, que la Nature comme macquerelle d'elle-mesme, dit Ciceron, a imprimé en tous ses ouvrages, qui s'estiment chascun pour le plus beau & accompli. *Tam blanda consiliatrix, & quasi sui lena Natura.* Sur cette imagination & philantropie, tant s'en faut que nous reconnoission autre beauté que la nostre, que nous ne voulons pas seulement, que le visage, sur lequel elle repose comme en son principal siege, se puisse proprement dire d'autres que de nous; *vultus in nullo animante esse præter hominem potest*, dit le mesme Orateur Romain. Et avant luy Aristote se chatouillant comme

l. de natur. Deorū.

Primo de Legibus.

me les autres, τὸ πρόσωπον, la face, dit-il, ne se peut bien prononcer, que de l'homme, c'est au premier livre de l'histoire des Animaux chap. 8. en donnant cette belle raison au livre troisiesme des parties d'iceux chap. 1. parce qu'il n'y a que luy qui regarde devant soy, μόνG πρόσοθεν ὅπωπε; sans se souvenir qu'ailleurs pour un plus grand avantage, & avec non moins de vanité que de fausseté, nous nous vantons d'estre seuls Ouranoscopes comme si les Cieux n'estoient faits que pour nous.

Cicer.
ibidem.
Que j'estime l'ingenuité Philosophique de Cotta, lequel tant s'en faut qu'il ose s'estimer plus beau que le Taureau ravisseur d'Europe, qu'il ne voudroit pas prendre cet advantage sur la moindre fourmy de la terre. Venons au second point, & remarquons que pour bien juger d'une beauté, non seulement il faut estre beau, (d'où vient que Paris comme tel fut pris pour arbitre des Déesses, quoy qu'il y eust lors en Grece & ailleurs assez de plus habiles hommes que luy) mais de plus, il faut estre beau de la beauté specifique dont est question, parceque c'est icy qu'on peut dire que chascun est clairvoyant chez soy. Or non plus que le
goust

gouſt ne juge pas des couleurs, ny l'odorat de la difference des ſons, par meſme disproportion, une eſpece d'entre les animaux ne peut former un jugement ſolide & raiſonnable des qualitez des autres. Ce qu'eſtant fort bien entendu par l'Aſne, *Aſinus Aſino pulcher*, & on n'a jamais ouy dire, qu'il ait voulu diſputer de la beauté humaine, comme aujourd'huy nous voulons temerairement faire de l'Aſinine; quoy que je jurerois, que les Aſnes Troyens n'eſtoient non plus touchez de toutes les attraiantes delicateſſes d'Helene, que vous pourriez eſtre des charmes raviſſans de la plus belle Aſneſſe de tout le Mirabalais; ſi vous n'eſties de l'humeur d'Ariſton Epheſien, de l'accouplement duquel avec une belle Aſneſſe naſquit cette gentile Onoſcelis. N'attendez donc pas de moy, que je m'ingere de vous dire par le menu en quoy conſiſte cette beauté rare & inconnuë, me ſuffiſant de vous avoir fait voir, qu'elle ne peut-eſtre autre que tres-rare & exquiſe, & j'oſe dire plus qu'humaine. C'eſt pourquoy l'Empereur Othon deſireux d'acquerir l'Empire de la beauté, *pane, lacte Aſinino madido, faciem ſedulo perpolivit.*

polivit. Et Poppea femme de Domitius Nero, avoit tousjours à mesme dessein, cinq cens Asnesses à sa queuë, *quarum lacte totum corpus macerabat*, à ce que dit l'historien, qui n'eust pas voulu mentir de la queuë d'une ; adjoustant ailleurs qu'il n'y a rien qui rende le teint plus net, que de le laver d'urine d'Asnesse environ le temps que la Canicule se leve. Je ne crois non plus qu'il soit besoin que je vous explique fort au long les forces incomparables de nostre heros Antronien, puisque le seul vent des moulins les publient assez par tout, & qu'elles luy sont tellement naturelles, qu'on peut tous les jours remarquer la verité de ce que Pline en a dit : *Mares ipsa intermissione operis deteriores evadere*. Aussi Homere n'a pas creu pouvoir mieux donner à comprendre la valeur & les forces de son Ajax Telamonien, qu'en le comparant à un Asne, lequel chassé du dedans d'un bled à coups de baston, ne laisse pas de prendre sa goulée, & ne s'en retire que fort posément, y ayant bien fait ses affaires. Et peut-estre estoit-ce sur ce sujet que disoit Crates le Thebain, *tamdiu philosophandum esse, donec videantur duces exercitus esse*.

Asinarii :

[marginalia: Plin. Lib. 1 c. 41.]
[marginalia: L. 28 c. 32.]
[marginalia: L. 8. c. 43.]
[marginalia: D. Laert. in ejus vit.]

Asinarii : & que Cleanthes prenoit à son advantage d'estre nommé *Asinus*, disant *solum se ferre posse Zenonis sar-* Id. in *cinam*. Hé quoy les Peres, interpre- ejus vi? tans ce grand exploit de Samson, qui tua mille hommes avec la maschoire d'un Asne, ne prennent-ils pas cette Georg. maschoire pour un signe hieroglifique venes. de vaillance, & de force ? selon lequel Sect 8. Jacob nomme Isahar, un Asne fort, pro.43 ! au 49 chap. de la Genese, pour le qualifier advantageusement. Outre ces aucthoritez neantmoins, je vous en donneray un exemple, aprés lequel j'estime que tout autre seroit superflus. Un Asne combatit en duel, & defist un Lion sur le champ, qui fust, dit-on, un presage de mort à Alexandre le Grand.

Quant à son agilité & souplesse, il a bien monstré ce qu'il pourroit pour ce regard, si son humeur l'y portoit, & qu'il ne trouvast de la resistance en sa majestueuse gravité, s'estant fait paroistre, quand il a voulu, un des plus adroits funambules de son temps. Et ne faut s'arrester à ce qu'il semble tout lourdaut, pesant & grossier, n'y ayant que la mauvaise nouriture, & pire traictement que nous luy faisons, qui

qui ont comme corrompu sa nature, & alteré ses meilleures qualitez; mais sur tout la perte de sa liberté. Qu'ainsi ne soit, ceux qui la possedent encore, aprés ces Onagres ou Asnes sauvages, sont jusques aujourd'huy des plus dispos en leurs mouvements, & comme l'atteste Jean Leon en son Afrique, des plus legers animaux, & des plus prompts à la course; de sorte que, *quo plus currunt, eo velocius currunt*, si nous en croyons Ctesias en ses Indiques.

Venons donc maintenant à son principal talent, je veux dire aux biens de l'esprit, partie superieure en luy aussi bien comme en nous, & par laquelle il se peut dire veritablement Asne, c'est-à-dire, animal discourant en son espece, raisonnant à sa mode, & Philosophant sous ces principes certains & infaillibles. Mais quelle esperance de pouvoir dignement traiter un sujet tellement au dessus de mes forces, que je prevois assez qu'il me conviendra succomber comme un Asne sous le faix. Ne dois-je pas avoir une juste crainte d'offenser la Nature, & ce qui est au dessus, me meslant de representer si mal ce qu'ils ont rendu si accompli, & neantmoins puisque les Dieux mesmes ne s'offensent pas des foibles loüanges, dont nous reconnoissons leur toute puissance & bonté, quelle grace ne dois-je esperer, si je rends aux Asnes d'un zele franc & entier les tesmoignages les plus advantageux qu'il m'est possible de leur merite & vertu?

Or les biens de l'esprit sont divisez par le prince des Peripateticques en trois chefs, qui sont la prudence, la vertu, & la volupté.

La prudence est la regle, & comme l'assaisonnement de toutes les vertus,

Nullum numen abest, si sit prudentia, Iuvenal.

qui consiste en une pointe d'esprit, & sagacité intellectuelle, laquelle nous fait agir avec discours & jugement aux choses bonnes ou mauvaises. Or cette habitude ne s'acquiert pas volontiers en dormant, comme fit Salomon au troisiesme des Roys, *neque invenitur in terra suaviter viventium*, ainsi qu'a remarqué Job fort judicieusement, c'est la compagne de la vie laborieuse & Asnesque. Car comme l'a fort bien & finement pris Isidore, ce mot, *Asinus*, vient, *à sedendo*, par Antiphrase, parce

parce qu'on ne les voit jamais les jambes croysées badiner dans une chaire, d'où procéda l'allusion du sophiste Roy Ptolomée τότε ἐγκώμιον ὅτε ἐγκώμιον. Ulisse patron de prudence, ne la posseda qu'au prix des traverses & perils que chacun sçait. Et certainement quand je voys cet Ithaquois depeint par Philostrate *in Heroicis*, la tristesse sur le front, les yeux esgarés, tesmoignans une grande abstraction d'esprit, bref en posture d'un songe creux perpetuel, il me semble que je vois l'idée parfaite d'un Asne, & son pourtrait tres-accomply. Aussi les Grecs luy ont imposé un nom tout plein de spiritualité, l'appellant ὄνος, comme qui diroit, o le bel esprit (quoy que quelques uns l'ayent voulu deriver de ὀνήμι, *juvo*, quasi ὄνος *utilis*, comme estant le plus profitable de tous les animaux, parceque, selon le dire de Caton, *quicquid per asellum fieri potest, utilissimè constat*.) Et pour designer qu'on a perdu la cervelle, ils ont le proverbe ἀπ' ὄνου καταπετών, *ab asino delapsus*, dont l'allusion n'est pas moins mistique que litterale. Les Romains pour mesme raison, celebrans la feste du Dieu Consus, patron des bons advis & prudens conseils,

Philost. l. 2. de Soph. in Heracl.

Plin. l. 18. c. 6

conseils, laissoient les Asnes en pleine liberté, pour n'irriter en eux cette divinité. Quelle prudence aux Asnesses qu'Aristote semble avoir admirées, de n'admettre le masle que justement au solstice d'Esté, sçachant que la Nature veut qu'elle porte un an le fruit de son ventre, & partant qu'au bout d'iceluy, l'exposant au jour par un temps chaud, elle luy donne une plus favorable nativité, quoy qu'elle se trouve tousjours traversée du malin aspect de Saturne, à ce que nous ont remarqué les plus sçavants judiciaires ; *nihil enim ex omni parte beatum*. Ce ne seroit jamais fait d'entrer en enumeration des actions de prudence, dont toute la vie de l'Asne n'est qu'une continuation suivie. L'usage des autres vertus, que celle-cy prescript & gouverne, nous la fera assez reconnoistre. Car le Philosophe ne l'a pas considerée separement pour luy desnier la qualité de vertu, estant l'une des principales : mais pour ce qu'elle donne la loy, & modere toutes les autres.

2 de gen. anim. cap ult.

Entr'elles la justice est de telle eminence, qu'elle semble les contenir toutes en soy. Or la premiere justice, c'est d'estre exempt d'injustice, ainsi que

que discourt fort bien Socrate avec Hippias dans Xenophon, au quatriesme livre de ses propos memorables; & comme l'on dit, *Sapientia prima est stultitia caruisse*. Mais il y a trois sortes d'injustice, l'impieté, l'arrogance, & la contumelie, dit le mesme Aristote.

Quant au premier chef, si l'on a raisonnablement attribué un culte religieux à quelques autres animaux, comme on dit que l'Elephant s'encline tous les matins vers le soleil levant, n'est-il pas vray-semblable de croire que l'Asne a son genre de veneration, quoy qu'à nous inconnu? veu mesme que le Prophete nous a revelé, que non seulement les animaux terrestres, mais encores les poissons & les oiseaux chantent, & annoncent la gloire du Seigneur; & que le nom d'Asne, qu'il porte en la langue saincte, par une simple inversion de lettres, ne signifie que pieté, *chamor enim apud Hebræos inversis literis rechem*, id est, *pietatem significat*, disent les Rabins, quand ils veulent, que la maschoire d'Asne de Samson, dont nous parlions tantost, soit prise pour sa force accompagnée d'une singuliere pieté. Que les Asnes recognoissent une divinité, l'Apologue

Geor.
ven. 16

que nous en fait foy, qui conte, que pour estre soulagés de leurs peines si extremes, ils envoyerent leurs cayers avec leurs deputez vers Jupiter, lequel ne pouvant sans trop d'injustice denier la meilleure part du contenu dans leurs justes demandes, éluda le coup dextrement, gauchissant avec soupplesse, (& ce pour beaucoup de hautes & incomprehensibles raisons,) en les remettant à quand ils auroient fait un fleuve navigable de leurs urines. Or quoy qu'ils comprissent bien que c'estoit les remettre aux Kalendes Grecques, si ont-ils esté si respectueux envers le Ciel, que du depuis, & encore aujourd'huy passant par où quelqu'un des leurs a pissé, ils s'arrestent tout court pour faire le mesme, afin de joindre leurs eaux, & en composer une mer s'ils pouvoient. Et pourquoy pensez vous que la Deesse Isis les eut choisis pour la porter, & les plus venerables misteres de l'antiquité, si ce n'est comme estans les plus religieux de tous les animaux? Au surplus, ils n'ont jamais esté en trouble entr'eux sur ce sujet, par des inventions de sectes nouvelles, & n'ont eu que faire d'employer le feu pour purger le crime d'heresie.

L'arro-

L'arrogance fuit & la contumelie, dont nous l'avons assez deschargé, parlant cy-dessus de sa grande modestie & retenuë. Aussi n'y a-t'il eu personne jusques icy de sain entendement, qui se soit plaint des insolences & outrages dont les Asnes ayent usé en son endroit; se contentans de rire dans leur sein, comme l'on dit, & se mocquer Philosophiquement à par soy de tant de sottises qui leur passent journellement devant le nez; estant là le sens de la replique de Diogene à celuy qui luy objectoit, *multi te irrident; & illos forte Asini*, dit-il, de fort bonne grace. Mais s'il est retenu à n'offenser personne, aussi ne se plaist-il pas d'estre importuné, ny à recevoir des affronts de qui que ce soit, n'y ayant rien qui luy desplaise davantage, que de se voir reduit aux termes de ces communs dire, *Asinus inter apes*, ou *Asinus inter simias*, chacun n'estant pas en cela de l'humeur de Iob, lequel, *bibebat subsannationem quasi aquam*. Quant à luy, le point d'honneur luy est trop sensible, pour rien souffrir que de bien à propos ; sinon qu'il estimast devoir user d'un genereux mespris, duquel il se sert judicieusement en

Diog. Laert. in vit. Diog.

certains

certains cas, qui ont donné lieu à la parœmie, *Asinus compluitur.*

Que si nous voulons considerer la justice comme distributive & commutative, nous ne pourrons rien dire de cette derniere, qui consiste en proportion d'Arithmetique, *& au medium rei*, sinon qu'il y a tres-grande apparence, qu'ils en sont fort religieux observateurs entr'eux, estant certain, que les Asnes s'accordent tres-bien, & vivent en fort bonne intelligence: voire mesme quand il y a maille à departir, & qu'il y va de leur interest, ce qui a accoustumé de diviser les plus estroites amitiez, & vous ne verrés jamais qu'il faille accourir les separer s'entrebatans dans les estables, *sicut equus, & mulus quibus non est intellectus.* Pour la distributive qui s'administre par proportion & Geometrie, qui est le *medium rationis*, s'opposant à cette exacte justice, laquelle est souvent une exacte iniquité, *summum jus, summa injuria*, (d'où vient le precepte *noli esse nimis justus.*) Qui l'entendit jamais mieux que nostre Aristides de Biscaye? Tesmoin le celebre jugement rendu par luy entre le Coucou & le Rossignol, disputans de l'ex-

cellence de leur chant. Car là où tout autre que luy se fut precipité à juger par prevention d'esprit en faveur de Philomele, luy aprés avoir attentivement presté ses judicieuses oreilles au dire des contendants, en premier lieu il s'excusa de juger en dernier ressort de la valeur de leur harmonieuse eloquence ; mais que cependant il estoit obligé de dire, que le Coucou n'estoit, ny si obscur, & confus en son ramage, ny si inégal aux passages de sa voix. O sentence digne d'estre escrite en lettres d'or au temple de Themis ! N'admirez vous pas comme sans toucher aux choses qui n'estoient pas de sa connoissance, & dont il s'en lavoit les pieds, il n'a prononcé que sur ce qui estoit tombé en son oreille d'Asne, je veux dire sur ce qu'il avoit peu comprendre, & veritablement remarquer, le tout sans faveur des parties, & sans avoir esgard à tout ce que le monde en pourroit dire. Apollon eust bien raison aprés avoir esté jugé sur semblable different de Musique avec tant d'ignorance & d'injustice par le Roy Midas, qui luy prefera ce rustique Dieu Pan avec ses flageollets, de luy faire present d'une couple d'oreilles d'Asne, de
bonne

bonne & juste longueur, non pas par derision, comme quelques-uns se sont fait croire ; mais afin qu'il apprist, & se rendit capable de mieux juger une autrefois ; car c'est là sans doute le vray sens allegorique de l'histoire. Vous priant qu'avant que nous quittions ces oreilles, je vous die franchement, comme je n'ay jamais peu gouster cette raison qu'on rend ordinairement de leur magnifique grandeur. c'est à sçavoir, de ce que les jeunes Asnons ne portans point de beguin, elles croissent sans empeschement, n'estant point pressées ny comprimées comme celles de nos petits enfans. Cette raison, dis-je, m'a tousjours semblé trop populaire, & n'en trouve point de plus vray-semblable, sinon que c'est un precieux & singulier advantage que luy a voulu faire la Nature, par le deffaut duquel, le Mage Smerdis perdit l'Empire des Perses, ausquels Gobryas representa fort bien qu'il valoit mieux mille fois mourir, que de se voir reduits *viro Medo, & quidem aures non habenti.* Aussi voyons nous beaucoup de peuples, qui se les font croistre par artifice le plus qu'ils peuvent, avec des pendants a commo-

Pig. ff. & au- tres.

commodés par leur pesanteur à ce dessein, y en ayant d'autres que la Nature a si bien voulu soulager de cette peine, & tant favoriser qu'ils se couvrent facilement tout le corps de leurs plantureuses oreilles, à ce que Pline & mesme quelques relations modernes nous ont voulu asseurer.

lib. 4. c. 13. & l. 7. c. 2.

L'ordre veut que nous parlions ensuite de sa force ou vaillance, & grandeur de courage qu'il fait paroistre aux perils & dangereuses rencontres, avec mediocrité entre la crainte & l'audace, la lascheté & la temerité. Car soit que nous jettions les yeux sur sa magnanimité à courageusement entreprendre, soit sur sa patience à constamment tolerer les choses penibles, & souffrir genereusement les adversités, vous n'y remarquerez jamais qu'une vraye, legitime, & essentielle valeur. Pour le premier point qui regarde l'agression, sa franche hardiesse luy a acquis le surnom de Martin, dont nous avons desja parlé, c'est à dire, de petit Mars. Aussi avons nous remarqué que l'Asne estoit l'agreable hostie qu'on presentoit à ce grand Dieu des batailles, dans lesquelles il a souvent paru des premiers. Car les

Ælianus 12. de a- nim. c. 34. lib. 4.

Indiens

Indiens du temps d'Herodote avoient leurs chariots guerriers traisnés par des Asnes sauvages, & le fier regard, avec la terrible figure des Asnes de Darius, joints à leur espouventable braire, firent fuir & mirent en deroute toute la cavallerie des Scythes, laquelle d'ailleurs sans cela estoit tousjours victorieuse de celle des Perses; là où ils firent paroistre de plus une fidelité si singuliere, qu'elle est peut-estre hors de tout exemple. C'est qu'ayant esté delaissés & abandonnés treshonteusement par leurs compatriotes, qui se vouloient sauver par ce moyen, couvrant à leurs ennemis leur fuite par le bruit qui seroit encore dans le camp; eux sans se ressentir de l'indignité d'une si honteuse action, par laquelle ils estoient laissés en proye, & exposés à la furie de leurs ennemis, se resolurent de faire, nonobstant cela, tout ce qu'on s'estoit peu promettre d'eux, l'historien estant contraint d'advoüer, que jamais on ne les avoit ouy tant braire que cette fois, quoy que comme homme tres-envieux, il s'efforce de persuader que cela vint de s'estre trouvés ainsi seuls & sans escorte. Comme si ceux dont la seule presence faisoit tourner

tourner crouppe à leurs ennemis, eussent esté susceptibles de quelque aprehension. Pour moy je ne puis que je ne m'escrie :

Iuvenal Sat. 13. *Prodigiosa fides, & Tuscis digna libellis!* Mais pour revenir à nostre vaillance, il y en a divers degrés, dont le plus haut consiste au mespris de la mort, estimée la plus espouventable chose du monde ;

Senec. in her. 2. *Contempsit omnes ille, qui mortem prius.*

Je vous veux donc faire voir de quelle consideration luy est la vie, où il est question d'acquerir de la gloire, & où son honneur semble interessé. Alvares qui a sejourné long-temps en Ethiopie, remarque que le passage le plus difficile de ce grand Empire du Negus, ou Prestre Jean, porte ce nom *Aquifagi*, comme qui diroit, la mort aux Asnes ; parce qu'il est si laborieux, & de dangereuse execution, à cause des precipices incroyables qui y sont, que n'y ayant Chevaux, Elephans, ny autres montures, qui eussent ou le courage ou l'adresse de surmonter ses difficultez, on est contraint d'avoir recours à la valeur & dexterité des Asnes, lesquels se voyans si honorablement preferez, s'y portent avec une si incompacomparable generosité, que bien que par la fascheuse assiette, & inique condition du lieu, il y en ait fort souvent qui vont cul par sus teste chercher leurs destinées dans les plus profonds abysmes, & infernales valées qui soient au reste du monde, si est-ce qu'on n'en a jamais veu qui fissent les retifs à l'entreprendre, ni à qui le cœur devint foye par la presence du peril, & l'exemple calamiteux de leurs compagnons, aymans mieux s'exposer à une mort glorieuse, en satisfaisant à leur devoir, que survivre à leur honneur, ou s'opposer aux coustumes de leurs païs. N'est-ce pas la mesme consideration, laquelle fit resoudre Socrate à la mort? Et cette action peut-elle pas servir de paralelle à tout ce que l'antiquité a de plus heroïque? *Sed quid Asini mortes.* Voyons sa patiente resolution aux plus fascheuses rencontres de la vie. S'il falloit des exemples singuliers, l'Asne de la ligue en feroit un trés-authentique, qui se laissa plutost deschirer par pieces, & manger dans la ville Catholique de Philonopolis, que de sortir, & se rendre au party contraire, trés-digne du glorieux épitaphe qui fut dressé à sa memoire. Mais entrons au general. Chacun sçait l'inveterée tyrannie que l'homme exerce sur luy, jusques à sevir son cadavre, comme a remarqué Phœdrus,

Phœd. lib. 3.

post obitum quoque
Persequitur illum dura fati miseria.

Ce n'est rien de l'avoir assassiné de coups pendant sa vie,

Ecce alia plaga congeruntur mortuo.

Chacun peut bien aussi presupposer combien la perte de la liberté est une chose sensible à un esprit de la trempe du sien. Cependant quand l'a-ton veu cracher contre le Ciel & murmurer contre ses ordonnances? Au contraire avec quelle constance supporte-t'il la servitude ? avec quelle resolution s'accommode-t'il avec ses mauvaises fortunes ? L'homme luy tient le faix perpetuel sur le dos, le baston impitoyable sur la croupe, la corde sans cesse au col, les injures atroces aux oreilles, les fers cloués aux pieds, la faim de Sancerre dans les entrailles, & à tout cela l'Asne serre les oreilles, va tousjours son grand chemin, & ne dit pas le moindre mot. Ce n'est donc pas sans sujet qu'on a rimé,

Des

Des coups n'estre point abbatu
C'est d'un Asne avoir la vertu.

A la verité Aristote a remarqué, que l'Asnesse se representant les miseres de la creature qu'elle peut engendrer aussi-tost aprés son accouplement, *rejicit semen nisi interpelletur, quamobrem statim post coitum verberant, insectanturque*; indignation certes pardonnable, & non sans exemple en celles de son sexe. Mais quand l'a-t'on veu venir jusques à une rebellion manifeste contre l'homme? Quand employer le pied ou la dent contre luy, comme font les chevaux, chameaux, dromadaires, & autres montures; si ce n'est qu'on ayt de tout point violé l'extremité de sa patience? Encores n'ai-je jamais creu, que le bon Apulée, quoy que magnifiquement paré de la peau de son Asne doré, ayt esté porté d'autre esprit que purement humain, à tirer raison & se vanger de ce petit maraut de conducteur, qui l'avoit auparavant si mal traicté. Non que de soy il manque de courage, ou de memoire; car je sçai bien, que Galien a remarqué qu'il l'a meilleure que tous les autres animaux; mais pour ce qu'il

6. hist. anim.
6. 23. & 2. de gen. anim. cap. ult.

n'est nullement de l'humeur, ny du genie d'un Asne qui n'a point de fiel, à ce qu'ont observé les Anatomistes, de savourer ainsi delicieusement le doux boucon de la vengeance; veu mesmement que le Seigneur se l'est reservée, *mihi vindictam*: comme celuy qui seul sçait bien user de cette partie de la Justice. Aussi n'est-il pas plus difficile de se representer l'ame de l'homme, agissante sous la figure d'un Maistre Baudet, que tant d'esprits d'Asnes, que nous voyons operer sous des formes humaines, & dont nous ne nous estonnons nullement.

Il ne reste plus à cette sommaire delineation des vertus Asinines, que la temperance à considerer, laquelle fait garder une mediocrité aux plaisirs dont sont capables les sens du goust, & de l'attouchement, ayant pour regle la necessité naturelle, *naturalibus enim simpliciter neque meremur, neque demeremur*. Je n'adjousteray rien à ce qui concerne les contentements de la bouche, à ce que nous avons remarqué, parlans de sa forte & vigoureuse santé, qu'il tient principalement de sa grande moderation au boire, & au manger, quoy que Postolius veuille que les
Grecs

Grecs ayent attribué proverbialement *cent.* les mandibules de l'Asne aux beaux *14. pr.* mangeurs. Je diray seulement à cause *68.* que les hommes ont fait ici du vice vertu, & de l'yvrognerie une puissante divinité, qu'il y a des nations d'Asnes entieres qu'Herodote appelle ὄνοι ἄπο- *In Mel. p.* τοι, si ennemis de cet infame desbordement, qu'ils passent volontairement toute leur vie sans boire. Prenons garde s'il est aussi retenu aux autres plaisirs, qu'on appelle vulgairement de la chair. Vous sçavés comme la nature l'a advantageusement pourveu des parties ministrantes à cet effet, *& quas ne ad cognitionem quidem admittere severioris notæ Asini solent* : ce qui a donné lieu au proverbe, *el Asne, al Diabolo tiene so el rabo*, en bon François, l'Asne a le diable soubs la queuë. Or vous sçavez qu'il n'est feu que de gros bois, je parle de ce feu, *quem numquam finieris, nisi sanguine extinxeris.* La Nature donc ne faisant rien en vain, il est aisé de deviner à quel usage elle a voüé ce merveilleux outil, & qu'elle ne s'est pas oubliée de donner l'instinct, le courage, & les forces, pour employer aux fins ausquelles elle l'a destiné. C'est sur cette propension naturelle qu'est fondé cet autre proverbe ἀσελγέστεροι τῶν ὄνων, *Asinis petulantiores*, & que les anciens les avoient consacrés au Dieu Priape;

Ovid. — *Hellespontiaco victima grata Deo*; quoy qu'Ovide l'ait pris d'un autre biais. Mais attendu que les passions sont la matiere des vertus Morales, comme nos ennemis le sujet de nostre valeur, tant s'en faut que ces inclinations de nature soient un obstacle à la vertu, qu'au contraire, elles peuvent servir comme de degrez pour parvenir à une plus eminente perfection. Vray est que n'ayant eu autre dessein jusques ici, que de raconter fidelement ce qui est des conditions de l'Asne, je m'empescheray bien en ce lieu de charger ma conscience, & faire souffrir sa pudeur & modestie, en luy attribuant une loüange, qui ne luy fust pas legitimement deuë. Tant s'en faut, j'advoüeray ingenuement qu'aussi bien qu'Alexandre ne se reconnoissant jamais mieux homme, & non fils de Jupiter, qu'en la pratique des passe-tems amoureux; l'Asne de mesme ne se trouve jamais plus Asne, que par la cheute (qu'il fait neantmoins assez volontiers) en cette courte & plaisante epilepsie, & qu'il n'a nulle honte de confesser candidement, *quando quidem Asinus est, Asini à se nihil alienum putans*. O qu'excusable est celuy auquel on ne peut reprocher d'imperfections, que la Nature ne soit preste d'advoüer, & qui ne luy soient communes avec les plus grands personnages dont la memoire soit venuë jusques à nous. Ne le justifiant pas pourtant si absoluement sur ce sujet, que je ne trouve beaucoup à redire en cette excessive curiosité d'esprit, qu'on luy a veu si souvent avoir, voulant sonder trop Philosophiquement les secrets de Nature, *studiando nella Metaphysica*, dont la fin est la practique du mestier que les Italiens disoient n'estre pas *negotio de faquini*. Car quoy que c'en soit, *quell'essercitio dell' arte sottile*, est un peu Gomorristique; & s'il est honorable d'estre Bourgemaistre en Suisse, ce n'est pas de mesme d'estre Maistre Bougre en François. A la verité on peut dire qu'il est en quelque façon plus excusable que tous ces grands Philosophes du temps passé, qui sous une foy Socratique, se donnoient pleine liberté en cela, ne manquans pas de sujects legitimes pour satisfaire à Dame Na-

Nature ; là où faisant vivre ce pauvre animal dans une continence forcée, & contre ses vœux & intentions dans une chasteté plus que Claustrale, ce n'est pas merveille s'il a recours aux remedes extrémes, luy defaillant principalement les moyens, *Lydorum more lasciviendi*, & luy manquant cette organe des organes, & cette main secourable, *quæ facile nervos deciperet, celebraretque hymenæum.* De sorte que ne se pouvant pas subvenir à soy-mesme comme font beaucoup d'honnestes personnes, lesquelles dans ces facheuses contraintes, ont recours aux armes naturelles :

Capilupus.
—— *Et quod restat in rebus egenis,
Sæpe manu liquido distendunt nectare
cellas,*

Il semble que nous soyons obligés de donner humainement, & Asinesquement quelque chose à la fragilité de la chair, veu mesmement la belle piece qu'il en a, laquelle nous voyons luy molester si souvent les flancs. Car qui est celuy d'entre les hommes, lequel en possedant la moitié seulement, ne fust bien fasché de la tenir inutile, & qui ne creust en vertu d'icelle se rendre

dre aussi puissant dans l'Empire d'Amour, que Cupidon mesme avec toutes ses flesches? Et certes bien que la fatalité y soit de tres-grande importance :

— *Nam si tibi Sydera cessant,*   Iuve-
Nil faciet longi mensura incognita nervi.   nal. Sa-
Si faut-il advoüer, que, *cæteris pari-*   tyr. 9.
bus, c'est un des plus puissants charmes dont on puisse user envers le sexe feminin, & que le Dieu des Jardins, recele le plus attrayant leurre, dont on se puisse servir pour captiver les bonnes graces, *del genere Donnesco*. D'où vinst, à mon advis, le genre de punition dont userent ceux de Cumes envers la femme adultere, luy faisant chevaucher l'Asne, & la nommant ὀνοβάτις. Ce que nous tesmoigne aussi cette honorable & delicate matrone, qui s'estoit si joliment accom- modée aux tendres embrassements du gentil Lucius, lors que sous la peau   *Luc. in* d'un Asne, il en possedoit encore le   *Apul.* membre dont est question. Car encore qu'il eut changé ses longues en courtes oreilles, & repris nostre forme humaine, elle ne laissa pourtant de luy continuer ses plus mignardes caresses, jusques à ce que portant fo-
        lastrement

lastrement la main à cette partie affectée, *sensit se ab Asino lanam*, n'y trouvant plus ce lingot d'amour de la grosseur & longueur qui le luy avoit fait estimer auparavant, le plus pretieux thresor de la Nature : sur quoy transportée de douleur, & ne pouvant supporter une perte si sensible, elle chassa honteusement de devant elle celuy qui n'avoit plus le charactere magique, lequel tenoit engagées ses plus intimes & mouelleuses affections. Vous voyés que ce n'est pas de cette heure, que les Asnes ont des bonnes fortunes en amour, & qu'au surplus, si ce petit Dieu (les touchant quelquefois du coup des ses fleches dorées) a bien le pouvoir de les escarter tant soit peu du droit chemin de la morale, aussi est-ce, celuy la mesme qui a esté de tout temps nommé le maistre des hommes & des Dieux.

Voylà quant à la temperance, qui a pour annexes la modestie & la pudeur, qui reglent nos gestes & actions. Or bien qu'en beaucoup de choses, l'Asne semble accompagner les siennes d'une liberté Cynique, & de la mesme franchise qui estoit pratiquée au siecle doré, suivant ce qu'a fort bien remarqué

remarqué l'Italien *ogn' uno a suo modo*, & *l'Asino a l'antica*, si est-ce qu'en temps & lieu, il ne laisse pas de faire l'estime qu'il doit de cette vertu, & particulierement la femelle, comme celle à qui elle convient principalement, *Mulus sine verecundia est cibus sine sale*, dit le proverbe Arabique. En voici un exemple de l'observation du Philosophe Stagirite, & du Romain en son histoire naturelle : *Asina paritura lucem fugit, & tenebras quærit ne conspiciatur ab homine*, par où vous voyez une retenuë, qui monstre bien, que l'Asne n'est pas de ceux qui sacrifient à cette Deïté Athenienne l'impudence, que le Poëte Menandre a bien osé nommer la plus grande de toutes les Deesses.

L'hist. an. m. c. 23. & Plin. l. 8. c. 43

Or si je voulois maintenant, ensuitte du tableau racourcy de ses eminentes vertus, entreprendre la description des reglés mouvements de toutes ses passions, outre que j'ay donné atteinte à beaucoup d'elles ; encore me sembleroit-il du tout superflus, estant une consequence necessaire, qu'aux personnes vertueuses elles soient un moyen & sujet de meriter, ne pouvant manquer à estre conduites & ramenées

ramenées à leur devoir & point raisonnable, par l'usage de la vertu.

Venons donc suivant nostre premiere division des biens spirituels, à la troisiéme & derniere partie, qui regarde la felicité ; non pas celle qu'on entend ordinairement, & qui consiste en la bonne fortune appellée des Grecs εὐτυχία ; mais cette vraye εὐδαιμονία, qui est toute en nous avec une absolue independance d'ailleurs. Car quoy qu'il semble que ce dernier mot Grec requiere l'appuy & l'assistance de quelque bon Demon, si est-ce que, comme l'interprete fort excellemment Xenocrates au second des Topiques, ce Demon n'est autre chose que l'esprit & le genie d'un chacun, *hic enim unicuique est Demon*, & comme parle le Poëte :

Quisque suos patitur manes.

Que s'il est veritable, comme une bonne partie des Philosophes l'a creu, que cette beatitude consiste en l'exercice de la vertu, il me sera fort aisé de tirer une preuve tres-evidente, comme la felicité des Asnes ne peut-estre que tres-accomplie, aprés la connoissance de leurs vertus, telles que nous les venons sons de faire voir. Et quand nous la voudrions definir avec Boëce, *Statum omnium bonorum aggregatione perfectum*, à qui pourroit mieux convenir cette definition, qu'à celuy en qui nous avons consideré les biens de fortune, du corps, & de l'esprit, avec un si grand advantage sur tout le reste des animaux? Que si vous la restreignez aux termes de posseder, *mentem sanam in corpore sano*, nous avons examiné l'un & l'autre par le menu, monstrant son incomparable eucrasie, qui le tient en perpetuelle santé du corps, suivie de celle de l'esprit avec aussi peu d'alteration, sous le bon regime de ses vertus, tant intellectuelles que de la volonté. Et Dieu mercy on n'a point encores veu les Asnes courir les ruës aprés l'ellebore, ny condamnez à faire le voyage des Anticyres, ou de S. Mathurin, comme la pluspart des hommes, qui ont donné lieu au proverbe *questo mundo è una gabbia de matti*, par ce que comme advoüent ingenuement les Espagnols, *todos somos locos, los unos de los otros*. Je sçay bien qu'il y a eu aussi des Philosophes qui ont mis le souverain bien en la volupté. Mais s'ils l'ont entenduë spirituelle

tuelle, comme il semble que ce fut le sentiment du bon Epicure, auquel l'on a imposé calomnieusement ce qu'on a voulu en ce cas, l'Asne demeure tousjours sur les pieds, sans rien perdre de ses prerogatives. Si au contraire on vouloit parler de ces impures, & croupissantes voluptés, j'advouë, que nous serions bien loin de nostre compte. Car tant s'en faut, que nostre Philosophe basté soit jusques à ce poinct sensuel, qu'au contraire, inclinant un peu vers la Sceptique, il use en la plus part de ses actions d'une Epoche & suspension d'esprit nompareille, deferant si peu au rapport de ses sens, que comme il falloit à ce quelques-uns ont dit, que les disciples de Pyrrho le tirassent, & escartassent des precipices & autres dangereuses rencontres, où il se fust aussi-tost porté, qu'aux plus beaux chemins, sur le doute où il estoit de la fidelité des sens. De mesme vous voyez souvent tel Asne, qui par force & conformation d'esprit ne veut croire rien moins que ce qu'il ressent : si bien que plus il reçoit de coups de baston, moins il se meut en son harnois, doutant que ce soit de vrays coups de baston, ce qu'il monstre & fait voir assez clairement

Sext. Philosophus & Laërt. in ejus vita.

clairement, en ne bougeant pour cela d'une place, comme immobile avec une resolution vrayement Pyrrhonienne :

Ille velut rupes vastum quæ prodit in æquor,
Obvia ventorum furiis, expostaque ponto,
Vim cunctam atque minas perfert cœlique marisque,
Ipsa immota manens.

Virg. 10. Æneid.

Bien qu'il ne soit pas de tout point certain s'il le fait plûtost par cette indeterminée acatalepsie de la Sceptique, que pour ce qu'il adhere & se plaist à la secte Stoïque, qu'on sçait avoir estably toute la beatitude en cette partie superieure qui est en nous. Car il est constant, que vous verrés tels Asnes mespriser si fort ce qui est du corps, qu'ils prennent plaisir, ce semble, à exercer leur constance contre la douleur, me pouvant vanter d'en avoir veu tel couché au beau milieu d'un grand chemin, qui se fust plûtost laissé escorcher tout vif, qu'il ne se fust relevé, sinon à ses bons poincts, & aisements, tesmoignant assés par son geste, qu'en son langage muet, il disoit froidement à son impitoyable bourreau

bourreau, *tunde, tunde, saccum Asini tundis, non asinum*, & cela sans froncer le sourcil, & avec le mesme visage qu'il avoit mangeant les figues de Chrysippus ou de Philemon. O merveilleuse force d'une genereuse & Asinine resolution ! O resolution qui ne peut venir que d'une tres-pure, & tres-sublime élevation d'esprit ! O élevation compagne inseparable de la vraye & solide felicité ! Seneque nous enseigne une pierre de touche si asseurée, & une marque si infaillible pour reconnoistre cette felicité & ceux qui la possedent, qu'on n'y peut à mon advis estre trompé. C'est, dit-il, en deux mots, quand on ne desire plus rien du tout. Et à la verité quiconque souhaite, tesmoigne son deffaut & indigence.

Est bene non potuit dicere, dixit, erit.

Ainsi quand nous voulons feliciter quelqu'un, au lieu de luy dire, Dieu vous rende heureux, nous avons accoustumé d'user de ces termes, Dieu vous donne ce que vostre cœur desire, reconnoissans, ce me semble, par là, que le comble de toutes felicités se trouve en l'accomplissement de nos desirs.
Or

Or tant s'en faut qu'il y ait homme, qui se puisse dire estre arrivé à ce terme, qu'il n'y en a quasi aucun lequel ensuite de ses plus moderés & raisonnables desirs, ne tombe en cette chatoüilleuse vanité, qui nous fait faire mille chasteaux en Espagne, *intrando nel giardino de' pazzi*, & nous y enfonçant; *usque ad delitias votorum*:

Hos æterna fames prosequitur cibos,
Hos æterna sitis.

Voyons, je vous prie, si nous remarquerons les mesmes transports d'esprit parmy les Asnes, & si jamais on les a veu importuner le Ciel de ses vœux ridicules.

O si,
Ebullet patrui præclarum funus, & o si,
Sub rastra crepet argenti mihi servi, Persi
dextro Sat.
Hercule, pupellemue utinam, quem
proximus hæres
Impello, expungam.

Ou comme dit cet autre,
— *o si angulus ille*
Proximus accedat, quæ nunc deformat Horat.
agellum, &c.

Non, non, nous trouverons tout au contraire, qu'aussi-bien que le plus grand

grand des Dieux poëtiques (*Jupiter enim nihil desiderat*) il est dans une pleine suffisance de toutes choses, qui l'exempte de toutes sortes de souhaits. C'est cette excellente & incomparable αὐτάρκεια, seule capable de nous rendre possesseurs du souverain bien. Je ne doute pas que beaucoup n'ayent estimé avec Aristote, la longueur de la vie necessaire, pour estre nommée parfaite, & vrayement heureuse, & qu'en consequence on ne me puisse objecter que nostre condisciple d'Origene & de Porphyre, est surmonté en ce point par quantité d'animaux, qui voyent bien plus long-temps que luy l'agreable lumiere du Soleil. Mais qui ne sçait combien cette opinion est erronée, & que comme la grandeur ou la petitesse ne rendent pas un cercle plus rond, la figure seule y faisant le tout ; qu'aussi la quantité de la vie est un accident de petite ou de nulle valeur en son subjet, la qualité seule y estant essentielle, & partant aussi seule digne de consideration, *sic Deus vincit sapientem fœlicitate, etiamsi vincit ætate non est virtus major quæ longior*, disoit ce Payen. Les demy Dieux du temps jadis n'ont que fort peu demeu-
ré

Senec. ep. 79.

ré sur la terre, & il est comme fatal aux hommes Illustres de ne pas vivre long-temps :

Ostendent terris hunc tantum fata. Virg. 6. Æneid.

Aussi est-ce un traict de grand maistre d'enclore beaucoup en peu d'espace, un jour de vie d'un Asne, en vaut cent de celle que nous menons tous les jours. Que si l'observation est veritable que nous mourons, comme nous avons vescu, *el fin loa la vida, y la tarde loa el dia*, & qu'une bonne partie du bien mourir consiste à volontiers mourir, la fin & le dernier periode de la vie de l'Asne où il fait paroistre tant de vertu & de resolution, sera un puissant argument de la bonté & valeur de la piece entiere.

PALEOLOGUE. Je vois bien que c'est icy le lieu de sa canonisation, aussi ne vous reste-il plus rien, ce semble, à adjouster que son Apotheose, & relation au nombre des Dieux. Mais avant que vous en veniés là, j'adjousteray pour Corrolaire de la felicité Asinine, si magnifiquement bien descrite, la mesme remarque que fist Alexandre sur le bonheur d'Achilles, qu'il estima en cela tres-fortuné d'avoir eu Homere

Tome I.   O   pour

pour trompette de ses loüanges, *num hic supremus etiam fœlicitati Asini cumulus accessit, laudator eloquentissimus.* Ce qui n'est point un si petit accessoire à la beatitude, que les Pythagoriens, comme nous lisons dans leurs fragments, ne l'ayent constituée principalement en ces deux choses, ἐπαίνῳ τε καὶ μακαρισμῷ, *laudatione & fœlicitatis prædicatione.*

PHILONIUS. Vous vous abusez, Paleologue, mon intention n'a point esté de deïfier celuy duquel je n'ay touché les loüanges, qu'avec toute moderation. Et prenez garde que le reproche, que vous me faites est le mesme, & aussi mal fondé, que celuy de quelques payens, qui imputoient aux premiers Chrestiens, (nommez par eux, dit Tertullian, *Asinarii,*) & encore au precedent aux Juifs d'adorer la teste d'un Asne, sous pretexte que les Asnes sauvages avoient enseigné à Moyse les eaux du desert. Chacun sçait l'inscription calomnieuse, *Deus Christianorum Onochoetes.* Que si vous m'avez trouvé en tel lieu excessif, où peut-estre j'estois defectueux, c'est un reste du vieux levain de cette inveterée rancune de l'homme contre ce noble animal, ce qui

Apol. lib.

Tac. 5. hist.

Tertul. ibid.

qui n'est pas un des moindres titres de son merite & valeur.

Invidia quoniam seu fulmine summa va- *Lucret.* *porant.* *l. 5.*

PALEOLOGUE. C'est ce que vous vous estes fait croire dés le commencement. Mais pourquoy voulés vous que ce soit plûtost une envie publique, & comme une conspiration generale du genre humain, qu'une verité attestée, & advoüée d'un chacun, c'est à dire, cette voix du peuple, qu'on dit estre la voix de Dieu.

PHILONIUS. Puisque vous estes homme de si peu de raison, que toutes celles de mon precedent discours n'ont eu autre pouvoir sur vous, *non secus ac si Asino fabulam narravissem*, il vous faut payer d'auctorité historiale. Sçachez donc que les Egyptiens, qui se disoient les plus anciens de tous les hommes, avoient entre les erreurs fantastiques, dont chacun sçait qu'ils ont regorgé, cette extravagante imagination, que l'Asne portoit les livrées, & estoit justement de la couleur de Typhon, le grand ennemy de leur Dieu Osiris. Sur ce fondement Plutarque *Ban-* remarque qu'ils n'osoient entendre le *quet des* moindre son d'une trompette, comme representant le braire de ce mortel ennemy, & d'autres nous asseurent, que la plus grande injure dont ils crussent pouvoir outrager une personne, estoit de l'appeller Asne, comme ils firent Ochus Roy de Perse, lequel plus irrité de l'intention injurieuse, que de la parole, protesta que l'Asne mangeroit leur Dieu Apis, comme il l'executa avec une puissante armée. Or vous sçavés qu'ils communiquerent aussi bien que les lettres, leurs bonnes & mauvaises conditions aux Phœniciens, ceux-là aux Grecs, les Grecs aux Romains, lesquels par l'estenduë de leur Empire en ont remply toute la terre, & particulierement ont infecté toutes les nations de cette mauvaise opinion, & pire volonté à l'encontre de l'Asne, d'où sont venus tant de ridicules proverbes contre sa reputation, jusques à luy imputer cette stupidité, que *l'Asino no conosce la coda se non quando non l'ha*, & luy reprocha comme un grand defaut, *quod Asini cauda non facit cribrum*, d'où ont aussi esté surnommez *pruna Asinina*, les plus viles & mesprisées de toutes les prunes, & ce qui a aussi faict encores appeller

marginalia:
7. sages
Ælianus 10. de animantium cap. 28.
Plin. lib. 15. c. 13.

peller *vitem Asinicam*, celles que Pline nomme autrement *vitem damnatam*, diffamant ainsi de tout leur possible sa reputation en mille autres façons qui seroient infinies à rapporter. Mais comme en tout temps il y a eu des esprits clair-voyans, qui se sont sceu eslever au dessus des persuasions vulgaires, & mocquer d'autant plus des erreurs populaires, que plus aveuglement elles estoient receües, aussi ont-ils faict de mesme de celle-cy, reconnoissans avec candeur les vertus de l'Asne. De là sont venus les noms Asniers de tant de familles illustres Grecques, Romaines, & autres qui s'en sont cruës tres-honorées. De là cette celebre Compagnie *de Nobilissimi Briganti della bastina*; où tant de braves personnages & dignes Onosandres tournent à gloire de se faire enrôller. De là *questa terra Asinalla di Bologna, à la cui sommità Archibuggio non arriva*, & qui semble commander de sa veuë à toute la Lombardie. De là la teste d'un Asne fut venduë en Samarie *octoginta argenteis* (la famine y ayant à la verité un peu aydé.) De là Q. Actius Senateur Romain achepta un Asne son contemporain quatre cens escus;

l. 14. c. 3.

4 Reg. cap. 6.

baud

Plin. l.
8. cap.
43.

haud scio an omnium pretio animalium victo, adjouste l'historien naturel. De là Alphonse Roy tres-judicieux reconnoit & envie l'heur des Asnes, en ce qu'ils mangent seuls, sans aucun rompement de teste (un autre, peut-estre, de ce qu'ils n'ont que faire de destacher l'aiguilete pour satisfaire à la Nature.) De là le gentil Plaute, aprés Demophile, n'a pas pensé pouvoir mieux tiltrer cette excellente Comedie, que de ce beau mot, *Asinaria*. De là le Roy Philippes prononça hardiment & de bonne grace, que toute forteresse estoit prenable, où un Asne chargé d'or pouvoit entrer, conjoignant fort bien l'industrie & subtilité d'esprit de l'Asne, capable de surmonter toutes difficultez, avec la puissante force du premier des metaux. Ce qui me faict aysement croire, qu'il n'y a point de place au monde, dont nostre Prince ne se rende facilement le maistre, veu le bon mesnage de ses finances d'une part, & que quant à la seconde condition, il se peut vanter, qu'il n'y a Roy sous le Ciel qui ayt de plus beaux & grands Asnes sous sa domination, en-

l. 2. c.
51.

cores que Marc Polo Venitien donne cet advantage au Roy de Perse, où il dit

dit qu'ils sont bien plus estimez, & plus cher vendus que les chevaux, comme estans les premiers Asnes du monde.

PALEOLOGUE. Je vous prie laissons à part ceux que vous sçavez avoir les mains si longues.

PHILONIUS. Pourquoy ne dites vous aussi les oreilles si longues, qu'ils entendent ce qui se dit aux lieux les plus esloignés ? Vous craindriez peut-estre de les offenser, veu le subject dont nous traitons; mais sçachez que comme cela ne s'est jamais dit qu'à leur gloire (d'où vinst que Midas avec les siennes convertissoit tout en or, c'est à dire, recevans de bons advis de toutes parts, rendoit son Estat tres-heureux & opulent) aussi n'ont-ils aucun subject de s'estomacquer, si l'on enrolle les Asnes au nombre de leurs subjects, non seulement aprés la publication de leurs merites que nous venons de faire; mais encore attendu, que ce noble animal a de tout temps fort respecté la Royauté. Tesmoin ce que nous en apprend l'Apologue, qu'aussi-tost que le Lion luy eust fait commandement de le venir trouver, il luy porta franchement sa teste, sans marchander avec
son

son prince, quoy que ce petit contrefait d'Esope mythologise l'affaire d'une autre façon. Et souvenez vous à ce propos de ce que disoit le Ministre Bearnois en son presche, que l'Asne mesme entonnoit haut & clair en brayant, Navarre, Navarre. Au surplus vous n'avés pas deu penser que je fusse pour me dispenser en rien du respect que nous sommes obligés de rendre à ceux qui portent au front le caractere du Tout-puissant, & vous pouviés bien vous estre apperçeu, que je n'avois pas mesme voulu me souvenir du proverbe si ancien, *Aut Rex, aut Asinus*, comme estant fondé sur des jeux de rencontre inventés des peuples ennemis non seulement des Asnes, mais encore de la Royauté. Car bien qu'il y eut une opposition du vainqueur au vaincu, si est-ce que n'estant question que du sort, & de la fortune qui faisoit Roy ou Asne qui bon luy sembloit, ce jeu receloit en soy un sens mystique à peu prés semblable de cet autre proverbe, *aut Regem aut fatuum nasci oportere*.

PALEOLOGUE. Ie vous conjure derechef que nous laissions là ces Lions de vos Apologues, avec lesquels il ne fist jamais

jamais bon se jouër. Vous m'obligerez davantage de me dire, ce qui vous a peu convier à faire de longue main de si hautes speculations sur les prerogatives de l'Asne, & penetrer si avant dans ses interéts, y ayant apparence que vous y avez resvé profondement & plus d'une fois.

PHILONIUS. Autre chose ne m'y a porté que ce beau precepte de Iesus Syrach, *si videris seusatum evigila ad eum, & gradus ostiorum illius exterat pes tuus*, suivant lequel je me suis soigneusement approché des plus sages Asnes de ce temps, me rendant tres-curieux observateur de leurs moindres gestes & paroles, qui m'ont tousjours esté de tres-importantes leçons; ne doutant point que Socrate n'eust fait autrefois le semblable, lequel au rapport d'Alcibiades dans le Convive de Platon ne pouvoit dire trois mots sans y mesler des Asnes qu'il avoit tousjours en la bouche. En reconnoissance de quoy je serois par trop ingrat, si à l'exemple du mesme Hebreu, qui disoit, *danti mihi sapientiam, dabo gloriam*, je ne me monstrois jaloux de sa reputation, & de son honneur, que je vois si miserablement exposé comme

Senec. ep. 11. & Arrian. l. 2. c. 18. au pillage de la calomnie. A quoy je me porte avec d'autant plus de zele, que conformement à cet excellent advis que donnoit Epicure, de faire élection de quelque homme de grande & eminente vertu, comme d'un Socrate, ou d'un Anthistenes, & se le representer tousjours tesmoin & juge de nos actions, *ut sic tanquam illo spectante vivamus.* Quant à moy, je me suis proposé la vie exemplaire d'un Asne tres-accomply, sous l'autorité duquel me remettant sans cesse devant les yeux, je regle & dispense tout le cours de la mienne. Et c'est, comme je croy, à quoy nous vouloient convier & addresser ces anciens, qui soubs le voile de leur misterieuse sagesse, quand ils ont enseigné, que le feu de Promethée, qui est cette splendeur seiche d'Heraclite, & cette pointe d'esprit qui anime un chacun de nous,

Virg. 6. Æneid. (*Igneus est ollis vigor & cælestis origo Spiritus*)

ne vous avoit esté apporté & communiqué, que par l'entremise de la Ferule, que chacun sçait estre la plante des Asnes.

PALEOLOGUE. Ie ne m'estonne

plus si vous faites merveilles sur ce subject, reconnoissant bien à present, qu'il n'y a personne qui puisse parler pertinemment d'une Asnerie comme vous.

PHILONIUS. Ne doutés point qu'il ne m'eut esté fort aysé, si j'eusse voulu exceder les termes que je m'estois proposé, de relever de mille traits de flatterie, ce que je me suis contenté d'exposer ingenuement, n'estimant rien plus agreable que verité toute nuë. J'eusse bien nommé, comme les autres, les vices de l'Aine des vertus imparfaites : je l'eusse bien representé comme une intelligence celeste dessous la forme Asinine : j'eusse bien dit comme Neocles, lequel pour loüer Epicure à toute outrance, *in uterum matris eius omnes atomos sapientiæ concurrisse dicebat*. Ie l'eusse facilement prisé de tousser de bonne grace, comme Demetrius, de porter mignardement la teste un peu de costé, comme Alexandre, & si vous voulez de ne point lascher le vent que fort melodieusement, comme beaucoup de grands de ce temps : bref, luy attribuant les yeux de Jupiter, la teste de Minerve, les espaules de Mars, la poitrine de Neptune, les pieds de Thetis, avec les talonnieres de Mercure, à mon advis, que j'en eusse fait un pourtraict digne des jeux Olympiques, & capable d'arrester la delicate subtilité des yeux curieux d'aujourd'huy. Mais preferant mon premier dessein à toute autre consideration, attendu que la flatterie ne peut venir que d'une lascheté, & honteuse abjection d'esprits ; aussi qu'où il y a tant de veritables loüanges à donner, c'est un crime d'en mesler de faulses, & estrangeres. Je me suis porté en tout mon discours avec la simplicité & candeur que vous avez peu remarquer. Ayant encore mieux aymé obmettre beaucoup de choses qui le concernent, comme les remedes, & medecines que l'on tire de toutes les parties de son corps, jusques à ses cendres, son urine, & ses ejections (mesme que luy disans seulement à l'oreille que l'on a esté mordu d'un scorpion, le mal passe incontinent;) la divination de sa teste rostie sur les charbons, appellée Cephaleonomantie ; l'énigme d'Eumetis fille de Cleobulus, qui nous apprend comme ses os sont si propres à faire des flustes : l'augure heureux qu'il a tousjours porté à sa rencontre, ὂν ὄρνις, comme fist à Auguste l'Asne d'Eutiche

Plin. pass. & Elian.

Plin. l. 28. c. 10.

Plut. banq. des 7. sages.

d'Eutiche, appellé Nicas, à quoy se rapporte le proverbe ; *malo vehitur Asino* ; la rareté singuliere, de celuy qui est Vnicorne aux Indes, (car quoy qu'il foule la corne aux pieds, il ne laisse pas d'estre respecté, comme beaucoup d'autres pour celles qu'il porte là sur le front,) la delicatesse de sa chair, *unde Scytha accisans Asinum*, & tesmoin Mœcenas qui commença à Rome cette friandise, quoy que, *post eum interiit authoritas saporis* ; la charité notable des femelles lesquelles, *per ignes ad fœtus tendunt* ; leur proprieté à ne vouloir moüiller le pied qu'en toute extremité, à choisir tousjours les plus beaux chemins, & à ne vouloir boire leur eau troublée: *Nam si immutentur aquæ ut bibant cogenda exorandaque sunt*, dit l'Historien du monde ; cette autre sienne observation de tres-profonde & curieuse recherche, *quod pellis Asinina injecta impavidos infantes facit*, qui me fait souvenir de l'invention d'Empedocles, lequel avec quantité de peaux d'Asnes, qu'il exposa aux vents Ethesiens sur la cime des montagnes, empescha leur mauvais effect. Bref, mille autres tels comtes de peau d'Asne, pris des autheurs

Plin. l. 8. c. 43

Lib. 28 c. 9.
D. Laërtius in ejus vita.

theurs principaux en autorité, parmy ceux qui gouvernent & donnent la Loy dans la Republique litteraire. Ayant, dis-je, mieux aymé laisser toutes ces remarques & circonstances en arriere, que de me rendre ennuyeux en ce qui est de moindre importance;

Phæ.
drus
l. 5.
Nam temperata suaves sunt argutiæ,
Immodica offendunt :

Ou bien user de redites, aprés ceux qui ont avant moy essayé une si hardie entreprise.

PALEOLOGUE. J'approuve fort vostre conduitte, & vous dispense volontiers du surplus pour cette heure, avec protestation, que je n'auray jamais besoing de me purger la ratte, que je ne vous vienne remettre sur ce propos ; & que je m'estimeray fort heureux si je vous trouve en aussi belle humeur. Adieu.

Persius
Sat. 1.
Hoc ridere meum, tam nil nulla tibi vendo,
Iliade.

DIALOGUE
sur le Subjet
DE LA DIVINITÉ,

entre

ORASIUS & ORONTES.

Noli altum sapere.

ORASIUS. Je recognois ingenuëment, (Orontes) qu'il n'y a personne qui preste son oreille plus volontiers que moy aux opinions extraordinaires, & qu'avec ce que j'y puis avoir de naturelle disposition, ma Sceptique m'a beaucoup aydé à me donner cette inclination particuliere aux sentiments paradoxiques ; comme celle qui sçait mieux que toute autre Philosophie les convertir à son advantage. Mon corps n'est point si ennemy de la foule, quoy qu'elle l'incommode merveilleusement, que mon esprit abomine les violentes contraintes d'une multitude, & je ne crains pas moins la contagion en cette derniere presse, qu'en la premiere, comme celuy qui croit l'epidemie spirituelle beaucoup plus dangereuse que toute autre.

autre. Il est vray que la plus part de ces beaux noms Romains me charment l'oreille par la souvenance des vertus de leurs titulaires, mais je ne puis entendre celuy d'un Publicola sans une particuliere indignation contre celuy qui le premier le merita, & croyez qu'en une Republique comme la leur je n'eusse jamais esté accusé du crime qu'ils appelloient *ambitus*, pour avoir trop affecté les bonnes graces d'un peuple. J'ay une telle antipatie contre tout ce qui est populaire (vous sçavez combien nous estendons loin la signification de ce mot) que je ne pourrois condamner l'aveuglement de Democrite quand il se seroit veritablement crevé les yeux pour ne plus voir les impertinences d'une sotte multitude, & qu'il faudroit prendre aussi litterallement cette histoire, qu'elle doit estre moralement interpretée, pour s'estre servi ce grand personnage, des yeux de l'esprit tout autrement que le vulgaire, & n'avoir rien veu ny consideré comme luy. Ce n'est pas pour cela que j'espouse avec aucune affection le parti qui luy est contraire, ma façon de philosopher est trop independante pour s'attacher à quoy que ce soit inseparablement.

DIVINITÉ.

ment. Mais pour ce qu'il n'y a rien de plus opposé à nostre heureuse suspension d'esprit que la Tyrannique opiniastreté des opinions communes ; j'ay tousjours pensé que c'estoit contre ce torrent de la multitude que nous devions employer nos principales forces, & qu'ayant dompté ce monstre du peuple, nous viendrions facilement à bout du reste.

ORONTES. Cette franchise (Orasius) à me descouvrir les mouvements de vostre interieur, m'oblige à vous confier avec mesme candeur ce qui me tient en peine pour vous depuis le temps que vous vous estes dispensé de professer assez ouvertement cette humeur capricieuse, que je puis bien ainsi nommer, puis qu'elle vous fait prendre comme aux chevres les lieux escartés, & solitaires, en vous esloignant du troupeau. A quoy je me porte d'autant plus volontiers, qu'en satisfaisant à ce que je crois devoir à l'amitié dont je suis uny avec vous, je vous expliqueray par mesme moyen les raisons qui m'empeschent de deferer à celles de vostre indifference Sceptique, & d'acquiescer aux charmantes procedures de vostre Pyrrhonisme.

Desja

Desja beaucoup se sont estonnez qu'entre tant de differens systemes de Philosophie, vous vous soyez appliqué à celuy de tous qui sembloit le plus abandonné, & lequel en effet ne peut estre que le plus odieux, puisque mesprisant tous les autres, & ne convenant avec aucun, il se les rend tous en mesme temps ses adversaires, semblable à cet Ismaëlite, la main duquel estoit contre tous, & la main de tous contre luy : *Multis etiam sensis mirabile videri, eam tibi potissimùm probatam esse Philosophiam, quæ lucem eriperet, & quasi noctem quandam rebus effunderet, desertaque disciplinæ & jampridem relictæ patrocinium nec opinatum à te esse susceptum.* Car que pouvez vous attendre qu'un general assaut de tous les sçavants, & une publique acclamation de toutes les escoles contre vous ?

Mais ce qui me paroit le plus important, & qui me cause le plus de soucy dans la part que je veux prendre en tous vos interets, c'est que je ne voy pas comment establissant l'incertitude de vostre secte, & vous moquant de ce que toutes les autres ont voulu dogmatiquement establir, vous pourez vous deffendre aussi Chrestiennement, qu'il seroit

seroit à desirer de toutes les objections que l'on vous formera. Car s'il est vray qu'il n'y ait rien du tout de certain, & que toutes les sciences soient vaines & chimeriques, comme vous soustenez, il s'ensuivra que nostre Sainte Theologie, qui est la science des choses divines, sera phantastique & illusoire comme les autres; ce qui est une impieté, dont je vous tiens aussi esloigné, que j'apprehende que vous n'en puissiez esviter le soubçon.

ORASIUS. Pour le premier des deux points que vous venez de toucher, qui regarde l'envie ou la haine de ceux que vous nommez sçavants, j'estime qu'ils n'ont pas subjet de s'estomaquer si violamment que vous le supposez, car comme je ne reçois affirmativement aucunes de leurs maximes, aussi n'en condamné je determinement pas une, me contentant d'une douce & tranquille suspension d'esprit sur icelles, ce qui les doit, à mon advis, rendre plus moderez, & moins animez contre moy qu'ils ne sont entr'eux, se trouvans tousjours diametralement opposez, & ne se pardonnans jamais rien dans une guerre qu'ils se font à toute outrance. En tout cas je vous prie

prie de vous donner autant de repos sur ce subjet, que je recevray tousjours & mes semblables de satisfaction d'esprit, de nous voir combatus par le plus grand nombre, & croyez que ce n'est pas sans occasion, que vous lisez pour devise sur ce manteau de cheminée, *Contemnere & contemni*, vous protestant que je ne fais aucune violence à mon genie, quand je me ris de ces suffrages, & mesprise ces applaudissements publics. Reçevez donc pour responce ce seul mot, *Non curat Hippoclides*. Quand au second chef, concernant ce qui peut-estre imputé à la Philosophie Sceptique d'incompatibilité avec le Christianisme, il s'en faut tant que je defere quelque chose aux apparences de cette calomnie, que je fais gloire d'avoir porté mon esprit, & ma ratiocination à ce qui le pouvoit mieux preparer à nostre vraye religion, & le rendre plus capable des mysteres de nostre foy. Sçachez donc que quand nous nions la verité & certitude que chacun veut establir dans la science qu'il professe, & qu'en ce faisant nous les rendons toutes suspectes de vanité ou de fausseté; nous ne disons neantmoins rien de prejudiciable à nostre
Theologie

DIVINITÉ. 333

Theologie chrestienne, pour ce qu'encores qu'improprement & en quelque façon elle soit par fois appellée science, si est-ce que les plus saints Docteurs conviennent en cela, qu'elle n'est point vrayement une Science, qui demanderoit des principes clairs & evidents à nostre entendement, là où elle prend quasi tous les siens des mysteres de nostre foy, laquelle est un vray don de Dieu, & qui surpasse entierement la portée de l'esprit humain. C'est pourquoy au lieu que dans les sciences nous acquiesçons facilement à l'evidence des principes connus par nostre intellect, dans nostre Theologie nous consentons à ces principes divins par le seul commandement de nostre volonté, qui se rend obeïssante à Dieu aux choses qu'elle ne voit, & ne comprend pas, en quoy consiste le merite de la foy Chrestienne. *Fides non consentit per evidentiam objecti, sed ex imperio voluntatis*, dit S. Thomas. Voilà comment tout ce que nous pouvons alleguer contre le general des sciences, ne porte point de coup sur la Theologie Chrestienne, à laquelle nous ne faisons rien perdre de sa dignité & eminence pour cela, luy desniant le titre de science

science, d'autant que l'excellence & grandeur de son object, avec la certitude de ses veritez revelées, la mettent beaucoup au dessus de toutes les connoissances de nostre humanité. Mais je passe plus outre, & vous veux faire voir que comme nostre Religion n'a jamais peu souffrir de persecution que de ceux qui passoient pour les plus sçavants, d'où vient que tous les Heresiarques ont esté des premiers hommes, & des plus disciplinez de leur temps, aussi n'y a-t'il point de façon de Philosopher qui s'accommode avec nostre foy, & qui donne tant de repos à une ame Chrestienne que fait nostre chere Sceptique. S. *Paul* 1 *Cor.* ne se lasse point de nous faire apprehender toutes ces sciences, qui ne font que nous bouffir d'une vaine enfleure, ces sagesses qui ne sont que folie devant Dieu, & ces prudences humaines desquelles il se declare si capital ennemy : & cela pource que nostre Religion estant toute fondée sur l'humilité, voire mesme sur une respectueuse abjection d'esprit, elle a promis le Royaume des cieux expressement aux pauvres d'entendement. C'est pourquoy il admoneste soigneusement les Hebreux

Hebreux, *Doctrinis variis & peregrinis nolite abduci, optimum est enim gratia stabiliri cor, non escis, quæ profuerunt ambulantibus in eis.* Et exhortant les Ephesiens à la cognoissance de Dieu, il use de ces termes, *Ut jam non simus parvuli fluctuantes, & circumferamur omni vento doctrinæ.* Aussi a-t'il grand soing que les Colossiens ne se laissent captieusement seduire par des Sophismes lettrés. *Videte ne quis vos seducat per Philosophiam, & inanem fallaciam, secundum traditionem hominum, secundum elementa mundi & non secundum Christum*, se servant de ces mots, ἵνα μή τις ὑμᾶς Παραλογίζηται πιθανολογίᾳ, *ut nemo vos decipiat, in sublimitate sermonum*: à raison de quoy il deffendoit à Thimotée κενοφωνίας, *inaniloquia*, luy donnant ce precepte μὴ λογομαχεῖν, *non verbis contendere*, & il presche la mesme doctrine aux Galates : *Cum essemus parvuli, sub elementis mundi eramus servientes*, leur reprochant avec sa vehemence accoustumée, *quomodo convertimini iterum ad infirma, & egena elementa, quibus denuo servire vultis.* Bref, nous voyons qu'en la lettre aux Philippiens il declare toute autre doctrine que celle de

c. 14.

c. 2.

c. 4.

c. 3. v. 8.

Jesus-

Jesus-Christ, prejudiciable, & qu'il fait lictiere de toute autre science que de celle qu'il tient du ciel, *omnia arbitratus detrimenta, ac stercora, propter eminentem scientiam Christi.* Veritablement si la pauvreté d'esprit est, comme nous venons de dire, une richesse Chrestienne, & si les escholes disent bien aprés S. Thomas, que *ratio humana (saltem antecedens voluntatem,) diminuit rationem fidei*, l'Apostre n'a peu trop faire peur aux fidelles de la vanité des sciences, ny trop les esloigner de la sotte presumption de sçavoir. C'est pourquoy les Romains estans de son temps ceux qui s'estimoient le plus pour ce regard, il leur donne ce charitable & salutaire advis, *Non plus sapere quam oportet sapere, sed sapere ad sobrietatem,*

Que si nous voulons peser l'importance de ces sentences Apostoliques, & les conferer avec ce qui a esté le plus hardiment prononcé par nostre Epoche contre la temeraire arrogance des disciplines, nous y trouverons une si grande conformité, que nous serons contraints d'advouër que la Sceptique se peut nommer une parfaite introduction au Christianisme. Et qui peut entendre

entendre ce grand Predicateur prononçant aux Corinthiens *Ephes.* 1. *chap.* 8. ces belles paroles, *Si quis à se existimat scire aliquid, nondum cognovit quemadmodum oportet eum scire.* Et ailleurs *chap.* 3. s'il veut sçavoir quelque chose, qu'il fasse profession d'ignorance, *stultus fiat, ut sit sapiens*, qui peut, dis-je, oüir ces belles moralitez sans estre persuadé (reservant l'honneur & le respect qui est deu à ce sacré vase d'election) que ses sentiments ne pouvoient estre autres que parfaitement Pyrrhoniens. Car que disent nostre Aphasie, nostre Acatalepsie & toutes ces voix celebres de la Sceptique, qui ne convienne exactement bien avec eux ? Et qu'y a-t'il dans tout le Decalogue de nostre Secte, qui ne leur puisse servir d'excellente interpretation. Si au contraire nous portons nostre consideration sur les differentes opinions de toutes les autres familles Philosophiques qui ont esté jusques à nous, vous n'en remarquerez aucune qui n'ait ses principaux axiomes, & ses propres principes directement opposez aux articles de nostre foy. Les Pytagoriens sont pleins de superstitions Magiques, l'Academie de Platon suppose en la creation du monde une matiere eternelle à Dieu. Democrite, & tous les Epicuriens ont pensé le mesme de leurs Atomes, pour ne rien dire de leur fin voluptueuse, les Stoiciens ont fait leur sage egal & quelquefois superieur à Dieu, lequel ils ont assujecti à leur celebre destinée. Les Cyniques faisoient publiquement du vice vertu. Et quant aux Peripateticiens avec leur eternité du monde, (de laquelle Aristote ne s'est jamais departi au rapport d'Alexandre Aphrodisée) c'est merveille comme ayant estouffé toutes les autres Sectes, à la mode des Ottomans, qui ne laissent vivre aucun de leurs freres, ils ayent peu, nonobstant l'impieté de la plupart de leurs dogmes, s'establir si magistralement dans toutes les escoles Chrestiennes. Car encores que les premiers Peres de l'Eglise, eussent tous declamé contre le Lycée, & que S. Ambroise eut prononcé dans ses offices, qu'il estoit bien plus à craindre que les jardins d'Epicure, sa Meta-

Rigord. Hist. l. de Nat. rerum. phisique ayant mesme esté bruslée publiquement soubs le regne de Philippes Auguste, & un Alexander Verekanus ayant escrit que ses œuvres ne pouvoient

pouvoient eftre entenduës que par le feul Antechrift; fi eft-ce que depuis que le Docteur Angelique, eut le premier baptizé Ariftote dans l'Efcole, (pour ufer des termes de Campanella) on luy a de tous endroits tendu la main, avec un fi general applaudiffement, que les Theologiens de Cologne ont bien ofé le nommer, *præcurforem Chrifti in naturalibus, ut Ioannes Baptifta in gratuitis*. Et Henry d'Affia le faire auffi fçavant que noftre premier Pere Adam, & George Trapezunce compofer un livre entier des conformitez de fa doctrine avec noftre Sainte Efcriture. Et neantmoins on peut bien dire que de tous les Dogmatiftes que nous venons de nommer, & qui furent jamais, il n'y en a point eu qui ayent livré de plus rudes affauts à noftre creance que ces derniers, pource qu'il n'y en a eu aucuns qui fe foient tant fondez fur la force de leur ratiocination purement humaine. Or la foy eftant des chofes qui n'apparoiffent point, *fides eft argumentum non apparentium*, Hebr. 11. & rien ne pouvant eftre l'object d'icelle, *nifi fub ratione non apparentis*, il s'enfuive, que puifque la fcience (fuppofant qu'il y en ait) ne s'acquiere que par des principes cognus, il ne peut y avoir de convenance entre la foy, & cette pretenduë science, & que l'escole a eu raison de prononcer que *ejusdem rei non potest esse scientia & fides*. C'est pourquoy Foscarini a fort hardiment discouru sur le subjet du mouvement de la terre, qu'il n'y avoit pas lieu de s'arrester aux passages de l'Ecriture saincte, qui semblent asseurer la stabilité; parce que la verité des choses naturelles n'estant pas necessaire ny mesme utile peut-estre à salut, le S. Esprit ne nous l'a jamais aussi revelée; au contraire l'ignorance nous pouvant estre advantageuse, il nous a teu ou desguisé tout ce que les sciences font profession de nous enseigner. Ainsi ne verrez vous point qu'il nous ait expliqué ce que c'est que matiere premiere, forme, privation, quinteessence, ainsi l'Apostre dit de Dieu, que *vocat ea quæ non sunt, tanquam ea quæ sunt*; Ainsi Moyse au lieu de nous descrire des Epicicles, & des excentriques, s'est contenté de dire, *fecit duo luminaria magna*, mettant la Lune en paralelle de grandeur avec le Soleil, bien qu'elle soit six mille fois plus petite,

ep. ad Ro. c. 4. v. 17.
Gen.

&

& que la moindre estoille du firmament soit dixhuit fois plus grande que la terre, laquelle surpasse la Lune trente-neuf fois en grandeur, voire quarente trois fois selon les observations de Copernic. Ainsi J. C. mesme *sine parabola non loquebatur*, & interrogé Matt. de la fin du monde, l'une des plus belles considerations de toute la Physique, 4. il n'en voulut jamais reveler l'heure; voire mesme interrogé par Pilate en ces termes, *quid est veritas?* Nous voyons qu'il se teut sans se vouloir expliquer là dessus, bien qu'il vint de dire qu'il estoit venu en ce monde *ut testimonium perhiberet veritati*, c'est-à-Joan c. dire pour accomplir les escritures, ex- 18. pliquer les Propheties, & aucthoriser les veritez Theologiques, sur lesquelles sont fondez les mysteres de nostre Foy. Mais pour ce que le juge luy avoit demandé generallement ce que c'estoit que la verité, & que vray semblablement il entendoit parler de la verité humaine & naturelle, n'estimant pas à propos d'instruire le monde de toute sorte de veritez, il luy fist une leçon par son silence, de la modestie avec laquelle nous devons professer une loüable ignorance, puis qu'un si

grand

grand Precepteur ne nous a pas voulu rendre plus sçavants. Ce qui ne sera pas trouvé estrange par ceux qui considereront qu'on voit journellement reluire avec bien plus d'esclat les vertus Chrestiennes dans les ames simples & ignorantes, que dans celles des plus habiles en toutes sciences, lesquels ne font que leur distraire & brouiller l'esprit, *vacuas mentes* (dit Cardan en son traité de l'immortalité de l'ame) *spes & fides totas occupat, ob id major in stupidis, idiotis, & plebe, quam in eruditis, nobilibus, ac ingeniosis.* Arrivant souvent à ces esprits scientifiques, ce que les Poëtes ont fabuleusement conté & morallement entendu de Bellerophon, lequel presomptueux de se voir sur son cheval aislé, eut bien la temerité de vouloir aller apprendre ce qui se faisoit dans le ciel, de quoy Jupiter indigné, ne fit qu'envoyer une mouche picquer ce Pegaze qui renversa aussitost son Cavalier dans un champ de Lycie appellé Aleeus. Car n'est-ce pas la vraye figure d'un esprit glorieux & enflé de quelque connoissance extraordinaire des disciplines humaines, lequel se promet sur ces fondements de se guinder jusques au ciel,

&

& soit par le moyen du mouvement arriver à la connoissance du premier moteur immobile, soit par quelques autres causes subordonnées, penetrer jusques à la cause des causes. Ce qui est si peu agreable à Dieu, qui nous à prescrit des moyens du tout differens par une grace surnaturelle, pour arriver jusques à luy, que livrant leur esprit à mille controverses douteuses, qui leur agitent la cervelle, *tanquam œstro furoris perciti*, ils se trouvent enfin precipitez dans ce champ de confusion & d'erreur appellé Aleius, ἀπὸ τῦ ἀλᾶ σθαι, *quod est errare*. C'est ainsi (cher Orontes) que je me suis imaginé qu'en professant l'ignorance Epheſtique, je ne donnois point de prise raisonnable sur moy à tous les pedans dogmatistes, qui s'en pourroient formaliser, puis qu'au contraire comme ce musicien Grec ne trouvoit rien plus difficile que d'enseigner son art à ceux qui avoient de mauvais commencements, aussi est-il vray qu'il n'y a point d'esprits sur lesquels les graces divines agissent avec plus de resistance & dans lesquels les mysteres du Christianisme s'impriment plus mal volontiers, que dans ceux qui presument sçavoir demonstra-
tivement

tivement les causes & les fins de toutes choses. Mais quand par un raisonnable discours nous avons Sceptiquement examiné les nullitez du sçavoir humain, c'est lors qu'une ingenuë recognoissance de nostre ignorance nous peut rendre dignes des graces infuses du ciel, lesquelles tomberont lors comme dans une terre heureusement cultivée, & dont on auroit arraché toutes les mauvaises plantes qui l'empeschoient auparavant de fructifier. Vous pouvant asseurer qu'en mon particulier rien ne m'a fait respecter avec tant de veneration nostre Sacrosainte Religion, que la consideration à laquelle je me suis porté suivant les regles de nostre Secte de tant d'autres differentes Religions estenduës par l'univers, & que rien aprés Dieu ne m'a tant attaché à son vray culte que d'en contempler les diverses façons innombrables & prodigieuses, par tout où celuy-là n'est point reconneu.

ORONTES. Je ne sçaurois vous expliquer (Orasius) la satisfaction que j'ay receuë du discours que vous venés de me tenir, par lequel me tirant de la peine où j'estois d'une part à voustre esgard, vous m'avez de plus
donné

donné la hardiesse de suivre d'orsenavant mes inclinations, qui m'ont tousjours porté à estimer beaucoup la maniere retenuë de vostre Secte, à ne rien determiner d'absolument certain, & à ne rien establir par maxime irrefragable. Mais je vous advouë que je n'avois jamais osé me donner la licence de les seconder, prevenu du scrupule que vous m'avez levé que cette maniere de Philosopher n'eust de l'incompatibilité avec nostre Religion, & apprehendant toujours, pour user des termes de Lucrece lib. 1.

Impia me rationis inire elementa viamque
Indugredi sceleris.

Or à present que vous m'avez fait reconnoistre son innocence, & que non seulement la Sceptique n'apporte point d'inconvenient à nostre sainte Theologie, mais mesme qu'à le bien prendre son Epoche peut passer pour une heureuse preparation Evangelique, je ne voy plus rien qui me puisse divertir de complaire à mon Genie, en conformant mes sentimens aux vostres, & les accompagnant de vostre neutralité, & inseparable suspension d'esprit. Et pour ce que vous m'avez dit en finissant que souvent vous avez fait reflexion sur la multitude des Religions qui sont au monde, & les differentes adorations qu'elles prescrivent avec toûjours beaucoup d'advantage pour la vraye, trouvez bon que j'interpelle vostre memoire de se souvenir des observations que vous avez faites sur ce subjet; le silence, & le secret de ce cabinet vous convie, & nostre amitié vous oblige à ne me pas desnier cet entretien pendant le reste de cette aprésdinée.

ORASIUS. De toutes les pensées de nostre humanité il semble qu'il n'y en ait point de plus relevée que celle qui s'attache à la Divinité. C'est le subjet du dire d'Aristote au grand Alexandre, que le cœur altier & le haut courage n'estoit pas seulement permis à ceux qui commandoient ici bas; mais encore à ceux qui avoient de dignes & veritables pensées des Dieux. Mais peut-estre que d'autre costé il ne s'en trouvera point qui descouvre davantage nostre imbecilité, parce que n'y ayant point de proportion du fini à l'infini, & du createur à la creature, l'immensité de cet objet divin, selon que l'esprouverent Simonides

&

DIVINITÉ.

& Melissus, confond tout à fait nostre entendement comme l'exces de la lumiere du Soleil esblouit & perd nostre veuë, *ut se habet visus ad visibilium summum nempe solem, sic intellectus ad summum intelligibilium nempe Deum*, ce que Platon va déduisant fort au long au septiesme de la Republique. C'est aussi ce qui a fait dire à quelques-uns que le ciel ne prenoit pas son etymologie de ce que *cælatum est & insculptum*, mais de ce qu'il nous cele & cache ce qu'il contient. Car encor que la divinité soit estimée s'estendre par tous les ordres de la Nature, *Jovis omnia plena*, si est-ce que tous ceux qui ont eu quelque imagination d'un Dieu, luy ont toûjours assigné particulierement le Ciel pour sa principale demeure, où il reside avec eminence, *Pater noster qui es in cœlis* : comme nostre ame quoy que diffuse par tout le corps semble plus attachée au cœur, ou au cerveau, à cause qu'elle y exerce ses plus nobles fonctions ; Aristote s'en explique ainsi 1. *de cælo*, c. 3. *Vniversi qui Deos esse putant, tam Græci, quam Barbari, supremum locum Diis tribuerunt, propterea quod mortale ad immortale est accommodatum.* Aussi a-t'il

Cic. l. de Nat. Deor. & D. Laer.

placé

placé 8. Phyſ. c. ult. ſon premier moteur ſur la circonference convexe du premier mobile, & meſme en la partie la plus rapide comme equidiſtante des Poles. Or ſi les choſes celeſtes & particulierement la divinité qui les anime, ſe trouve avoir ſi peu d'Analogie avec noſtre entendement, que cette grande diſproportion les empeſche de tomber ſous ſa connoiſſance, *cognitum ſiquidem quaſi cognatum cognoſcenti*, ce n'eſt pas ſans ſujet que les Atheniens avoient des autels Anonimes, comme dit Laërtius en la vie d'Epimenides, qui ſont vray-ſemblablement ceux qui portoient l'inſcription ἀγνώςῳ Θεῷ *Ignoto Deo*, dont parle S. Paul Act. 17. & il ſe pourroit dire que Platon auroit juſtement accuſé d'impieté ceux qui recherchent trop curieuſement les choſes Divines, quand il dit 7. de legibus, *Maximum Deum totumque mundum dicimus inquirendum non eſſe, nec rerum cauſas multo ſtudio indagandas, nec pium id dicimus.* En quoy il a eſté bien ſuivi par l'hiſtorien naturel des Romains qui veut que ce ſoit choſe furieuſe à nous de ſortir comme du monde, pour contempler ce qui eſt au delà, avec cette maxime

lib.

DIVINITÉ. 349

lib. 1. c. 1. Mundi extera indagare nec interest hominis, nec capit humana conjectura mentis. C'est pourquoy il semble qu'on se pourroit arrester à cette belle sentence Sceptique de S. Denis sur ce subjet, *Tunc Deum maxime cognoscimus, cum nos eum ignorare cognoscimus.* Si est-ce que beaucoup ont estimé que tout au contraire que l'esprit de l'homme n'avoit point d'objet qui luy fust si convenable & proportionné que celuy de la Divinité dont il est une particule, & qu'il n'y avoit point si peu de rapport de luy à son Dieu, qu'il ne s'y trouvast au moins celuy de l'effet à sa cause. Aussi que sa creation ne semble pas avoir d'autre fin de la part de son Createur, que de luy faire contempler sa toute bonté, puissance, & sagesse dans tous ses ouvrages, par le moyen desquels remontant des choses produites à l'Autheur de leur production, qui sont les degrez de cette chaisne d'Homere, nous sommes facilement portez jusques à luy, & faits capables, sinon de comprendre son essence, au moins d'en admirer l'excellence dans ses œuvres, ce qu'ils appellent le connoistre *à posteriori.* Voilà les differentes opinions que je trouvai

lib. de Div. nom.

trouvai d'abord touchant l'application de nostre esprit à la recherche d'une Divinité, sur laquelle je trouvai aussi-tost deux advis qui me partagerent l'entendement ; l'un de ceux qui croyent que naturellement l'homme est porté à la reconnoissance d'un Dieu, par des principes Physiques, & qui sont nais avec lui, avec suspicion mesme que le reste des animaux n'en soient pas totalement despourveus ; l'autre de ceux qui le nient absolument. Les premiers se servent de l'authorité d'Aristote qui dit en son premier livre du Ciel, c. 3. que Πάντες ἄνθρωποι περὶ θεῶν ἔχουσιν ὑπόληψιν *omnes homines de Diis existimationem habent*, de celle de Platon lequel a pensé bien prouver qu'il y avoit des Dieux, parce que chacun en ayant une notion naturelle & comme infuse, *naturalis species cujusque intellectus inanis esse non potest*, dit Ciceron qui a escrit l. 1. de nat. Deor. que *omnes duce natura eo vehimur, ut Deos esse dicamus*; de Seneque, qui apporte pour exemple d'un general consentement, l'opinion des Dieux, *nulla quippe gens usquam est* (dit-il) *adeo extra leges moresque projecta, ut non aliquos Deos credat*, & ainsi d'infinis autres

Ep. 118.

autres Autheurs, qui ont supposé cette maxime pour tres-constante. Les autres se rient avec Cotta, de cette induction fondée sur une pretenduë connoissance de l'opinion de toutes les nations, laquelle nous ne possedons pas, adjoustant ce souverain Sacrificateur ces mots au contraire, *Equidem arbitror multas esse gentes sic immanitate esseratas, ut apud eas nulla Deorum suspicio sit*, qui est le mesme sentiment que le digne precepteur de Trajan tesmoigne avoir eu en son traicté des communes conceptions contre les Stoïques. En confirmation de quoy Strabon escrit en ces termes des peuples de Galice, *Callaicos Hispanos nihil de Diis sensisse perhibent*, & parlant des Ethiopiens, *ex iis qui torridam habitant; nonnulli sunt qui Deos esse non credunt*, quoy que ce soit de leur pays au dire de Diodore Sicilien qu'est venu le premier culte des Dieux, d'où vient que dans Homere le bon Jupiter va si souvent & si volontiers banqueter chez eux, μετ' ἀμύμονας Αἰθιοπῆας, *apud inculpatos Æthiopes*. Jean Leon nous descrivant le Royaume de Borno en Afrique, où ils vivent encor si naturellement, qu'ils tiennent leurs femmes,

&

& leurs enfans en commun, adjouste qu'ils n'ont aucune Loy, ny vestige de Religion. Acosta nous fait voir les Indiens Occidentaux n'ayant pas seulement le nom appellatif de Dieu, en sorte que ceux de Mexico, & de Cusco, quoy que trouvez avec quelque sorte de Religion, furent contraints de se servir du mot Espagnol *Dios*, quand on le leur fit aucunement comprendre; n'ayans aucun vocable en leur langue qui respondit à celuy-là. Champlain nous asseure que ceux de la Nouvelle France n'adoroient aucune Divinité. Tous ceux qui ont escrit du Bresil en disent de mesme. Et les lettres Jesuitiques sur ce qui se passe en Orient, dattées de l'année 1626, tesmoignent qu'il se trouve encores aujourd'huy des peuples sur le Gange, lesquels ne reconnoissent aucun esprit superieur. Or si cette connoissance d'un Dieu dependoit de la lumiere naturelle, personne n'en seroit privé, & il semble que nous y devrions estre tous clairvoyans. On ne peut donc pas dire qu'elle soit née avec nous & que naturellement nous la possedions.

De cette dispute je vins à celle de quelques-uns qui croyent pouvoir demonstrer

monstrer par bonne ratiocination, que l'estre des Dieux est veritable, & qu'il y a de l'aveuglement spirituel, ou de malice & obstination à le nier; en quoy ils sont contredits par ces Mezenses, Cyclopes, Salmonées & autres infinis Athées; que les siecles passez ont produit, & le present renouvellé, auquel nous voyons la Gygantomachie ou Theomachie des anciens fort naifvement representée, sinon que ces Geants se portoient à leur entreprise à la descouverte, là où ceuxcy dans la condition du temps se servent du mesme artifice, que nous voyons avoir lieu en nos guerres civiles, où ceux-la mesme qui portent les armes contre le parti du Roy, protestent d'estre fort serviteurs de sa Majesté. Les premiers procedent selon S. Thomas à l'establissement d'une Divinité par cinq principaux moyens, dont le premier est celuy du mouvement, duquel Platon & Aristote se sont principalement servis, *quicquid movetur ab alio movetur*, pour arriver à un premier moteur. Le second est la consideration d'une cause efficiente, qui nous porte necessairement à une premiere, pour esviter le progrez & acheminements

minements à l'infini. Le troisiesme est la raison du possible & du necessaire, qui nous fait reconnoistre que, *est aliquid per se necessarium cæteris causa necessitatis*, qui est Dieu. Le quatriesme considere les differents degrez de bonté, verité, & autres perfections essentielles qui nous font monter jusques à cet *Ens summum*, duquel tous les autres participent. Le cinquiesme despend du gouvernement de cet univers, lequel nous oblige d'admirer une souveraine intelligence, par laquelle toutes choses sont doucement portées à leur fin. Nostre grand maistre Sextus advance encores en leur faveur quatre autres moyens, dont le second & le troisiesme comprennent les cinq de S. Thomas; son premier est fondé sur ce consentement universel, dont nous parlions tantost, le second sur l'ordre du monde, le troisiesme sur les absurditez qui resultent de l'opinion negative, le quatriesme & dernier sur la responce qu'on fait aux arguments contraires. Aprés quoy il leur semble, qu'on peut bien conclure, que c'est le plus grand de tous les desreglements d'esprit de nier son Dieu, *dixit insipiens in corde suo, non est Deus*.

Les

Les Athées neantmoins éludent tous ces argumens, dont ils souftiennent n'y en avoir aucun demonstratif, ce qui leur est rendu assez facile par les regles d'une exacte Logique, de sorte que se donnans en suitte libre carriere sur ce sujet, les uns comme Petronne estiment que les merveilles de la Nature, les eclipses des astres, les tremblements de terre, l'esclat des tonnerres, & choses semblables ayent donné la premiere impression à nos esprits d'une Divinité.

Primus in orbe Deos fecit timor, ardua cœlo,
Fulmina dum caderent;

Les autres comme Sextus sont à peu prés de l'advis d'Epicure, qui rapporte cette premiere connoissance aux visions prodigieuses que nous fournit nôtre imagination pendant le sommeil (sans admettre pourtant ces simulacres divins) dont à nostre reveil nous nous sentons souvent extraordinairement émus. Mais tous conviennent entre eux, que les plus grands Legislateurs ne se sont servis de l'opinion vulgaire sur ce sujet, (laquelle ils ont non seulement fomentée, mais accruë de tout

tout leur possible,) que pour emboucher de ce mords le sot peuple, pour le pouvoir par aprés mener à leur fantaisie. Ainsi Joseph Acosta nous represente les Mandarins qui gouvernent la Chine, & contiennent le peuple dans la Religion du pays, ne croyans, dit-il, quant à eux, point d'autre Dieu que la Nature, d'autre vie que celle-cy, d'autre enfer que la prison, ny d'autre Paradis que d'avoir un office de Mandarin. Ce n'est donc pas sans sujet que Postel en son livre *de Orbis concoraia*, ne nomme point les Religions autrement que du mot, persuasions, & que Prodicus Chius disoit dans Ciceron que les choses utiles à la vie avoient esté facilement deifiées. Car c'est par là (disent-ils) que ces habiles hommes introduisent leurs Divinitez, *Deus est mortali juvare mortalem*, & ce qui suit de notable sur ce sujet dans Pline au 2ᵉ de son Histoire c. 7. Nous sanctifions chez nous ceux qui nous font du bien, disoit naïfvement ce bon religieux parlant de Galeas de Milan dans Philippes de Comines, & nous sçavons qu'une garse publique fut adorée par le peuple Romain, pour avoir esté par elle institué

heritier

heritier des grands biens qu'elle avoit acquis, comme l'on dit, à la sueur de son corps. De là est procedé l'adoration du Soleil, par tant de peuples qui esprouvent sa beneficence à la reserve de ces Ethiopiens & peuples Atlantides, qui le detestent & maudissent à cause de sa trop grande ardeur, disent Diodore Sicilien l. 17. & Pline l. 5. ch. 8. Cæsar l. 6. de bello Gallico parlant des vieux Germains, observe que *Deorum numero eos solos ducunt quos cernunt, & quorum operibus aperte juvantur, Solem, Vulcanum, & Lunam, reliquos ne fama quidem acceperunt.* En suitte de quoy pour ce que nous ne sommes pas seulement desireux du bien mais que nous apprehendons grandement son contraire, on inventa ces Divinités qu'on desiroit appaiser, ces *Vejoves, læva numina*, un *Averuncus*, un *Robigus*, & autres tels ἀποτρόπαιοι *depellentes dæmones*. Ainsi les Lacedemoniens esleverent des autels à la Mort, & à la Crainte ; les Atheniens à l'Impudence, à la Tempeste, & à l'Opprobre ; les Espagnols des Gades à la Pauvreté & à la Vieillesse ; les Romains à la Crainte, à la Pasleur, à la Fievre, aux flots de la Mer, à la mauvaise

vaise Fortune, & autres semblables maledictions. Voila comme ils discourent de l'invention, & propagation veritable des Dieux, leur fabuleuse Theologonie ayant esté plaisamment inventée par Homere & Hesiode, au rapport mesme d'Herodote Liv. 1. (pour raison de quoy les Atheniens semblent avoir autrefois condamné le premier en 50 drachmes d'amende comme un insensé,) *fingebat hæc Homerus, & humana ad Deos transferebat, divina autem ad nos :* dit gentiment Ciceron 1. Tusc. quæst. Et pour montrer que les hommes se sont eux mesmes fabriquez ces Dieux tout-puissans, & qu'ils en sont vraiement les Autheurs, Pherecides est nommé par Diogenes Laertius pour le premier qui ait jamais parlé des Dieux en ses escrits, & Platon, pour celuy qui se forgea & mit en avant θεοῦ πρόνοιαν, *Dei providentiam.* Aussi veulent-ils que les plus grands hommes se soient assez aperceus de cette imposture divine (s'il faut ainsi parler) quoy que depuis Socrate l'apprehension de la ciguë les ait tenus dans le silence. Il est vray que l'ancienne Comedie des Grecs se donnoit une merveilleuse licence de parler des

D. Laer. in Soc.

DIVINITÉ.   359

des Dieux, comme nous apprend le proverbe, *tanquam de plaustro loqui*; mais bien qu'Aristote fust fort retenu par l'exemple que nous venons de dire de son maistre, & que pour ce sujet, il ait jetté beaucoup de sable aux yeux de ceux qui devoient lire ses escrits sur ce sujet, *atramentum que sepia more insperserit*, si est ce qu'il a tellement attaché son Dieu aux necessitez Naturelles dans la direction & gouvernement de l'univers, que la pluspart a estimé, qu'il ne reconnoissoit point d'autre Dieu que la Nature mesme : *Aristoteles tam callide mundi ortum & anima præmia, & Deos acamones sustulit, ut hæc omnia aperte quidem diceret, argui tamen non posset*, dit Cardan au 3ᵉ l. de sa Sagesse. Aussi Averroës se surnomme son Commentateur par excellence, comme celuy qui a le mieux reconnu son Genie, & lequel Postel ose bien nommer *maximum veri secundum intellectum indagatorem*, n'a jamais reconneu de cause premiere, ny peu comprendre cette Divinité, Anaxagoras, Anacharsis, Hippon, Protagoras, Euripide, Callimache, Stilpon, Diagoras, Melien, Critias Athenién, Theodore Cyrenien,

Prodicus

ult.
Met. c.
6.

Prodicus de Chio, Evemerus Tegeate, & plusieurs autres signalez personnages nous sont donnez pour n'avoir pas esté de plus facile creance, non plus qu'assez d'autres de ce temps, entre lesquels on fait dire à l'Aretin, qu'il n'avoit espargné Dieu dans sa publique medisance, que pource qu'il n'en connoissoit point. Bien que quant à Protagoras, il semblast nager entre deux eaux, ayant commencé un sien livre par cette declaration, qu'il luy estoit impossible de determiner qu'il y eut des Dieux, ou qu'il n'y en eut point, pour raison dequoy il fust banny par les Atheniens, & son livre bruslé publiquement. Mais Diagoras fust si hardi qu'il osa bien escrire, dit Hesichius, *in ejus vita*, λόγυς ἀποπυργίζοντας *orationes de turribus præcipitantes*, où il rendoit raison de son esloignement de la commune opinion des Dieux, aprés avoir esté quelque temps auparavant tres-superstitieux, ce changement estant venu comme nous apprenons de Sextus adverſ. Math. 1. 8. d'avoir consideré l'impunité d'un homme duquel il avoit esté offencé, & lequel en avoit esté quitte pour se parjurer envers les Dieux impunement.

Ce

DIVINITÉ. 361

Ce fust aussi le mesme, lequel ne trouvant point de bois pour faire cuire ses lentilles, s'addressa à un vieil Hercule de bois plain de veneration, & le conviant à ce treziesme labeur en fit fort bien boüillir sa marmite. Stilpon alloit la bride plus en main, car se voyant interrogé hors de saison par Crates, si nos prieres & nos honneurs n'estoient pas agreables aux Dieux, il luy repartit gentiment que ce n'estoit pas une demande à faire en pleine ruë, mais bien de seul à seul & dans son cabinet, qui est la mesme responce que fit Bion à un autre qui luy demandoit s'il y avoit veritablement des Dieux ou non, & dont usa aussi fort à propos le grand Pontife Cotta envers Vellejus qui supposoit qu'il estoit fort difficile de nier l'estre des Dieux : *Credo* (dit-il) *si in concione quæratur, sed in ejusmodi sermone & concessu facillimum*. Mais ce bon Stilpon se trouva une autrefois bien plus empesché, cité qu'il fust devant les Areopages pour avoir dit que la Minerve de Phidias n'estoit pas un Dieu, dont il se tira neantmoins avec assez de souplesse, disant qu'il l'estimoit Deesse & non pas Dieu, & faisant distinction entre le masle & la femelle.

D. La-er. in Stilp.

Cic. 1. de nat. Deor.

Tome I. Q

melle. Ce qui convia Theodorus à luy demander au partir de là s'il avoit veu Pallas sous sa juppe, pour parler si pertinemment de son sexe. Si est-ce qu'il n'evita pas le bannissement auquel il fut condamné pour cette liberté. Une pareille dexterité reüssit plus heureusement, il y a peu, au Philosophe Pomponatius, lequel pour s'estre laissé entendre avec une licence & chaleur Peripatetique, qu'il ne croyoit pas l'immortalité de l'ame, se vit entre les rudes mains de l'Inquisition, dont il eschapa pourtant avec cette interpretation, qu'il ne la croioit pas voirement, puis qu'il la sçavoit apodictiquement, comme il s'en expliqua par un fort long discours à des Juges autrefois ses escoliers, & qu'il eut besoin de trouver à cette fois assez favorables. Vous voyez donc que cette opinion Atheiste ne manquoit pas ny d'authorité ny de pretenduës raisons, que le temps ne veut pas estre ici plus amplement déduites.

Or je n'eus pas plutost passé par dessus & surmonté cette difficulté, que je me trouvay dans la perplexité des deux autres opinions, non moins contestées entre ceux qui professent unanimement

mement l'existence des Dieux. Les uns leur attribuënt non seulement la direction generalle de l'univers, & le mouvement reglé de toutes ses machines, & ses orbes, mais encores un soin particulier de tout ce qui se passe ici bas, duquel s'ensuit la remuneration des actions vertueuses, & la punition de celles qu'ils appellent vicieuses; les autres soustienent, qu'il vaudroit mieux nier les Dieux tout à fait, que de les attacher à des soins si indignes, & les revestir humainement de passions si honteuses, voire si incompatibles avec la Divinité, *impius non qui tollit multitudinis Deos, sed qui Diis opiniones multitudinis applicat*, disoit Epicure. A quoy on peut bien rapporter ce que dit hardiment Seneque en l'une de ses Epistres, *Superstitio error insanus est, amandos timet, quos colit violat, quid enim interest utrùm Deos neges, an infames?* Ceux qui sont du premier advis nous enseignent qu'il faut reverer & servir religieusement les Dieux, qui connoissent toutes choses, jusques aux mouvements de nostre cœur, ayans en main la peine, & la recompense. Les autres qui, comme Epicure se mocquent de cette providence Divine,

Ep. 124

Q 2 *Nul-*

Nullumque omnino habere censent humanarum rerum procurationem Deos, se rient aussi par consequent de toute sorte de culte, & d'adoration, comme de chose vaine, foulans aux pieds superbement autant qu'il y a de Religions,

Cic. 1. de nat. Deo.

Quare religio pedibus subjecta vicissim Obteritur, nos exaquat victoria cælo.

Lucr. lib. 1.

C'est pourquoy Ciceron disoit fort bien qu'Epicure avoit fait pis que ce Xerxes destructeur des temples de la Grece, *nec enim manibus, ut Xerxes, sed rationibus Deorum immortalium templa, & aras evertit.* Appliquons nostre consideration aux raisons des premiers, qui semblent les plus pieuses, & puis nous viendrons aux autres. En premier lieu, ils se servent de ce consentement de toutes les nations, lesquelles servent les Dieux, & leur adressent leurs prieres de toute ancienneté, ce qui monstre bien qu'elles sont ouïes & exaucées, pour ce qu'autrement il n'y a point d'apparence qu'on les eut voulu continuer, *non in hunc furorem omnes profecto mortales consensissent, alloquendi surda numina, & inefficaces Deos, nisi nossent illorum beneficia.*

Senec. 4. de ben. c. 4.

DIVINITÉ. 365

neficia. Aussi outre les exemples innombrables des Histoires passées, nous avons tous les jours tant de tesmoignages de leur manifeste indignation ou assistance, qu'il semble qu'il y ait trop de brutalité à ne les pas reconnoistre. Le bucher de Crœsus se vit esteint d'une pluye survenuë par le Ciel le plus serein du monde en recompense de sa pieté, & le coup d'espée dont Cambises blessa le Dieu Apis, ou Epaphus à la cuisse, se reconneut vengé peu de temps aprés d'un autre coup que se donna ce Roy luy-mesme en sa propre cuisse, duquel il mourut, ce n'est donc pas sans sujet, qu'Aristote (paroissant plus religieux icy que beaucoup ne veulent qu'il ait esté,) pour monstrer que la vertu consiste en une certaine mediocrité, laquelle se corrompt egallement par l'excez, comme par la defectuosité : en donne cet exemple dans la Vaillance, que si quelqu'un estoit si peu apprehensif, & si intrepide qu'il ne craignist pas mesme les Dieux, ce ne seroit plus force & valeur en luy, mais ce seroit folie, & pure demence. Car si vous ne voulez démentir toute l'antiquité, & nostre siecle mesme, avec vostre propre connoissance &

Her. l. 1.

id. l. 3.

T. imag. mor. c. 5.

Q 3

conscience, vous serez contraints enfin d'advoüer que les Dieux ne laissent pas les choses humaines à l'abandon, & comme dit le Satyrique Juvenal. Sat. t. 13.

Nec surdum, nec Tiresiam quemquam esse Deorum.

Mais pource qu'il y en a qui veulent bien reconnoistre cette providence aux choses celestes & generales du monde, pourveu qu'on ne la face point descendre jusques icy bas, ou qu'on ne l'attache point jusques aux moindres singularitez, admettans la pluspart avec Averroes la conduitte & l'ordre de Dieu aux choses universelles, mais non pas aux individuelles, *& ad species, non autem ad singularia; saltem intereuntia*, ils persistent à dire au contraire, qu'avec grande raison les Grecs nommerent leur Jupiter Δία, *quasi δι' ὃν τὰ πάντα, per quem sunt omnia*, comme celuy lequel par puissance, par presence, par essence, penetrant tous les ordres de la Nature,

Terrasque, tractusque maris, cœlumque profundum,

S'y trouve agissant par tout avec un concours

l. de divin. per som. & 12 met. com. 37 & 52.

D. Laer. in Zen.

concours si necessaire, que sans luy toutes sortes d'actions demeurent suspenduës, voire du tout esteintes. C'est ce qui a fait attribuer à Dieu les trois dimensions ordinaires, quand les Theologiens disent que sa latitude est l'estenduë de sa providence sur toutes choses; sa longitude, l'immensité de sa vertu, qui s'estend depuis le dernier ciel jusques au centre de la terre, *Quo fugiam à conspectu tuo? si ascendero in cælum tu illic es, si descendero in infernum & hic ades*; & que sa profondeur est son essence incomprehensible, à tout autre qu'à luy mesme. Aussi Mercure Trismegiste n'a pas estimé nous pouvoir mieux expliquer ce que c'estoit que Dieu, qu'en disant qu'il estoit une Sphere intelligible de laquelle le centre estoit par tout, & la circonference en nulle part. Et l'Autheur du mesme livre περὶ κοσμου *de mundo*, quoy qu'il attache son premier moteur, au premier mobile, si est-ce qu'il le fait ressembler aux grands & parfaits ouvriers, qui par le mouvement d'un seul instrument, en font aller une quantité d'autres qui en dependent, osant mesme le comparer à ces νευροσπασται ou joüeurs de marionnettes, lesquels

quels tirans une corde seulement, font aisement joüer la teste & les yeux, les mains & les jambes de leurs petits personnages. Ce n'est donc pas chose penible de gouverner les moindres choses, à celuy qui les a créées avec facilité, & il n'y a guere d'apparence à dire qu'il en voulut negliger la conduite, n'en ayant pas mesprisé la creation. S'il y avoit de l'indignité à prendre connoissance des choses basses, & petites, il y en auroit eu à les produire. Et si Dieu connoist le general & le total comme l'on accorde icy, il faut de necessité qu'il connoisse les parties dont le tout est composé; comme aussi connoissant les parties, il faut que les particules qui en sont les membres luy soyent encore connuës. Mais le mauvais jugement qui se fait en cela des actions de Dieu, procede des deffauts de nostre vitieuse ratiocination, qui ne peut rien comprendre que suivant sa portée, ny discourir des choses divines que humainement; de sorte que ce que nous pensons estre passion en Dieu, luy est indolence, ce que nous estimons le peiner, le delecte, & ce que nous croions qu'il mesprise, & ne voit pas luy estre incessamment present

Ουλος

DIVINITÉ. 369

Οὖλος γὰρ ὁρᾷ, οὖλος δὲ νοεῖ, οὖλος δέ τ' ἀκούει.
Totus namque videt, totus mens, totus & audit.

Ceux qui sont du parti contraire, procedent par mille instances, qu'ils entassent contre cette providence, ensuitte de quoy, croyans avoir assez suffisamment fait voir que ce monde n'a nulle direction divine, puis qu'il ne l'a pas seulement raisonnable, ils concluent que toutes ces craintes que nous avons des Dieux sont folles & impies, toutes nos Religions ridicules, & toutes nos adorations vainement penibles.

Hinc Acherusia, fit stultorum denique vita. Luc. l. 3

Or de tout temps il y a eu des plus grands Philosophes qui se sont pleus dans ce sentiment, & se sont donnez pleine liberté de declamer contre ce pretendu gouvernement divin ; telmoin ce que nous conte si naïfvement le facetieux Lucien, faisant que son Timon, aprés avoir jetté mille crachats au ciel, & mille plaintes contre son mauvais ordre, & son imaginaire providence, esveille enfin Jupiter de ses cris, lequel demande a Mercure

Q 5   d'où

d'où pouvoit proceder un si grand bruit, adjoustant, que sans doute ce devoit estre quelqu'un de ces Philosophes qui le molestoient si souvent. Mais entre tous ceux qui ont pris cette licence nous n'en voyons point qui se soient hardiment expliquez comme Epicure & les siens. Car tous les autres se sont monstrez respectueux envers les opinions receuës, & se sont accommodez timidement au temps, & gauchissans avec le plus de dexterité qu'ils ont peu, se sont contentez de faire paroistre dans leurs escrits, quelques lumieres obscures de leurs pensées; là où Epicure se vante de s'estre seul avec ceux de sa Secte, & le premier genereusement laissé entendre sur ce sujet; & d'avoir prononcé courageusement le plus interieur de son ame, en declamant ouvertement contre les fausses opinions de la providence des Dieux, & contre les abus introduits de la vanité des Religions.

Luc.
l. 3.

Nec miser impendens magnum timet aere saxum
Tantalus, ut fama est, cassa formidine torpens:
Sed magis in vita divum metus urget inanis

Mortales

DIVINITÉ.

*Mortales, casumque timent quemcuique
ferat sors.*

Voilà ce qu'en avoit appris de luy son disciple, qui n'a pas esté ingrat en la reconnoissance, quand il a dit en sa loüange parlant de la Religion.

*Primum Grajus homo mortalis tollere
contra*   L. 1.
*Est oculos ausus, primusque obsistere contra,
Quem nec fama Deûm, nec fulmina,
nec minitanti,
Murmure compressit cœlum.*

Et ce qui suit dans ces vers Phylosophiques. Si est-ce que beaucoup ont voulu dire, qu'il avoit apprehendé la ciguë comme les autres, n'ayant laissé subsister les Dieux que par cette crainte, & comme dit Posidonius, *invidia detestan-* 1. de *de gratia; re tollit enim, oratione relin-* nat. *quit Deos. Sextus advers. Math.* en Deo. & parle à peu prés en ces termes, *Epi-* 2. de *curus, ut nonnullis videtur, quod ad* Div. *vulgus quidem attinet, relinquit Deum; quod autem attinet ad rerum naturam, nequaquam.* C'est ce qui a fait adjouster à Ciceron que *Monogrammos Deos,* 2. de *& nihil agentes commentus est;* parce nat. que se figurant un Dieu joüissant de Deo.

sa

sa beatitude en soy mesme & sans prendre aucun interest en tout ce qui se passe icy bas, *nihil habens sui, nec alieni negotii*, bref lequel à l'esgard particulierement du genre humain.

Luc. l. 1.

Nec bene pro meritis capitur, nec tangitur ira.

ne vaudroit-il pas autant qu'il n'en eut point reconnu tout à fait? Tant y a qu'en ce qui concerne les Religions, il en a dit nettement son advis, & qu'à la veuë de tout le monde, il tascha de sapper les fondements de tous les temples de la Grece. Ennius parmi les Latins n'avoit pas ses sentiments differents quand il escrivoit:

Ego Deûm genus semper esse dixi & dicam cœlitum,
Sed eos non curare opinor quid agat humanum genus.

Et si nous voulons escouter les autres Poëtes qui l'ont suivi, nous n'y verrons qu'une diversité de stile. Virgile 2. Georg. parle ainsi.

Felix qui potuit rerum cognoscere causas:
Atque metus omnes & inexorabile fatum
Subjecit pedibus, strepitumque Acherontis avari.

Es-

Escoutons Juvenal, Sattire 13.

Sunt qui in fortunæ jam casibus omnia
   ponunt,
Et nullo credunt mundum rectore moveri,
Natura voluntate vices, & lucis, & anni,
Atque ideo intrepidi quacunque altaria
   tangunt.

Seneque in Agamemnone fait parler un chœur de cette sorte.

---- Perrumpet omne
Solus contemptor levium Deorum,
Qui vultus Acherontis atri,
Qui Styga tristem non tristis videt,
Audetque vitæ ponere finem;
Par ille regi, par superis erit.

L'enumeration des passages semblables iroit à l'infiny, voyons de quelle ratiocination ils se servent pour en faire agréer les sens. Il nous est impossible (disent-ils) de concevoir un Dieu qu'avec ces deux attributs de toute bonté & de toute puissance.

Jupiter Opt. Max. des Romains. Cela supposé, il faut que soit dans la creation, si elle vient de luy, soit dans le gouvernement de l'univers, s'il y a l'œil, il veuille comme tout bon, ce qui est de mieux, & qu'il le
   puisse

puisse establir comme tout puissant. Or est-il que nous y remarquons des deffauts infinis, mille monstres qui font honte à la nature, tant de fleuves qui gastent des pays, ou tombent inutilement dans la mer, lesquels fertiliseroient heureusement des contrées desertes pour leur trop grande aridité, tant de coups de foudre qui tombent inutilement sur les cimes du Caucase, laissant toutes sortes de crimes impunis (ce que vouloient dire, à mon advis, les anciens qui les disoient fabriquez par ce boiteux Vulcain, comme ceux qui alloyent & donnoyent tout au rebours de bien.) Bref il s'y observe par ceux qui se sont voulu estendre sur ce sujet des manquements innombrables, soit dans l'ordre general, soit dans le particulier. Et partant adjoustent-ils establissant un Dieu il faut ou qu'il laisse tout aller à la discretion de ne sçay quelles Parques, & que le Jupiter d'Homere ait eu raison de se plaindre de ne pouvoir exempter son propre fils Sarpedon de la necessité, & de ce celebre *Fatum*. Ou que la fortune seule dispose de toutes choses à son plaisir, soit qu'elles dependent du fortuit concours & rencontre des Atomes

mes de Democrite, soit qu'elles viennent de la contingence de quelques autres causes purement casuelles. Que si toutes choses sont predestinées inevitablement de toute eternité, ou dependent absolument du sort ou de la fortune, sans que les Dieux s'en entremettent, comme les desordres presupposez le monstrent assez, il s'ensuit d'une consequence necessaire que toutes nos devotions, nos latries, nos prieres, & oraisons, sont choses vaines & ridicules, inventées par ceux qui vouloient profiter de leur introduction, & confirmées ensuite par l'accoustumance aveugle & populaire, voire mesme par des plus clairs-voyans, qui estimoient cette fiction fort utile à reprimer les plus vicieux. Ce n'est pas que par un zele indiscret elle n'ait souvent operé tout au rebours,

Religio peperit scelerosa & impia facta; Luc. l. 1.

les Egyptiens en peuvent bien servir d'exemple, lesquels n'osans par respect & conscience, manger des chiens, ny des chats, d'oignons, ny de choux, devoroient fort librement des hommes, Diod. Sicilien l. 1. Et ceux qui protestoient dans nostre maistre Sextus

Sextus de manger pluſtoſt la teſte de leur pere, qu'une ſeule feve. Et là deſſus ils oppoſent aux hiſtoires du party contraire, qui faiſoient pour la pieté, & qu'ils diſent eſtre ou fauſſes & fortuites, & en petit nombre, des narrations toutes contraires, & que perſonne ne peut contredire, pour eſtre infinies, & journalieres, de la proſperité des mechans, & de la calamité des plus vertueux & des plus religieux. Il n'y eut jamais une plus heureuſe navigation, que celle de ce Tyran de Siracuſe au retour de Locres, où il avoit commis ce ſi fameux ſacrilege, violant & pillant le temple de Proſerpine. Et ſi Diogene diſoit Cyniquement vray, qu'Harpalus le plus grand Corſaire de ſon temps, portoit teſmoignage contre les Dieux de ſa longue & heureuſe vie, on en pourroit aſſez nommer au temps preſent, dont les comportements n'argumentent pas moins viſiblement, & fortement contre leur providence. Le plus devot de tous les Roys de Portugal perit miſerablement en Afrique à la journée des trois Roys; & l'Hiſtoire de la Chine par P. Trigault, nous apprend que leurs plus religieux Empereurs ont tous calamiteuſement

Cic. 3. de Nat. Deor.

teusement fini de mort violente. C'est ainsi que les Religions sont malmenées par ceux qui ont bien reconnu des Dieux, mais à la mode d'Epicure, ne se meslans point de nos affaires, & neantmoins Erasme, disoit il, y a peu, que *nemo magis promeretur nomen Epicuri quam Christus*, sur l'allusion de son nom ἐπίκουρος, *auxiliator*.

Mais quand après estre sortis de tous ces escueils irreligieux nous venons à contempler comme un grand Ocean, le nombre immense & prodigieux des Religions humaines, c'est lors qu'au deffaut d'avoir la foy pour aiguille aymantée, qui tienne nostre esprit arresté vers le Pole de la grace Divine, il est impossible d'eviter des erreurs & des tempestes bien plus longues, & plus perilleuses que celles d'Ulysses, puis que elles nous porteroient enfin à un spirituel naufrage. Un vieil marbre de la Chine veut que depuis le premier homme il n'y ait eu que 365 sectes de Religions, mais on voit bien que c'est un nombre affecté, comme egal aux jours de l'an ; car en effet pour peu qu'on y pense on s'apperçoit facilement qu'il ne peut pas estre determiné. Ce qui a fait penser humainement

mainement aux irreligieux, que comme Ptolomée ou ses devanciers inventerent les hypotheses des epycicles, des excentriques ou concentriques, & de telles autres machines fantastiques pour rendre raison des phenomenes ou apparences celestes, chacun pouvant faire capricieusement le mesme à sa mode, comme de supposer la mobilité de la terre, & le repos du firmament, ou choses semblables, moyennant qu'ils sauvent & expliquent methodiquement ce qui tombe sous nos sens des choses du ciel; qu'aussi tout ce que nous apprenons des Dieux & des Religions, n'est rien que ce que les plus habiles hommes ont conçeu de plus raisonnable selon leurs discours pour la vie morale, & œconomique, & civile, comme pour expliquer les Phenomenes des mœurs, des actions, & des pensées des pauvres mortels, afin de leur donner de certaines Regles de vivre, exemptes autant que faire se peut, de toute absurdité. De sorte que s'il se trouvoit encores quelqu'un qui eut l'imagination meilleure que ses devanciers, pour establir de nouveaux fondemens ou hypotheses, qui expliquassent plus facilement tous les devoirs

voirs de la vie civile, & generalement tout ce qui se passe parmi les hommes, il ne seroit pas moins recevable avec un peu de bonne fortune, que Copernic & quelques autres en leur nouveau sisteme, où ils rendent compte plus clairement & plus briefvement de tout ce qui s'observe dans les cieux; puisque finalement une religion, conceuë de la sorte, n'est autre chose qu'un systeme particulier, qui rend raison des Phenomenes morales, & de toutes les apparences de nostre douteuse Ethique. Or dans cette infinité de Religions, il n'y a quasi personne qui ne croye posseder la vraye, & qui condamnant toutes les autres ne combattre *pro aris, & focis*, jusques à la derniere goutte de son sang. Comme Stesichorus disoit dans Platon 9. de Rep. que les Troyens ignorans la vraye figure de la belle Helene, contestoient de sa ressemblance, n'y en ayant aucun qui ne pretendist avoir son veritable portrait. Tout le monde est touché, chacun en sa condition, de la passion de ce Roy de Cochinchine qui n'estime point de plus grande gloire, que de triompher des Dieux de ses ennemis, à ce que dit Mendes Piton
(quoyque

(quoyque en cela aucunement contredit par le Pere Christophle Borry, lequel asseure qu'en l'an 1622. qu'il estoit en Cochinchine, chacun y pouvoit vivre selon sa loy en toute liberté.) Ce qui procede de ce que comme l'unité de Religion lie & unit, selon son etimologie *à religando*, la diversité deslie & divise merveilleusement, tesmoin le stratageme de ce Prince d'Egypte, instituant divers animaux pour Dieux aux Egyptiens ; mais à chaque ville ou Canton Lesien, afin que (dit Diodore) chacun adorant son Dieu particulier, & mesprisant celuy de son voisin, ils ne fussent jamais en concorde entr'eux, & par consequent aussi jamais capables de conspirer contre sa domination; y en a eu toutesfois qui ont eu toutes Religions pour indifferentes, ou egallement bonnes,

— *Minimum est quod scire laboro*
   De Jove quid sentis ? Pers.

Ainsi le Proclus de Marinus ne vouloit pas qu'un Philosophe s'attachast à une façon particuliere, d'adorer les Dieux, ains qu'il fust initié, & comme prestre en toutes sortes de Religions κοινῆ τῶ ὅλου κόσμου ἱεροφάντην *in universum totius*

totius mundi sacrorum Antistitem, ainsi Themistius en deux oraisons diferentes esleve jusques aux cieux les Empereurs Jovian, & Valens, d'avoir permis par leurs edits la liberté de conscience, autorisant & approuvant également toutes les Religions qui estoient au monde. Il y a (dit-il) plus d'une voye de pieté & de devotion, qui nous conduit au ciel, & vray-semblablement Dieu se plaist comme la Nature par tout, en cette varieté. Ne voyons nous pas les cours des Princes (qui sont ses images) beaucoup plus illustres par la difference des officiers de diverses nations, & la varieté des ministeres qu'ils y exercent, chacun avec ses respects & façons de faire particulieres ? La garde Escossoise jointe à celle des François, & des Suisses, fait autant pour la majesté, que pour la seureté d'un Louvre. Sur ce fondement les Romains edifierent leur Pantheon, & le temple de Salomon recevoit les prieres de tous les peuples de la terre. 3 Reg. c. 8. Ce Roy avec toute sa sagesse, n'ayant laissé d'en construire assez d'autres aux Dieux de toutes ses femmes estrangeres, lesquels il croyoit pouvoir adorer aussi bien que

& 2. Par. c. 6. & 7.

que celuy qui l'avoit gratifié d'une sapience infuse, *Celebat Astartem Deam Sidoniorum, & Chamos Deum Moabitarum, & Moloch idolum Ammonitarum*, Jehu, Joas, & assez d'autres Roys d'Israël estimoient pouvoir sacrifier aux Dieux de leurs peres, & aux Veaux d'or tout ensemble, Manassés Roy de Juda remplit le temple du Seigneur d'autels differents & d'Idoles. Les Colonies transferées de Babylone & d'autres villes d'Assyrie en celles d'Israël, *cum Dominum colerent Diis quoque simul serviebant, juxta consuetudinem gentium de quibus translati fuerant Samariam*, & Darius dans la Religion des Perses ne laissa pas de permettre aux Juifs le relevement de leur temple, *ut orarent pro vita Regis, & filiorum ejus*, par où il monstroit bien qu'il faisoit estat des prieres qu'on adresse à Dieu en toutes Religions. L'Empereur Alexandre Severe reveroit egalement les images de Iesus Christ, d'Abraham, d'Orphée, & d'Apollonius. Comme cette Marcelina Carpocratienne dont parle S. Augustin, qui encensoit en mesme temps, & avec mesme devotion, celle de Iesus-Christ, de S. Paul, d'Homere & de Pythagore. L'Historien

3. Reg. c. 11.

4. Reg. c. 10. 12. 14. & 15. 16. c. 11.

lib. de Hær.

L'Historien Lampridius dit que Hadrian chauffoit à mefme point pour ce regard, auffi feit-il baftir un temple à Jupiter joignant celuy de Salomon. Un autre Empereur difoit, *Aliam fe fibi religionem, aliam fervare imperio.* Et Conftantin le Grand vefcut de forte, qu'à fa mort il fut fait Dieu par les Payens, & canonifé pour Saint par les Chreftiens. C'eft ce qui a fait prononcer hardiment à Cardan au premier livre de fa Sageffe, *non folum veram, fed & falfam religionem in precio habendam effe.* Et fait conclure à Herodote que Cambifes ce deftructeur des temples, & cet incendiaire des Dieux d'Egypte, devoit eftre un parfait infenfé, *Alioqui (dit-il) non habuiffet templa legesque ludibrio.* Mais S. Juftin furnommé le Martyr & le Philofophe, paffe bien plus outre, quand il maintient que tous ceux qui fuivent le droit ufage de la raifon naturelle, fuffent-ils mefme reputez Athées, ne laiffent pas d'eftre veritablement Chreftiens; puifque Jefus-Chrift n'eft autre chofe que ce verbe divin, ce λόγος & cette raifon naturelle, de laquelle tous les hommes font participans, *que illuminat omnem hominem venientem in hunc mundum;* de forte

Dion. Caff.

l. & 2. Apol.

sorte qu'avant la venuë du Messie les hommes auroient esté Chrestiens, & ceux qui vivoient sans raison, ἄχριστον ou anti-chrestiens. D'où il conclud que Socrate, Heraclite, & assez d'autres, tenus pour barbares, & sans culte divin, estoient neantmoins veritablement Chrestiens, puis qu'ils observoient les loix de cette droite raison ; qui est la mesme que la pluspart de nos Peres estiment avoir sanctifié Melchisedec ; Job avec ses amis, Abraham, Elie, Ananias, & semblables, de nation Payenne, que l'un & l'autre Testament canonise ; comme si les vertus morales estoient un leurre de la grace Divine en tous ceux qui les pratiquent, suivant cet axiome de Theologie, *Facienti quod in se est Deus non denegat gratiam.* Il est constant qu'encores aujourd'huy en la pluspart des Indes Orientales, toutes Religions sont indifferemment admises, Odoardo Barbosa nous le dit de Calicut, & de Bisnagar au Royaume de Narsingue. Le Roy des Termates est More, ou Mahometan, & Gentil tout ensemble. Cadamosto asseure que Budomel Prince des Negres tenoit la Religion Chrestienne & Mahometane pour conjoinctement bonnes.

DIVINITÉ.

bonnes. Marc Polo nous fait voir ce Cublay Grand Cam observant le culte, & celebrant les festes des Juifs, Mahometans, Idolatres & Chrestiens, avec protestation, qu'il prioit le plus grand, de Iesus Christ, Mahomet, Moyse, ou Sogomonbarcan estimé le premier Dieu de toutes les Idoles. Et le Pere Trigault dit qu'en l'Empire des Chinois on n'est jamais contraint ny travaillé sur le fait de la Religion. Jean Leon escrivant aussi au troisiesme livre de son Afrique, dit, qu'il y a une secte dans le Mahometisme, laquelle tient qu'on ne sçauroit errer en aucune foy ou loy religieuse que ce soit, parce que dans toutes les humains ont intention d'adorer celuy qui le merite, lequel selon Celsus dans Origene, est toujours le mesme quoy que reconnu de cultes & de noms differens, le Jupiter des Grecs n'estant point autre que l'Adonai ou le Sabaoth des Juifs, l'Ammon des Egyptiens, le Pappaeus des Scythes, & celuy des autres nations. Sur quoy on a remarqué que tous ceux qui suscitez par Pallas, c'est-à-dire, par quelque pointe d'esprit scientifique, ont bien osé, comme des Diomedes, blesser Venus, & s'attaquer

L. 5. contra Cels.

aux Dieux, ce qu'ils interpretent violer quelque Religion, & luy faire guerre ouverte. Ceux-là n'ont jamais porté loin leur temerité impunie ;

Ὅτι μάλ' ἐ δυναιὸς ὃς ἀθανάτοισι μάχοιτο,

Quod valde non longevus sit, qui cum immortalibus pugnaverit,

Il. E. Comme chante le bon Homere qui pour ce sujet adjouste incontinent cet important avis,

Φράζεο Τυδείδη καὶ χάζεο, μηδὲ θεοῖσιν
Ἶσ' ἔθελε φρονέειν, ἐπεὶ ὔποτε φῦλον ὁμοῖον
Ἀθανάτων τε θεῶν, χαμαὶ ἐρχομένων τ'
ἀνθρώπων.

Cave Tidide & recede, neque Diis Paria velis sapere, quoniam nunquam simile erit
Immortaliumque Deorum, ac humi euntium hominum.

La pluspart des Religions suppose l'immortalité des ames, promettant aprés la mort des recompenses à la vertu, & faisant peur aux vicieux des peines qui les attendent. Pour cet effet il y en a qui ont mesme immortalisé le corps par une resurrection miraculeuse. Si est ce que les Saduceens parmi les Juifs croyoient

croyoient l'ame mortelle, & se mocquoyent de cette pretenduë resurrection, soustenans que dans tout le Pen-
tateuche de Moyse, il n'y a rien sur-
quoy on puisse fonder l'immortalité de
l'ame, toutes les graces de Dieu, & les
punitions aussi se voyans purement
temporelles. Il y a des Sabathaires en
Pologne & Transilvanie lesquels tiennent encores aujourd'huy la mesme
doctrine, selon laquelle Juvenal disoit de son temps.

Esse aliquos manes & subterranea regna Sat. 2.
Et contum, & Stygio ranas in gurgite
nigras,
Atque una transire vadum tot millia
cymba,
Nec pueri credunt, nisi qui nondum ære
lavantur.

Les Chinois ont une secte de Religieux
appellez Nautolines qui preschent publiquement la mortalité des ames. Et
il y a apparence que les Thraciens a-
voient une Religion avant Zamolxis, *lib. 4.*
qu'Herodote dit avoir esté le premier
qui leur annonça l'immortalité, &
qu'il y en avoit encore au reste du
monde avant Pherecides Syrien (je
veux dire Insulaire de Syros) que Ciceron

ceron asseure avoir premierement soustenu l'ame eternelle, ou avant Thales, si c'est luy qui fust l'inventeur de cette opinion, comme le veut l'escrivain de sa vie.

D. Laer. in Thal.

Les uns veulent une Religion ceremonieuse, y ayant des loix infinies, prescrites sur ce sujet par la saincteté, *sanctitas est scientia colendorum Deorum,* dit Ciceron. Les autres soustiennent qu'il ne faut adorer les Dieux qu'en pureté d'esprit, & que pour toutes premices nous leur devons offrir l'innocence de nostre ame. *Satis illos coluit* (dit Seneque) *quisquis imitatus est.*

Athen. de l'Am. l. 2. & 9. Bel. l. 3. c. 32

Nous nous lavons le front d'eau benitte à l'entrée des Eglises, comme les Payens faisoient d'eau lustrale; les Mahometans se lavent les pieds & les parties honteuses du devant & du derriere aux portes de leurs Mosquées; les Indiens Occidentaux de l'Isle Espagnole pensoient estre purgez de tout crime quand ils s'estoient deschargez l'estomac par le vomissement au pied des autels.

Les uns ont rougi ces autels de sang humain, comme les Carthaginois & dernierement ceux du Perou, qui immoloient jusques à leurs propres enfans

DIVINITÉ. 389

à leurs Idoles. Les autres ont approuvé les sacrifices qui se faisoient, *farre pio*, *& saliente mica*, & le cœur contrit & humilié aux plus solemnels holocaustes, & à toutes les hecatombes, voire chiliombes Olympiques.

Les uns veulent qu'on demande aux Dieux ce dont on croit avoir besoin. Pythagore le deffend dans Diogenes Laertius, n'y ayant personne à son advis, qui sçache au vray στὸ συμφέρον, ce qui luy est propre & utile. *Fiat voluntas tua*, disent les Chrestiens. *Jul. de Cyn. Secta.*

Les uns comme les Juifs ont leur jour du repos le samedy, qu'ils appellent le jour du Seigneur. Les Turcs l'ont mis au Vendredy : les Chrestiens Sabathisent le Dimanche.

Les uns requierent de nostre devotion, l'edification des temples superbes, & la magnificence des Eglises, & des Mosquées. Les Perses au rapport d'Herodote se mocquoyent de tout cela, & Perse s'escrie, *L. 1.*

Dicite Pontifices in sacro quid facit aurum ? *Per. Sat.*

Athenagoras l. 5. de l'Amour nous represente la nef du temple de Jupiter Ammon, toute descouverte ; pour

R 3   monstrer,

monstrer, dit-il, que la divinité du grand Dieu qui est diffuse par tout, ne peut consequemment estre renfermée en aucun lieu icy bas. Et Apollonius dans Philostratre lib. 6. c. 9. deffend l'usage des images, puis que nostre esprit se peut beaucoup mieux figurer une divinité, ἀναγράφει γάρ τι ἡ γνώμη καὶ ἀνατυποῦται δημιεργίας χρεῖττον Mens enim describit & format aliquid omni sculptura picturâve præclarius. Aussi l'Autheur de la Sapience des Hebreux c. 14. rapporte la premiere Idolatrie à la douleur d'un pere qui fit faire le simulachre de son fils estant mort, luy attribuant en suitte des sacrifices.

Les uns demandent des inquisitions & veulent que l'on employe les tortures & les feux au fait de la Religion, *cogátque magistratus, si non ad fidem saltem ad media fidei*. Les autres sont de l'advis de Tertulien, Iustin le Martyr, & tant d'autres, *contra religionem esse, cogere religionem*, soustenans que les Romains ont esté en cela les plus justes, & les plus advisez peuples de la terre, qui se contentoient de faire observer les loix de leur Empire, sans violenter personne en celles de la Religion. Les uns enseignent que cette
Religion

DIVINITÉ. 391

Religion est dans l'Estat, *Optatus* Evesque Afriquain maintenoit que l'Estat estoit dans la Religion. Les uns tiennent pour maxime, que la premiere Loy de Dieu estant la naturelle, la Religion qui a les siennes les plus conformes à celles-là, doit estre prise pour la meilleure, & que l'or & la Religion, ont cela de contraire, que celuy là se trouve d'autant plus beau & de plus haut carat dans les rivieres, qu'il est plus esloigné de sa miniere, là où plus vous remontez en la Religion vers cette source de la Loy naturelle, plus vous luy redonnés de grace & de pureté. Les autres à l'opposite que la moins humaine & la plus surnaturelle, pour ne dire extravagante, sera tousjours d'autant plus opiniastrement soutenuë, qu'elle tombera moins soubs l'examen de nostre raison, & que c'est par là qu'elle doit paroistre toute celeste. Il y en a qui suivent icy une voye neutre, tenans la Religion des ancestres preferable à toute autre.

Oviedo. somm. c. 30.

*Quidam sortiti metuentem Sabbatha patrem
Nil præter nubes & cœli numen adorant.*

C'est pourquoy tous les Oracles, dit

Aristote en sa Rethorique c. 3. à son disciple, nous enseignent cette doctrine, & veritablement Socrate dans Xenophon au 4. livre de ses propos memorables, nous donne celuy du Dieu Delphique, lequel interrogé par quelqu'un πῶς ἂν τοῖς θεοῖς χαρίζοιτο, *quomodo Deis gratificari quis posset*, fit responfe, νόμῳ πόλεως, *ex civitatis instituto ac more* ; & Ciceron nous rapporte au 2 de ses loix celuy d'Apollon Pythien, lequel consulté sur ce sujet, fut Autheur aux Atheniens qu'ils suivissent la Religion de leurs majeurs, & interrogé derechef quelle estoit celle-là respondit, que c'estoit la meilleure, par un cercle & une petition de principe vicieuse en dialectique ; mais non pas en cette matiere chatoüilleuse. Le brave Pontife Cotta 3. de natura Deorum, advoüe qu'au fait de la Religion, *majoribus suis etiam nulla ratione reddita credit*, qu'en cela il deffere plus à Scipion, Scævola, Lælius, & Coruncanus, qu'à Zenon, Cleanthes, ny Chrisipus. Aussi Platon tout divin qu'il a esté, ne veut pas que son legislateur innove la moindre chose en la Religion *sive ex Delphis, sive ex Dodone, sive ex Hammone venerit*, dit-il, au 5. des loix,

DIVINITÉ. 393

loix, & in Epamin. il le repete en rendant cette raison, *nihil movebit sapiens in sacris ; scit enim mortali naturæ non esse possibile certi quicquam de his cognoscere*, adjoustant en son Timée lorsqu'il traite cette matiere des Dieux, *priscis viris hac in re credendum est, qui Diis geniti, ut ipsi dicebant, parentes suos optime noverant*. C'est ce qui porta le Senat Romain à faire brusler les livres de Numa, lesquels alteroient l'ordre establi dans leurs temples, & c'est ce qui fait dire si judicieusement à Marc Antonin, racontant ce qu'il avoit retenu de tous ceux qui avoient eu soin de son institution, qu'en ce qui estoit de la Religion, il l'avoit succée avec le laict, & s'en estoit rapporté à sa mere, παρὰ τῆς μητρὸς τὸ θεοσεβὲς d'où vient que je voudrois icy appliquer le proverbe Grec traduit en ces termes par Quintilien, *quem mater amictum dedit sollicite custodiendum esse*. *Inst. 5. c. ult.*

Les uns estiment qu'on ne peut estre trop Religieux, l'excés estant loüable aux choses bonnes, & qu'en tout cas il vaut mieux estre superstitieux, qu'impie ou Athée. Les autres favorisent l'opinion de Plutarque, qui a fait voir en un traité exprés le revers de cette medail-

medaille. L'Atheisme (dit le Chancelier Bacon dans ses essais moraux Anglois) laisse à l'homme le sens, la Philosophie, la pieté naturelle, les loix, la reputation, & tout ce qui peut servir de guide à la vertu : mais la superstition destruit toutes ces choses, & s'erige une tyrannie absoluë dans l'entendement des hommes : c'est pourquoy l'Atheisme ne troubla jamais les Estats ; mais il en rend l'homme plus prevoyant à soy-mesme comme ne regardant pas plus loin. Et je voy (adjouste-t-il) que les temps inclinez à l'Atheisme, comme le temps d'Auguste Cæsar & le nostre, propre en quelques contrées, ont esté temps civils & le sont encor, là où la superstition a esté la confusion de plusieurs Estats : ayant porté à la nouveauté le premier mobile, qui ravit toutes les autres Spheres des gouvernements, c'est à dire, le peuple.

Les uns disent qu'il faut craindre ce trois fois grand Dieu, & trembler devant la face du Seigneur, David prononçant en son Cantique que son Dieu est *terribilis super omnes Deos*, & Charon soustenant à ce propos dans sa sagesse, que toutes Religions sont estranges & horribles au sens commun

1. Paral. c. 19.

mun, les autres respondent qu'au contraire, *Deos nemo sanus timet, furor est enim metuere salutaria, nec quisquam amat quos timet.* Sen. 4. de benef. c. 19. & au 7. de benef. c. 1. c'est pourquoy Seneque fait que son sage *Deorum hominum que formidinem ejicit, scit enim non multum esse ab homine timendum, à Deo nihil.*

Les uns ont fait des Dieux masles, les autres femelles; Trismegiste & Orphée nous representent les leurs Androgines.

Les uns, comme Zenon & Xenophanes, ont fait Dieu de figure toute ronde. C'est pourquoy Platon vouloit que le monde eut encore la forme Spherique, *quod conditoris esset rotunda figura.* Les autres ne se peuvent imaginer des Dieux, s'ils ne sont comme ceux d'Epicure ἀνθρωποειδεῖς, de figure humaine, & nous voyons que la Theantropie sert de fondement à tout le Christianisme. *Arist. in xem. d. Laers. & Hesy. in Xen. d. Laer in Plat.*

Les uns conçoivent un Dieu comme un animal immortel, *principio antiquius, fine diuturnius.* (Je laisse à part s'il faut mettre, ξῶν, vivens, pour ζῶν, animal, dans le texte d'Aristote.) Ciceron 3. de nat. Deorum, remarquant que de son temps il y eut un grand different à decider sur ce sujet, *nostri quidem publicani, cum essent agri in Bœotia Deorum immortalium excepti lege censoria, negabant immortales esse ullos qui aliquando homines fuissent.* Les autres ont confondu la Divinité avec la moralité, *Deum faciendo* (comme dit Pline) *qui jam etiam homo esse desierit*, auquel cas il arrive la mesme chose qui se voyoit aux Comices des Romains, là où ceux-là mesme qui avoient créé les Consuls, & les Preteurs, s'enclinoient aussi-tost devant eux avec grande admiration, *ut puto Deus fio*, disoit Vespasien avec ses faceties ordinaires, se sentant mourir, & Neron dans Seneque,

[marg. Senec. in Oct.]

Stulte verebor ipse cum faciam Deos.

Voire mesme beaucoup ont esté Deifiez de leur vivant, comme Darius seul au rapport de Diodore. Entre tous les Roys d'Egypte, l'Oracle fit consacrer de son vivant un Euthymus, *nihilque adeo mirum aliud quam hoc placuisse Diis*, comme en parle Pline l. 7. c. 47. Caligula & Domitien Neron se firent construire des temples & se mirent eux mesmes au rang des Dieux, Tacit. 15. Ann.

Ann. Les Brachmanes se disent Dieux dans Philostrate par la bouche de leur chef Jarchas. Empedocle chantoit hardiment dans ses vers qu'il estoit Dieu. Un Maricus sous l'Empereur Vitellius disoit le mesme en nostre Gaule, Tacit. 2. Hist. Un autre se faisoit proclamer tel par des piës & des perroquets. Le Philosophe Heraclides Pontique pour y parvenir corrompit la Sybille, & fit supposer un Dragon en la place de son cadavre. Alexandre le faux Prophete pratique le mesme avec un serpent dans Lucien, Simon surnommé le Magicien obtint des Romains sous l'Empereur Claudius une Statuë qui se monstroit sur le tibre avec cette inscription *Simoni Deo Sancto*, & Marc Polo l. 2. c. 4. nous fait voir ceux de la province de Cardandam adorans chacun le plus vieux de la maison, & trouvans par ce moyen leur Dieu & leur temple dessous le toict domestique. Toutes ces apotheoses ont fait naistre une opinion si contraire à l'eternité Divine, qu'on a soustenu que les hommes estoient bien plus anciens que les Dieux, puisque ceux-cy tenoient leur estre des premiers, & que nous n'adorions point de Divinité que nous n'eussions faites. Les

Just.
Mar. 2.
Apol.

l. 2.
c. 4.

Les uns ne peuvent souffrir que la Religion ait pour objet plus d'un seul Dieu, disans avec Aristote au dernier de sa Metaphisique, *Nolle entia male gubernari*, & que suivant le terme des escoles, *non sunt multiplicanda sine necessitate*, c'est pourquoy Chiron conseilloit Achille d'adorer un seul Saturne, & le vers d'Homere Illiad, touchant le gouvernement Politique se rapporte volontiers icy,

ἐκ ἀγαθὸν πολυκοιρανίη, ἑῖς κοίρανος ἔσω,
Εἷς βασιλεύς,

Non est bonum à multis dominari, unus Dominus esto;
Unus Rex.

Les autres se sont imaginez avec Thales, que tout cet univers estoit rempli d'une infinité de Dieux. Et veritablement si tout ce qui a receu l'adoration de nous, merite le nom de Divinité, on peut bien ce me semble soustenir en toute asseurance cette maxime, & dire avec le Poëte,

Jupiter est quodcunque vides, quodcunque moveris.

Car je ne pense pas non plus que le Sage Charon, qu'il y ait rien en la Nature

Arist. l. de An. c. 8.

DIVINITÉ. 399

Nature qui n'ait esté en quelque temps & par quelqu'un Deifié, cette Apothéose s'estant estenduë depuis les choses les plus grandes, & considerables, jusques aux plus petites & chetives (tesmoin le vase dans lequel Amasis avoit lavé ses pieds) & depuis la convexité du premier ciel où les Peripatetiques placent leur premier moteur jusques au centre de l'univers. Voire mesme le neant a esté pris pour une Divinité, le plus grand Philosophe de tout l'Orient nommé Xaca n'ayant conceu Dieu que comme un neant, duquel ce monde qu'il appelloit un autre neant, & tous les autres neants estoient procedez. La Nature toute entiere a esté & est encore tenuë par beaucoup pour le vray Dieu, d'autres l'ont nommé la forme des formes. Il y en a qui l'ont pris pour la matiere premiere. Peu de personnes jettent la veuë vers les cieux sans veneration. Aussi Empedocle les nommoit Dieux, en la place desquels Aristote substitua ses Intelligences. Les Pythagoriens faisoient de tous les astres en general autant des Dieux, & encore aujourd'huy il y a des Tartares qui adorent la Lune aussi religieusement que les anciens leur

Relat. du P. Borry de la Cochin.

D Th. 1 q. 3. art. 8.

D. Laer. in Pith.

Diane

Diane, comme Cambdenus dit que les Irlandois sauvages s'agenoüillent devant le Croissant, le prians de les laisser aussi sains qu'il les a trouvez, & comme ces Affriquains de Lybie, & de Numidie, que Jean Leon l. 1. dit sacrifier aux Planetes. Entre tous les astres le Soleil a une divinité si sensible & si puissante, qu'il a trouvé des adorateurs par tout où il communique son esclatante lumiere. Les Pythagoriens n'osoient pisser devant luy, non plus que les Esseniens y descharger leur ventre, les habitans des Isles Fortunées dit Diod. Sic. l. 3. où fut Jambule, s'estoient consacrez & leur Isle à sa Toutepuissance, les Messagetes, de tous les Dieux ne respectoient que celuy-là, auquel, à cause de sa promptitude, ils immoloient le cheval, comme le plus viste de tous les animaux, dit Herodote l. 1. Les Perses n'avoient point de plus grand serment que par luy, sous le nom de Mythres ; les Chinois presentement ont un temple dedié aux Atomes du Soleil, appellans le Paradis le palais du Soleil. Tous les Gentils de la coste des Malabares l adorent semblablement. Et aux Indes Occidentales ceux du Perou recognoissent

Herr.

Pyrr.

sa

DIVINITÉ.

sa Divinité, luy jettant en l'air les premices de leurs biens : Encores ne sçay-je s'il n'y en a point parmy nous qui entendent parler de ce bel Apollon, quand ils disent, *Soli Deo honor & gloria*, comme il se trouva à Rome du temps de Pie second un jeune homme de la ville d'Urbin, que ce Pape dit n'avoir pas esté d'ailleurs ignorant, lequel à la mort ne se repentoit que d'avoir adressé ses vœux à Jesus Christ, & reconnu une autre Divinité que celle du Soleil. C'est chose vraye qu'un Portugais, s'estant rendu agreable au Roy Henry III. luy demanda dans Lion une grace Royalement & sans luy rien specifier, qui se trouva estre, de ne pouvoir recevoir de contrainte dans tous ses estats à la recognoissance d'une autre Deité que celle du Soleil. Finalement Boëce n'a pas creu pouvoir parler plus dignement de Dieu, qu'en l'appellant un veritable Soleil,

Asia.
c. 12.

Lib. 5.
de con.

Quem quia respicit omnia solus,
Verum possumus dicere Solem.

Et Macrobe aux derniers chapitres de son premier livre des Saturnales, fait voir par une longue enumeration, que tous les Dieux des anciens se rapportoient

portoient au Soleil, lequel ils adoroient soubs cette grande Kirielle de noms differens ce; que tesmoigne aussi l'Empereur Julien, en cet Hymne ou Oraison, par luy composée à la loüange du Soleil. Or l'harmonie de tous ces astres ou de leurs cieux, & leur nombreuse cadence, comme le concevoient les Pythagoriens, leur fait dire dans Lucien, que Dieu n'est autre chose qu'un nombre, & une harmonie. Puis des choses d'enhaut on est descendu aux Elemens, qu'Empedocle a le premier Deifiés au nombre de quatre. Platon estime dans Diogene, que les Dieux soient pour la pluspart ignées. Chacun sçait aussi de quelle veneration estoit le feu inextinguible des anciennes Vestales, & Mercator aprés Guaguin en sa Sarmatie asseure qu'il y a encore en Prusse & en Lithuanie des lieux où il est gardé & adoré aussi religieusement que de ce temps-là, & qu'il pouvoit estre chez les Perses. Jean Leon attestant mesme des Negres de Gualata au proeme de son septiesme livre de l'Afrique. L'air a esté honoré sous le nom de Junon la plus grande des Deesses, & de sa Messagere Iris, pour ne rien dire des Divinitez Platoniques qu'il

in vit. aug.

conte-

DIVINITÉ. 403

contenoit. L'eau l'a efté fous ceux de Neptune, & Thetis, de leurs Tritons, Nereides & Najades, de forte qu'il n'y a eu fi petit ruiffeau qui n'ait eu fon genie particulier. Les Perfes dans Herodote l. 1. adoroient les fleuves, avec une fi refpectueufe devotion, qu'ils n'euffent pas voulu fouiller leur eau en s'y lavant feulement les mains. Les Syriens allerent chercher les poiffons jufques au milieu des eaux, pour en faire leurs Dieux ; tefmoin cette celebre Derceto, qu'ils avoient en fi grande venerataion. Les gentils Abyffins appellez Agai ont encore aujourd'huy le Nil pour leur principal Pagode. Et on a trouvé les Americains Septentrionaux de Cevola adorans l'eau à la mode (difoient-ils) de leurs anceftres, comme celle qui leur donnoit le Mays, & toute leur nourriture. Quant au dernier Element de la Terre que quelques Mores de Guinée refpectent encores aujourd'huy de telle forte qu'ils eftiment (dit le Geographe Mercator) un tres grand pefché de cracher deffus, ce n'eft pas de merveille de voir tant de temples de Vefta, de Tellus, & de Ceres dans l'antiquité, puifque la terre ne produit, & ne nourrit

Diod. Sic. lib. 2.

in Tab. Guin.

rit rien, voire ne contient rien en foy de fi vil, qui n'aift efté canonifé par quelques-uns. Car non feulement les plus nobles, & les plus utiles d'entre les animaux ont efté adorez comme tels, par les Egyptiens & autres peuples qui s'en trouvoient beneficiez, ainfi quant aux premiers, la Cicogne par les Theffaliens, & autres nations infeftées de beftes veneneufes. Les Ibis par les Egyptiens, les oifeaux Seleucides par les habitans du mont Caffin, & les colombes principalement depuis Semiramis par les Affyriens, & depuis Mahomet par tous les Mufulmans, & comme encore on le fait fous l'empire du Grand Mogol prefentement, où la Vache, qui fe choifit pour eftre l'objet de la devotion publique, reçoit plus de genuflexions & de culte, que ne fit jamais la fabuleufe Io des Grecs, ayant fa creche garnie de diamans, & fon eftable vouté des plus belles pierreries de l'Orient. Et Vafco Gama dit auffi, qu'il trouva le bœuf & la vache tenus pour divins en Calicut. Les Samogitiens, comme nous aprennent les navigations Angloifes, ont une vache d'or, qui leur eft ce qu'eftoit le veau d'or aux Idolatres Ifraëlites. Les Tartares,

Plin. l. 30. c. 27.
Her. l. 2.

c. 14.

tares, que Joseph Barbaro nomme Moxii, adorent de mesme un cheval rempli de paille, & pour cet effet fort haut eslevé. Les Gentils de Bengala & assez d'autres Indiens font leur Dieu d'un Elephant blanc. Et le dit Barbaro parle de certains autres Tartares, qui defferent cet honneur à la premiere beste que le jour leur fait avoir à la rencontre. Pour le regard des autres animaux qu'y a-t'il de plus maudit parmy nous, & de plus abominé, ce semble, depuis la création du monde que le Serpent? Si est-ce que celuy d'Esculape a esté placé dans le Ciel par les anciens, & le faux Prophete ou pseudomante Alexandre se voulut Deifier par un semblable dans Lucien. En Calicut on puniroit de mort celuy qui en auroit tué un, sa rencontre estant reputée au meilleur augure qu'on puisse recevoir, au dire de Louys Bertheme. Et Sigismond d'Herbestein en sa Moscovie nous asseure, que les Samogitiens sont tellement Idolatres des Serpents, qu'ils attribuent tous les malheurs qui leur peuvent arriver à ne les avoir pas assez bien traitez & nourris. Sur quoy pour ce que je me souviens que la tentation du Serpent a esté allegorisée de sorte

par

par Origene, qu'il a esté pris pour le membre de nostre premier pere, laissant à part le reste de l'explication, je vous feray seulement souvenir icy de la plaisante Divinité du Dieu Priape, & de la belle figure sous laquelle il n'a pas laissé de meriter des autels. Quant aux choses inanimées, Cesar & Pline nous descrivent avec quelle Religion nos anciens Druides alloient cueillir le Gui de nos chesnes, d'où vient nostre Engilanneuf, *Tanta gentium in rebus frivolis plerumque religio est*, dit Pline l. 16. c. ult. Et chacun sçait ce que la Theologie de ce temps-là enseignoit touchant les Nimphes Dryades & Hamadriades. Mais les Egyptiens portoient encores bien plus bas leur devotion, n'y ayant si petit porreau dans leur jardin, ny si vile teste d'oignon, qu'ils ne respectassent comme celle de Jupiter.

O fortunati quibus hæc nascuntur in hortis Numina!

Dit Juvenal Sat. 15. Guaguin en sa Sarmatie dit, qu'il y a encores des Lithuaniens adorans les plus grands arbres des forests, & Ramusio raporte le mesme de certains Tartares Asiatiques.

DIVINITÉ. 407

Que dirons nous d'infinis Indiens Orientaux, que Pigafetta & autres nous racontent, deifier pour tout le reste du jour la premiere chose qu'ils trouvent le matin en leur chemin, pour chetive & inanimée qu'elle soit. Marc Polo, Loüis Bartheme & autres Autheurs l'asseurans particulierement des peuples de la grande Giava, & des Noirs de la coste de Guinée, & de Benin. Le mesme Pigafetta recite, que le Roy de Bellegat avoit pour son Dieu une dent de guenon. Et tous les Historiens conviennent que les insulaires de Ceylan en avoient une de singe, si reverée par eux, qu'ils la voulurent rachepter des Portugais à tres-grand prix, quelques-uns parlent de huit cens mille escus, qu'ils espargnerent pourtant heureusement, un de leurs sacrificateurs y en ayant subtilement remis une autre en la place, qu'il prescha s'estre miraculeusement representée, comme il a esté pratiqué assez souvent ailleurs en cas semblables. Mais que peut on trouver d'estrange en toutes ces extravagances de Religion, quand ce Boleguais plustost Venitien Bartheme, nous donne pour certain qu'il y a des Chinois qui font profession d'adorer d'adorer le Diable mesme, sous une figure estrange, asseurans qu'hors la creation du monde, Dieu ne s'en est plus voulu mêler, & l'a laissée en la conduitte de ce mauvais Demon, auquel seul pour ce sujet, ils croient que nous devons addresser nos vœux, & nos prieres ; à la mode de nos Sorciers de par deça, qu'on dit souffrir jusques au martyre dans leur Religion du Sabath. Que si nous voulons eplucher plus par le menu les prodigieuses resveries de certains peuples du Nouveau Monde sur la recognoissance d'une Divinité, nous aurions encore d'autant plus de sujet sans doute, de prendre une extreme compassion de nostre pauvre humanité.

Juv. *O proceres, Censore opus est, an*
Sat. 2.   *haruspice nobis ?*

Mais tant y a que par ce peu que ma memoire vous a peu fournir de mes observations sur les diverses pensées des hommes tant anciens que modernes touchant la nature & essence des Dieux, avec les differents honneurs qui leur ont esté rendus, vous pouvez (Orontes) assez facilement vous apercevoir que quiconque voudra examiner

miner la Divinité à la portée de son esprit, & faire choix par discours humain de la vraye Religion, ne se trouvera pas moins empesché à la fin que Lucien l'est à trouver la vraye Philosophie, laquelle il va cherchant par tout *in reviviscentibus*, sans la pouvoir rencontrer en nulle part, quoi qu'on dit qu'un Volodimerus, autrement Basile, Empereur de Moscovie, ayant envoyé ses Ambassadeurs de tous costez, pour prendre cognoissance & luy donner information des differentes Religions du monde, se fit enfin Chrestien. Mais quant à moy j'estime, qu'ou ce fut un coup du ciel, ou qu'il se servit de ce specieux pretexte pour executer ce qu'il avoit desja resolu en soy mesme; car ce n'est pas à mon advis l'abondance de cognoissance, mais bien celle de la grace divine qui nous peut rendre icy clairvoyans, ayant esté fort bien dit que toute la science, aussi bien que toute la sagesse humaine ne sont que folie devant Dieu. C'est pourquoy nous voyons que Platon ne s'est jamais servy de la force & capacité de son esprit aux choses purement divines, lesquelles il se contente d'authoriser par tous ses escrits de la vigueur des loix, du respect des oracles & du pouvoir des traditions paternelles; de même que cet Empereur Philosophe Iulien ordonne en sa cinquiesme

Tome I. S orai-

oraison, que l'Academie & le Lycée soubmettent tous leurs axiomes aux oracles des Dieux. Et nous voyons qu'entre les symboles Pythagoriques, il y en a un qui deffend de revoquer en doute ce qui se dit des merveilles des Dieux, & des Oracles. Par consequent puis qu'entre tous les genres de Philosophie il n'y a que celuy des Sceptiques qui nous donne instruction de la vanité des sciences, & nous apprenne à les mespriser avec raison, il s'ensuit que conformement à ce que nous avons establi dés le commencement, il doit estre tenu pour le plus approprié à nostre vraye Religion, le plus respectueux envers la Divinité, & le plus fidelle interprete de nostre Christianisme.

ORONTES. J'ay ouy tout vostre discours (cher Orasius) avec autant d'attention & de respect qu'en pouvoient avoir ces anciens, pour ce qui leur estoit prononcé de dessus leur tripied Delphique, selon que la matiere & vostre curieuse exposition sembloient le bien meriter. Car certainement toute vostre narration m'a paru un veritable enthousiasme, n'estimant pas que sans une inspiration divine vous eussiez peu traitter comme vous avez fait ce sujet de la Divinité. Que si vostre but a esté, en m'instruisant des differentes & extravagantes pensées des pauvres

Iamb.
l. 2 c.
vlt.

humains sur ce theme divin, de me faire voir la foiblesse de nostre ratiocination, quand elle entreprend si fort au delà de ses forces, & de me persuader par mesme moyen la captivité de nostre intellect sous l'obeïssance de la foy, croiez que vous avez obtenu sur moy au delà de ce que vous aviez peu esperer, & qu'il n'y a personne qui souscrive plus volontiers que moy à ce beau sentiment de Tacite, *Sanctius ac reverentius videri de actis Deo-* *De mor.* *rum credere quam scire* ; conforme à celuy *Germ.* de Xenophon, qui pensoit que ce n'estoit pas moins offenser les Dieux, se rendant *Ep. ad.* trop curieux en la recherche de la nature, *Aesch.* & de tout ce qui les concerne, que les serviteurs faschent volontiers leurs maistres s'ils s'enquierent trop avant de leurs affaires ; estant raisonnable, à l'esgard des uns & des autres, de ne rien pretendre au delà de la gloire du service. Et veritablement si Platon a eu si bonne grace de se *in Ti-* mocquer de ceux qui presument prendre *mœo* quelque connoissance certaine des choses du Ciel, les condamnant comme legers, trop curieux & temeraires, à entrer aprés cette vie dans des corps des volatiles, que dirons-nous de ceux qui osent bien penetrer les cieux, & rendre compte de ce qui est au delà ? Sur quoy il faut que je vous communique ce que j'ay toujours

S 2   pensé

pensé de la fable de cette gentille Psyché, qu'Apulée nous represente avoir perdu la condition heureuse où elle se trouvoit, par un excés de curiosité, qui luy fit entreprendre de reconnoistre contre le gré de son petit Dieu, quel il estoit, & sous quelle forme elle meritoit d'estre par luy visitée & si favorablement traitée. Car desja le seul nom de cette belle fille montre bien qu'on nous a voulu representer l'estat de nostre ame, laquelle se trouvant en une heureuse assiete dans une humilité respectueuse envers les choses Divines, qui attire sur elle les graces infuses du Ciel : si une fois elle se dispense de les vouloir eplucher de trop prés, d'interposer son sentiment, & penetrer le secret des jugemens & des volontez de Dieu, entrer en raison sur ses actions, discourir de son essence, & examiner les respects & adorations qu'il doit attendre de nous. C'est lors que ce mesme Dieu, qui nous avoit si gracieusement traittez, s'offençant de nostre audacieuse temerité, s'envole & s'enfuit de nous, comme s'il se plaisoit aussi bien que la nature (selon le dire d'Heraclite) à se tenir caché & s'esloigner de la portée de nostre capacité. De sorte que ce n'est pas sans sujet que S. Augustin munit sa Cité de Dieu, & la deffend contre la Philosophie; & que le Philosophe Euphrates donne ne luy mesme à l'Empereur Vespasian ce conseil dans Philostrate l. 5 *de vita Apoll.* c. 14. de ne croire jamais la Philosophie quand elle se mesle des choses Divines, comme celle qui ne dit jamais lors que des folies & des mensonges, & de laquelle il ne faut estre amy pour le plus que jusques aux autels. C'est ce qui faisoit imaginer à quelqu'un que vouloir trouver la Theologie dans la Philosophie c'estoit comme chercher les vivants parmi les morts.

ORASIUS. Ce n'a donc pas esté impertinence ny impieté à moy, de maintenir que S. Paul nous avoit enseigné à croire, & non pas à sçavoir, & que par des sentiments vrayement aporetiques dont toute sa sainte Theologie est remplie, il nous a donné des leçons aussi expresses de la vanité, voire nullité de toutes les sciences humaines, qu'il en soit jamais parti de nostre escole Sceptique: je ne sçai qu'une seule chose, disoit-il ingenuëment, Iesus-Christ crucifié, toutes les cognoissances naturelles, toutes les demonstrations Philosophiques ne lui estoient rien, son esprit n'aquiesçant qu'aux seules lumieres Hyperphysiques du Christianisme, & ne se soubmettant qu'aux seuls preceptes de la foy. Aussi est-ce chose considerable, que comme la fin de nostre Epoche

1. ad cor. c. 2.

che est de nous donner une raisonnable moderation en toutes nos passions, & une parfaite asseurance, en ce qui regarde les opinions, toute la doctrine Chrestienne ne va de mesme qu'à cette devotieuse μετριοπάθεια, qui nous fait sousmettre toutes nos affections, & ployer toutes nos volontez sous celle du Tout-puissant, & à nous acquerir cette religieuse ἀταραξία, qui nous rend inflexibles, & inebranlables aux choses de nostre creance, *justus ex fide vivit*. Faisons donc hardiment profession de l'honorable ignorance de nostre bien-aymée Sceptique, puis que c'est elle seule qui nous peut preparer les voyes aux cognoissances relevées de la divinité, & que toutes les autres Sectes philosophiques ne font que nous en esloigner, nous entassant de leurs dogmes & nous embroüillant l'esprit de leurs maximes scientifiques, au lieu de nous esclaircir, & purifier l'entendement. Ce qui me fait estimer ce que S. Cirille a generallement prononcé de la Philosophie, se pourroit à bon tiltre restreindre à la seule epoche, & qu'on auroit subject de dire hardiment de luy, qu'elle a esté donnée aux hommes, comme un present du Ciel, pour leur servir de Catechisme à la foy Chrestienne. Et pour ce que vostre Psyché m'a fait recognoistre que vous avez de l'inclination & vous plaisez à la fable aussi bien

l. 1. contr. Jul.

que moy, qui la fais aller du pair avec les plus constantes veritez, & les plus resoluës opinions des pauvres mortels, je vous ferai ressouvenir de ce que la Mythologie ancienne nous a conté de ce miserable Roy de Thebes, Pentheus, lequel pour s'estre voulu rendre spectateur des sacrifices de Bacchus, ayant pour cet effet monté jusqu'au plus haut d'un arbre, se trouva surpris d'un tel esblouïssement & vertige qu'il croyoit voir toutes choses doubles.

Et solem geminum, & duplices se ostendere Thebas. — Virg. 4. Aen.

Ne pouvant mesme esviter que les femmes Eumenides ensuitte ne le deschirassent pour punition de sa trop grande curiosité. Il me semble qu'on ne peut mieux expliquer ce caprice Poëtique qu'à la condition ordinaire de nostre esprit, lequel se tenant dans les termes naturels, & que Dieu luy a prescrit, possede le plus grand de tous les Royaumes, qui est l'empire qu'il a sur soy-mesme.

Mens regnum bona possidet
dit le Poëte Philosophe,
*Rex est qui posuit metus,
Et diri malas pectoris,* — Sen. in Thy.

Et ce qui suit d'incomparable sur ce sujet. Mais lors qu'outrepassant ces limites establis, il entreprend de cognoistre les mysteres de la Divinité, & que s'eslevant comme au dessus de la nature, veut contempler du sommet de sa philosophie, & s'il faut ainsi dire, des cimes de la ratiocination, ce que Dieu n'a voulu estre cogneu que par une grace surnaturelle du Ciel, c'est à l'heure que le tourment de la teste est inevitable, (*Chi troppo s'assotiglia si scavezza*) & que se troublant en luy mesme, voyant toutes choses doubles & incertaines, sur un sujet qui demande toute fermeté & asseurance, il se trouve miserablemét agité, & deschiré par ses propres cognoissances, & par ses belles sciences humaines, comme par autant de Menades & de Bacchantes, qui le partagent, & le perdent sans remede. C'est lors que ce temeraire Icare, pour s'estre voulu trop haut eslever vers le Ciel, se trouve honteusement & calamiteusement precipité dans une mer de confusion & d'erreur, qui est cet Ocean immense des sciences.

ORONTES. Je me trouve Dieu mercy & à vous en une constitution si differente de celle de vostre pauvre Pentheus, qu'au lieu des deux soleils qu'il voyoit, j'ay perdu la veuë de celuy qui nous esclairoit tantost, ne me restant du jour, ce me semble, que ce qu'il en faut pour retourner chez moy en vous disant Adieu.

De las cosas mas seguras
La mas segura es dudar.

FIN du Tome premier.

www.ingramcontent.com/pod-product-compliance
Lightning Source LLC
Chambersburg PA
CBHW050911230426
43666CB00010B/2122